JN045137

究極の
オープンイノベーション
ビジネスエコシステム

可児 滋

日本橋出版

はしがき

　スマホやタブレット端末、パソコン等をはじめとする ICT の普及に伴って、ユーザーニーズは、ますます多様化、高度化しながら急速に変化しています。こうした状況下、企業が研究開発から生産、販売までを自社のリソースをつぎ込んで一気通貫で行ってきた自前主義では、ますます貪欲となるユーザーニーズを満たすような革新的な商品・サービスを短期間でマーケットに供給することが難しくなってきました。

　一方、クラウドや IoT、ビッグデータ等の ICT の進展に伴い、多種多様なユーザーニーズを事業化するアイディアやテクノロジーを持ったスタートアップが次々と誕生しています。

　今日の経営戦略において、世の中の多くのスタートアップや研究機関が持っている先進的なノウハウ、テクノロジーを活用しない手はありません。実際のところ、企業の間には、自前主義から脱却して外部のアイディアやテクノロジーを積極的に活用するオープンイノベーションをベースとしたビジネスモデルを導入する動きが進展しています。

　また、多くのイノベーションは、企業がマーケティングリサーチを行うことによりユーザーニーズを把握して開発する、というメーカーイノベーションの形が取られていますが、ユーザー自身がイノベーションを生む主役となるユーザーイノベーションも、盛んに行われています。

　イノベーションの進化は、自前主義のクローズドイノベーションから他社との協働によるオープンイノベーションへのシフトにとどまりません。

　多岐に亘るユーザーニーズを満たす商品やサービスを生み出すには、企業自身が自己の属する業界を超えたさまざまな異業種の企業等との間でネットワークを構築して連携することにより、既往のビジネスの殻を破る果敢なチャレンジが必要となります。

　その結果、さまざまな業界に属する企業が、相互の技術や資本を生かしながら

協働して商品やサービスの開発、創出やマーケティングを行う価値共創を軸とするビジネスエコシステムが構築されることとなります。

　すなわち、ビジネスエコシステムは、異なるアイディアや技術を持ったさまざまな企業等が業界の垣根を越えてパートナーシップを組んで構築したネットワークを通じて、協働して価値を共創することにより、企業の競争優位性を維持、強化するとともに、最終ユーザーに対して統合的な価値を提供する枠組みです。

　本書は、以上のような自前主義のクローズドイノベーションからオープンイノベーションへ、そしてオープンイノベーションからエコシステムへの流れを、さまざまなケースを取り上げながらビビッドに記述したものです。

　日本は、少子高齢化等の社会問題や、企業を取り巻く変化の激しい競争環境に直面しています。こうした課題に立ち向かうためには、産学官民がそれぞれの役割を存分に発揮して、社会的価値と経済的価値を共に実現するハイブリッドなイノベーションを創出することが不可欠となっています。

　本書の出版にあたっては、日本橋出版の大島拓哉社長にさまざまな視点から貴重なサジェッションを頂き、大変お世話になりました。紙上をお借りして厚くお礼を申し上げます。

　本書が、日本におけるイノベーションのさらなる進展に少しでもお役にたつことができれば、幸甚です。

2019年　11月

可児　滋

CONTENTS

第7章　コーポレートベンチャーキャピタル（CVC） ………… 267

◆コラム

第1章
イノベーションの展開

1. イノベーションの本質と重要性

1 "Stay Hungry, Stay Foolish."

　スティーブ・ジョブズは、アップルの共同創設者で、アップルを IT 業界を代表する大企業に発展させた立役者ですが、2011年10月にすい臓がんにより56歳の若さで死去しました。

　2005年に、スティーブ・ジョブズは、スタンフォード大学の卒業式に招かれました。彼は、卒業生を前にして祝賀スピーチを述べ、その最後に、カウンターカルチャー（伝統的な文化に対抗する文化）の情報や商品が満載された雑誌「The Whole Earth Catalog」（全地球カタログ）は自分たちの世代のバイブルであった、と紹介したのち、次のようなメッセージを卒業生に贈っています[1]。

　「この雑誌が創刊された1960年代後半は、パソコンは存在せず、雑誌の編集はすべてタイプライターとはさみとポラロイドを使って行われました。しかし、その内容は素晴らしいアイディア、ツールで満ち溢れていて、まるでグーグルの35年前のペーパーバック版ともいうべきものでした。そして、書くものが尽きた1970年代央にこの雑誌は廃刊となったのです。

　その最終号の裏表紙には、ちょうど冒険心豊かな諸君がヒッチハイクで出会うような早朝の田舎道の写真が載っています。そして、写真にはこの雑誌の編集長から筆を擱くにあたってのお別れの言葉が添えられています。

　"Stay Hungry, Stay Foolish."

　私は、いつも自分は、まさしくそのようでありたいと思ってこれまで生きてきました。そして、いま、卒業して新たな世界に踏み出そうとしている諸君も、そうであるように、と願うばかりです。

　"Stay Hungry, Stay Foolish."」。

　スタンフォード大学の卒業式におけるスティーブ・ジョブズのスピーチは、この "Stay Hungry, Stay Foolish." の一言で締めくくられています。この短いメッセージで、一体、スティーブ・ジョブズは、卒業生に何を伝えようとしたのでしょうか？

　筆者は、このメッセージには、次のようにスティーブ・ジョブズのイノベーションに対する熱き想いが込められている、と解釈します。

❶ Stay Hungry.

　たとえ現状が心地よいものであったとしても、それに決して満足することなく、常に貪欲に（hungry）改革を求めよ。

　これまで、そこそこうまくいっているからリスクを冒すようなことは控えてとにかく会社が従来、辿ってきた軌道から逸脱しないようにしたい、あるいは、ある事業に成功するとそれで満足をして過去の栄光を傷つけるようなことは避けたい、として探求心を捨てて改革の努力を惜しむとしたら、それは前進をやめて自滅する途を選んでいるに等しい。自社の成功体験や現状に安住することなく、常に将来の環境変化に対応できるビジネスモデルを探求することが重要だ。

　大きな夢を持ち、リスクを取る勇気と改革の意欲があってこそ、未来に真の満足が得られる途を進むことができるのだ。

　実際のところ、スティーブ・ジョブズは、事業に成功すると早々と会社を売って余生をリゾート地で過ごすような生き方を忌み嫌っていた。そして、自分自身は、もうずいぶん前に起業家として大成功を収めて十分の富を獲得しているにもかかわらず、まさしく病で倒れる寸前まで改革の意欲をたぎらせて果敢にさまざまなプロジェクトに取り組み、iPodやiPhone等、次々とイノベーションを引き起こした[(2)]。

　現状への自己満足は、改革の敵である。貪欲に改革を求めよ。

　これが、Stay Hungry のメッセージです。

❷ Stay Foolish.

　多くの人々が、過去の延長で先行きを考えることに慣れ親しんでいる。そして、それが一番安全で妥当な途だと思い込んでいる。新社長が就任するあいさつで、前社長の経営方針をしっかりと受け継いで、企業の伝統を守っていきたい、との言葉をよく耳にする。

　しかし、本当に価値のあるアイディア、テクノロジーは、過去の延長線上から導き出される前例踏襲的なものではない。それまで営々と築き上げられてきた伝統に反する発想は他人から見れば馬鹿げた（foolish）ものと思われるだろう。そして、過去の経験に基づく良識（?）といわれるものが、革新的なアイディア、テクノロジーを排除しようとする。しかし、常軌を逸したと思われるようなアイディア、テクノロジーこそ、追求すべき価値がある革新のシードだ。

　出る杭を打つのではなく、出る杭を伸ばすことこそ、海図なき航海を果敢に進む企業に求められる経営スタンスだ。皆が同じような考えを持った優秀な社員の連中からみれば、常識外れで馬鹿げたことと考えられるような異端が、まさしくイノベーションの本質なのだ。

　実際のところ、スティーブ・ジョブズは、このスピーチとは別の機会に「イノベーションは数多くの（伝統的な）物事に対して No ということだ」（"Innovation is saying no to a thousand things."）と述べている。

　非常識と思われたアイディアが実を結んで、いまのわれわれの生活を支えているケースは、数多く存在する。

　既往の常識をひっくり返すような何か特別のアイディアを世に出すときには、皆から嘲笑され馬鹿にされることを覚悟せよ。

　金太郎飴のように同じ考えを持つ常識のある賢い（?）軍団から馬鹿にされてもそれにへこたれることなく、雑音に立ち向かって戦い抜け。

　失敗するリスクを恐れず自己の信念を貫いて壮大な改革を成し遂げることに情熱を注いでチャレンジせよ。たとえそれが失敗したとしても決して気落ちするな。次の改革に挑戦すればよいではないか。

　これが、Stay Foolish のメッセージです。

　オバマ前大統領が「米国で最も偉大なイノベーターの一人であった」と称賛した[3]スティーブ・ジョブズが述べたこの "Stay Hungry.Stay Foolish." の短いメッセージには、これから本書でみていくイノベーションの本質が凝縮されているのです。

2　イノベーションの重要性

　イノベーションは、企業が成長するための戦略ポリシーの中心軸であると同時に、社会的な課題に対応する強力な武器となります。

　日本が直面する少子高齢化、エネルギー制約、環境問題等の構造的な課題を打破する鍵はイノベーションにある、といっても決して過言ではありません。社会・経済のさまざまな分野からイノベーションが生まれることにより、持続的な成長の達成を期待することができます。まさに、イノベーションは成長の前提条件であるのです。

　オーストリアの経済学者シュムペーターは、経済発展の駆動力は、企業者が資源や労働力等を従来とは異なる方法で結合させて新しいものを生産する、あるいは既存のものを新しい方法で生産する新結合（ニューコンビネーション）である、としています。そして、経済発展に寄与する主な要因は、人口増加等の外的要因よりも、企業が行う不断のイノベーションという内的要因である、と述べています。

　シュムペーター自身は、イノベーションという言葉を使ってはいませんが、彼の言う新結合こそがイノベーションです。

　そして、シュムペーターは、新結合を次の5分類からなるとしています[4]。

　①消費者の間でまだ知られていない新たな製品・サービスの開発
　②メーカーの間でまだ知られていない新たな生産方法の導入
　③メーカーやサプライヤーの間でまだ知られていない新たなマーケットの開拓
　④メーカーやサプライヤーの間でまだ知られていない新たな原料ないし半製品
　　の供給源の獲得
　⑤新たな組織の設立ないし組織改革

　また、マネジメントの父とも呼ばれるオーストリアの経済学者ドラッカーは、イノベーションが生まれるためには7つの機会が存在する、としています[5]。

　①予期してなかった変化や成功、失敗が生まれる場合
　②業績が予想から大きく変化するとか認識にずれがある場合
　③潜在的なニーズを見い出す場合
　④産業構造の変化がみられる場合
　⑤人口構造の変化がみられる場合
　⑥顧客の認識の変化がみられる場合
　⑦新しい知識が出現した場合

3 ユニコーンとイノベーション

さて、日本では、こうしたイノベーションを生み出す原動力が十分働いているのでしょうか？

米国では、「ユニコーン」と呼ばれるスタートアップが増加しています。ここで、ユニコーンとは、IPO 前の段階（非上場）で 10 億ドル以上の時価総額を持つスタートアップをいいます。ユニコーンは、創業してから 10 年を経過していない若い企業が少なくありません。なお、ユニコーン（一角獣）は、額の真ん中に一本の角が生えた馬に似たギリシャ神話に出てくる伝説の生き物で、稀にみる強力な企業としてこうした名称が付けられたものです。

その代表例としてシェアリングエコノミーのパイオニアとしての地位を確立している Uber（ウーバー）や Airbnb（エアビーアンドビー）があります。

このうち、Uber は、顧客がスマホを使って Uber に登録の車の個人所有者に配車を依頼すると、車の所有者は、ちょうどタクシーのように自ら運転をして顧客を送迎するサービスです。

一方、Airbnb は、宿泊施設として活用できる空き部屋を所有している個人が、部屋を貸すサービスです。

また、Facebook や Twitter も現在は上場しているものの、かってはユニコーンを代表する企業でした。

日本は、米国や中国等に比べるとユニコーンの数が大きく見劣りする実態にあります。

こうした状況下、2018 年、政府は、未来投資戦略で企業価値または時価総額が 10 億ドル以上となる未上場ベンチャー企業（ユニコーン）または上場ベンチャー企業を 2023 年までに 20 社創出するとの目標を設定しました。

コラム　イノベーションは技術革新と同義か？

イノベーションは日本語で技術革新ということが少なくありません。もちろん、テクノロジーをベースとするイノベーションには、半導体、コンピューター、インターネット等の IT をはじめとして数多くのイノベーションが生まれています。

しかし、イノベーションは、なにも製造部門のテクノロジーからだけで生まれるものではありません。

コンビニで商品を効果的に陳列するために特定の工夫を施すことも小売店の在り方

に革新を起こしたイノベーションであり、宅急便で商品を自宅まで配送することも流通業界に革新を起こしたイノベーションです。また、カンバン方式（ジャストインタイム方式）と呼ばれるトヨタの在庫管理システムも特別のテクノロジーを使っているわけではありませんが、在庫管理に革新をもたらしたイノベーションです。

　このように、イノベーションは必ずしもテクノロジーが関わるというわけではなく、技術革新を包摂する、より広い概念の「革新」であり、したがって技術革新はイノベーションの一種である、ということができます。

2. イノベーションのカテゴリーは？

　イノベーションは、さまざまな切り口で分類することができますが、ここでは、その代表例のいくつかを取り上げてみることにします。

1 技術インパクトと市場インパクトによる分類

　イノベーションは、技術インパクトの度合いとマーケットインパクトの度合いにより分類することができます。

　具体的には、技術面からみて保守的か破壊的か、マーケット面からみて保守的か破壊的か、という切り口でイノベーションを4つに類型化します[6]。

❶構築的革新：市場面でも技術面でも破壊的

これまでの技術・生産体系を破壊し、まったく新しい市場を創造するもの。

例：飛行機の発明、コンピューターの発明

❷革命的革新：市場面では保守的、技術面では破壊的

既存の技術・生産体系を破壊するが、既存の市場との結びつきを維持していくもの。

例：アナログからデジタルへのオーディオの技術革新、自動車におけるマニュアルからオートマティックへの移行

❸間隙（ニッチ）創造的革新：市場面では破壊的、技術面では保守的

既存の技術・生産体系のなかで、新たな市場を開拓していくもの。

例：ヘッドフォンステレオ、家庭用テレビゲーム機

❹通常的革新：市場面でも技術面でも保守的

　技術・生産手段の改良等により、より安く高品質の製品・サービスを提供するもの。

【図表1–1】技術インパクトと市場インパクトによるイノベーションの分類

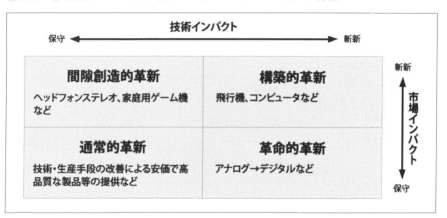

（出所）文部科学省「イノベーションとは」平成18年版科学技術白書　（原典）米倉誠一郎氏の資料等

2　プロセスイノベーションとプロダクトイノベーション

　イノベーションは、イノベーションを生み出す生産プロセスに注目するか、イノベーションから生み出される製品・サービスに注目するか、により分類することができます。

❶プロセスイノベーション

　プロセスイノベーションは、商品の生産方法やサービスの提供のプロセスに革新的な仕組みを導入することにより、効率化を図ってコスト低減を指向するとか品質の向上を目指すイノベーションです。

　このうち「生産方法のプロセスイノベーション」には、従来、人力に頼っていた製造プロセスをロボットに置き換えるケースが代表例としてあげられます。また、コンベアラインを設置して多くの作業員が各々の生産過程で単一の作業をするライン生産システムから、作業台をU字型にして省スペースで少人数の作業員が各自複数の生産プロセスをこなして製品化するセル生産システムへスイッチするケースもあります。伝統的なライン生産システムは、少品種大量生産に向い

ていますが、セル生産システムは、多品種少量生産に向いています。

　一方、「サービス提供のプロセスイノベーション」は、たとえば金融機関の店頭での預金の受払からインターネットバンキングへのサービス提供プロセスの変革があります。また、コンビニの POS では、POS から収集されたデータを分析することによって、販売品目の需要動向を曜日、時間帯、天候によって把握することができ、在庫や流通の効率化を図ることが可能となりました。さらに、物流に大きな革命をもたらした宅配便も、プロセスイノベーションの1つです。

　プロセスイノベーションによって、製品やサービス価格の下落や、ユーザーの利便性向上等の効果を期待することができます。

　プロセスイノベーションは、トヨタのカンバン方式やカイゼンに代表されるように日本企業の得意技といえるものであり、海外企業でもこうした日本企業が生み出した革新的な手法を導入するケースが多くみられています。

❷ プロダクトイノベーション

　プロダクトイノベーションは、従来の延長線上にはない独創的で先進的な製品やサービスを開発して、マーケットに提供するイノベーションです。

　プロダクトイノベーションは、さらに革新的な製品（そうした製品を生み出す部品を含む）を開発する製品イノベーションと、革新的なサービスを生み出すサービスイノベーションに分類されます。

　製品のプロダクトイノベーションには、たとえばウォークマン、スマホ、電気自動車、LED 電球等、数多くの例があります。

　サービスイノベーションには、たとえばクレジットカード、Facebook 等があります。

　プロダクトイノベーションにより、ユーザーの潜在的なニーズを汲み取り、また、それをきっかけとして、さらにまったく新たなニーズを生み出すこととなるケースが少なくありません

❸ プロダクトイノベーションの重要性

　日本で急速に進行する少子・高齢化の状況下において経済成長のエンジンとなる主役は、他ならぬイノベーションです。

　イノベーションにより開発、販売される個々の財・サービスは、マーケットに出た当初の売上げはさほどではないものの、次第に売上げを伸ばしていって急成

長の局面を経た後に、需要が飽和して成長の鈍化をみる、といった固有のライフサイクルを描きます。

　このように、個別の財・サービスに対する需要は必ず飽和して成長が鈍化する事実を前提にすると、成長の維持、拡大には新たな財・サービスを生み出してマーケットに供給することが必要となります[7]。まさに、シュムペーターがイノベーションの1つに掲げた新たな製品・サービスの開発は、たゆまぬプロダクトイノベーションの必要性を指しています。

　すなわち、新しい財・サービスを次から次へと創出するプロダクトイノベーションが経済成長にとって最も重要な要素の1つである、といっても決して過言ではありません。そして、プロダクトイノベーションを促進する主要な役割を担っているのが IT 産業の発展となります（IT については第5章6参照）。

3 持続的イノベーションと破壊的イノベーション

　イノベーションは、持続的イノベーションと破壊的イノベーションに分類することができます[8]。

❶持続的イノベーション

　持続的イノベーションは、自社の製品・サービスがユーザーのニーズにマッチし続けてマーケットシェアを維持し、企業の存在を持続できるように、製品・サービスの品質、性能を向上させる改良型イノベーションです。

　マーケットで優位性を築き上げて、数多くのユーザーを獲得している企業は、他企業との競争のなかでユーザーニーズに沿うことを目指して、自社製品の高度化のために重点的にリソースを投入する持続的イノベーションに注力しています。

　持続的イノベーションの具体例としては、テレビの高画質化、自動車の燃費向上、エアコンの省エネ化、スマホ・パソコンの性能向上等をあげることができます。

　持続的イノベーションでは、最新のテクノロジーを活用して、既存のユーザーを失わないために品質、性能の向上が行われます。そして、これに伴い、企業の利益率も上昇します。

　しかし、ユーザーニーズの進化に比べるとテクノロジーの進化のスピードの方が速くなり、この結果、ユーザーの求めるスペックを上回る品質、性能を持つ製品となることが少なくありません。

このように、企業としてはユーザーニーズをきめ細かく汲み取るために製品の品質、性能向上に注力したところ、逆にユーザーが求めないような過剰スペックの製品になってしまうことがあり、こうした現象を「オーバーシューティング」と呼んでいます。

❷破壊的イノベーション

破壊的イノベーションは、既存のテクノロジーを破壊するような革新的なテクノロジーによるイノベーションとか、ビジネスプロセスの変革により既存市場の商品・サービスの価値を破壊して業界構造を大きく変化させるイノベーションをいいます。

破壊的イノベーションを担うのは、既存市場で実績が無いスタートアップ（革新的な技術やビジネスモデルで価値の創造を目指す起業者）です。スタートアップは、積極的にリスクをとって新製品や既存製品の大胆な改良で市場を開拓します。したがって、破壊的イノベーションは、既存市場でビジネスを展開する企業にとって、シェアが奪われてしまうという脅威になります。以下では、こうしたプロセスの典型例をやや具体的にみることにしましょう。

破壊的イノベーションにより生み出される製品・サービスは、既存のものよりも単純で低機能、そして低価格という特徴を持っています。したがって、既存製品のユーザーにとっては、こうした低機能の製品・サービスは魅力的ではない一方、既存の製品・サービスが高価格で購入を見送っていた潜在的ユーザーにとっては、低価格であれば低機能でもよいとして、魅力的なものとなります。

一方、既存製品・サービスを生産する企業サイドからみると、破壊的イノベーションで生産する製品・サービスは、利益率も低く、既存の生産設備や人材といったリソースもそのまま活用できないイノベーションであるとして、引き続き既存の製品・サービスをより高品質、高性能にするための投資を行います。こうしたことから、実際のところ、既存の企業から生まれる大半のイノベーションは、持続的イノベーションとなっています。

この間、破壊的イノベーションを展開するスタートアップは、新たなユーザーを獲得してだんだん体力を付けてきます。そして、こうしたスタートアップが提供する製品・サービスの品質や性能の改良が重ねられることによって、価格が高くても高品質、高性能である既存製品・サービスを好んできたユーザーにとっても満足できる水準に到達します。

その結果、既存企業は、破壊的イノベーションを展開する企業にマーケットシェアを奪われる形となり、従来の業界構造に破壊的なインパクトを及ぼすことになります。

こうした破壊的イノベーションは、業界内だけでなく業界外からも発生し、顧客層についても既存市場のローエンド層や既存市場以外の顧客が対象となります。たとえば、パソコンの登場によって、従来の業務用ミニコンピューターは駆逐されました。また、日本の携帯市場で圧倒的なシェアを持っていたガラケーは、iphone 等のスマホにより、大きくシェアを奪われる結果となりました。さらに、仮想通貨の技術基盤であるブロックチェーンの開発は、既存の送金等のビジネスモデルを破壊的に変革するポテンシャルを持っています。

コラム シュムペーターの創造的破壊イノベーション

シュムペーターは、創造的破壊イノベーションについて、要旨、次のように述べています[9]。

「資本主義について論じる時には、進化を遂げるプロセスをしっかりと把握することが重要である。資本主義は、経済の変化を本質としており、静態的なものではあり得ない。

企業家の活動の基本となる原動力は、新たな商品、新たな生産・輸送の手段、新たなマーケット、そして企業家が形成する新たな産業組織である。

このプロセスは、絶え間なく古いものを破壊し、新しきものを創造する産業の（生物学の用語を使えば）突然変異である。

この創造的破壊こそ、資本主義経済の本質であり、企業家は創造的破壊と共存していかなければならない。」

破壊的イノベーションは、さらにローエンド型破壊的イノベーションと新市場型破壊的イノベーションに分類されますが、実際には、2種類のイノベーションが組み合されるケースが多い状況です[10]。

a. ローエンド型破壊的イノベーション

ローエンド型破壊的イノベーションは、マーケットで大きなシェアを持つ優良企業の製品が高価格・過剰スペックに至った状況に対抗して、単純化を主眼とする破壊的なテクノロジーを活用して、低価格・簡便性を特徴とする製品をマーケットに投入します。

そして、マーケットでローエンド層を獲得するうちに、次第にミドルレンジ層やハイエンド層のニーズを満たすことができるまでに製品の性能をレベ

ルアップして、優良企業のシェアを奪っていくイノベーションです。

　たとえば、回転寿司が登場した当初は、品質は劣るもののとにかく安いということが大きなセールスポイントでしたが、その後、低価格で寿司が食べられるという基本的なコンセプトは維持しながらも、そのなかでネタの種類により価格にバリュエーションを持たせたり、注文方法やメニューにさまざまな工夫を凝らして、顧客層の裾野の拡大に成功しています。

b. 新市場型破壊的イノベーション

　新市場型破壊的イノベーションは、イノベーションにより生み出された製品・サービスを、既存のマーケットの延長線上ではなく、まったく新しいマーケットに投入するイノベーションです。

　こうした新しいマーケットに提供される製品・サービスは、生産コストが低く、低価格、シンプルで、ユーザビリティに優れていて、多くの人々を対象とする、といった特徴を持っています。

　たとえば、ウォークマンは、小型化というイノベーションで、歩きながら音楽を聴いたり語学が勉強できる等、まったく新しいマーケットを創出して、多くの顧客を吸引しました。

コラム　ムーンショット型研究開発制度

　政府は、2018年12月にムーンショット型研究開発制度を発表しました。これは、日本発の破壊的イノベーションの創出を目指して、従来技術の延長にはない、より大胆な発想に基づく挑戦的な研究開発を推進することを目的とした制度です。なお、ムーンショットの名称は、月面着陸を成功させたアポロ計画になぞらえて付けられたものです。

　具体的には、少子高齢化の進展や大規模自然災害への備え、地球温暖化問題等、日本が抱えるさまざまな困難な課題の解決を目指して、世界中から科学者の英知を結集し、関係府省が一体となって挑戦的研究開発を推進する仕組みを整備するというものです。

　特に、単なる既存技術の組み合せ型研究ではなく、基礎研究段階にある独創的な知見・アイディアを取り入れた挑戦的研究開発（ムーンショット）を積極的に推進することにより、失敗も許容しながら革新的な研究成果を発掘し、破壊的イノベーションの創出につなげることを指向する、としています。

　なお、この制度の推進のため、1,000億円（文科省800億円、経産省200億円）の予算が計上されています。

3. イノベーションのジレンマ

1 イノベーションのジレンマとは？

イノベーションに成功して、その結果、マーケットでリーダー的なステータスにある優良企業は、自社の既存の製品・サービスがユーザーに受け入れられて好調な売れ行きを示している状況をみて、そうした既存の製品・サービスの品質改良を目的に、重点的にリソースを投入してユーザーの引き留めに注力する戦略を取ることが少なくありません。

その結果、そうした企業で革新的なアイディアが生まれてそれを新商品・サービスにするという企画が持ち上がっても、それが対象とするマーケットの規模が小さく十分の利益を稼ぐことができない等の理由で、日の目を見ることなく社内に埋もれてしまうケースが発生することになります。

企業の経営判断として、たとえこうした方針自体が合理的であるとしても、その結果、ユーザーの多様化するニーズを汲み取ることがなおざりとなってしまい、ユーザーニーズの変化を鋭く嗅ぎ分けて新製品・サービスを開発、商品化するスタートアップにユーザーを奪われてしまうことになります。

このように、イノベーションに成功した優良企業が自社の製品・サービスがマーケットで好調な売れ行きであることをみて、持続的イノベーションに固執する結果、革新的な新製品・サービスを開発して破壊的イノベーションで果敢に突進するスタートアップにマーケットシェアを奪われてしまう現象を「イノベーションのジレンマ」と呼んでいます[11]。

結局のところ、イノベーションのジレンマは、既存の製品・サービスが高利益をあげている状況を眺めて、顧客満足度のさらなる向上を目指して製品・サービスの改善に注力するという現状延長線型の持続的イノベーションを続けるか、それよりも、マーケットで成功するかどうか、不採算な結果となるのではないかといったリスクはあるものの、現状のビジネスモデルを破壊するような革新的な製品・サービスをマーケットに提供するというリスクテイキング型の破壊的イノベーションを追及するか、の選択の問題である、ということができます。

2 イノベーションのジレンマを打開するには？

イノベーションのジレンマは、創業後かなりの期間が経過して売上げの規模が大きくなり、業界で確たる地位を築いた企業によくみられる現象です。

こうした企業は、多くのステークホルダーのために持続的成長を維持して、収益基盤の拡充を図ることが必要となります。そのためには、対象となるマーケットの規模が小さく、したがって利益が十分に上がるかどうか不透明であるというようなリスクを取るビジネスを自前で手掛けることに消極的になることは、ある意味では合理的な判断と言えなくもありません。

こうした企業に潜在するイノベーションのジレンマを打開するには、どうしたらよいのでしょうか？

それには、既存企業が持つ社内のリソースを外部に押し出して外部でイノベーションを推進する方法、社内のリソースと外部企業等が持つアイディア、テクノロジーを融合するオープンイノベーション、さらには、さまざまな企業との間でネットワークを構築して協働することにより価値を共創するビジネスエコシステムがあります。

コラム　イノベーションの3つの難関：魔の川、死の谷、ダーウィンの海

イノベーションが基礎研究から開発、そして製品化されて市場で多くのユーザーに受け入れられるまでとなるには、その過程で3つの難関があるといわれています[12]。

1. 魔の川

第1は、研究開発プロジェクトが基礎研究から出発して製品化を目指す開発段階へ進むことができるかどうかの難関で「魔の川」と呼ばれています。

この魔の川を渡ることができないと、プロジェクトは、基礎研究で終わることになります。

2. 死の谷

第2は、魔の川を無事渡って開発段階まで進んだプロジェクトが事業化段階へ進むことができるかどうかの難関で「死の谷」と呼ばれています。

事業化のための投資を行うかどうか、投資を行うとすればどのくらいの規模のリソースを投入するのかは、企業にとってまさに生死を分かつ判断となります。

せっかく開発段階まで進んだプロジェクトが死の谷を越えることができないと、プロジェクトは事業化ができず、商業価値を持つことなく終わることになります。

3. ダーウィンの海

第3は、死の谷も無事乗り越えて事業化した製品が市場で厳しい競争に打ち勝って

ユーザーに受け入れられることになるかどうかの難関で「ダーウィンの海」と呼ばれています。

2つの難関を切り抜けて事業化した製品も、ユーザーニーズにマッチしない場合には、ビジネスとして失敗することになります。なお、この難関は、事業化した製品でもユーザーに選択された製品だけが生き残り、残りは市場で淘汰されてしまう、ということで、ダーウィンの海と名付けられたものです。

4. 社内ベンチャー、スピンオフ、スピンアウト、カーブアウト

　企業がイノベーションを促進する方法には、社内リソースを活用する方法や社内のリソースを外部に押し出して外部でイノベーションを推進する方法、それに社内リソースと外部のリソースを合わせて活用するなかからシナジー効果によりイノベーションを生み出す手法があります。

1 社内ベンチャー

　社内ベンチャーは、企業が新市場、新事業、新製品・サービスを創り出すために社内に独立の部署を設けて、そこで社内リソースを活用してイノベーションを生み出し、商品化することを指向する自前主義のイノベーション戦略です。

　なお、社内ベンチャーに対する言葉として、企業から飛び出して会社を設立して、そこでベンチャーを起こすことを社外ベンチャーと呼ぶこともあります。社外ベンチャーには、後述のスピンオフやカーブアウト等があります。

　企業が社内で新事業を起こそうとしても、既存の事業や保守的な企業風土が壁になって思うようにプロジェクトが進捗しないことが少なくありません。また、長い間、同じ部署で同僚と一緒に仕事をしていると、どうしても思考方法が似かよったものになりがちです。

　そこで、社内ベンチャーでは、企業内に独立の組織を作ってそこにイントラプレナー（社内起業家）と呼ばれるイノベーションの意欲盛んなスタッフを配置して、極力、既存の組織の干渉を避けてイノベーションを生み出す環境を作ります。なお、イントラプレナーは、一般の起業家であるアントレプレナーと区別した呼称です。

　イノベーションは、ややもすれば超人的なアイディアを持った特定のスタッフから生まれるものとみられがちですが、多くのイノベーションはむしろ何人かの

スタッフがチームを組んでそのメンバーが各々のアイディアを出して切磋琢磨しながらイノベーションに仕立て上げて行くというプロセスを辿ります[13]。

　しかし、既存企業の内部でイノベーションに取り組む社内ベンチャー戦略は、成功確率や収益見通しの不透明さからリスクマネジメントの面で社内のコンセンサスを得られない等、その実現までのプロセスには高い壁があり、所期の成果をあげるところまで辿り着くことができないケースが少なくありません。また、たとえ、社内でゴーサインが出されるとしても、最終決定までにいくつかのステップを踏まなくてはならないことから多くのエネルギーと時間を要することになります。

　たとえば、あるイノベーションを商品化すれば市場性があることは認められるものの、対象とするマーケットが既存企業からみて採算に乗るような規模ではなく、結局お蔵入りになってしまう、といったケースがこれに該当する代表例です。

　そうなると、せっかく社内で優秀な技術を持ち、また、イノベーションを生むことで新分野への進出に意欲旺盛な人材を抱えていても、宝の持ち腐れとなります。

　そこで、社内のリソースの一部を社外に出して、外部のリソースと融合させる形でイノベーションを生み出す手法が活用されています。そうした手法には、後述するスピンオフやスピンアウト、カーブアウトがあります。

　このいずれの手法も、基本的には社内リソースを活用するものの、社内から外部にリソースを押し出して、外部でイノベーションを推進するものです。これにより既存企業が持つ経営資源を有効に活用することが期待できます。

2 会社分割制度

❶会社分割とは?

　2001年4月施行の改正商法で、会社分割制度が創設されました。これにより会社分割が可能となり、企業にとってスピンオフやカーブアウトの戦略を採用することが容易となりました。

　「会社分割」とは、会社が事業の全部または一部を切り離して、他の会社に承継させる制度です。これは事業の分割であり、したがって資産だけではなく、負債、従業員、契約等を他の会社に一括して承継させることになります。

　会社分割には2種類あり、分割により新たに会社を設立してこれを承継の相手方とする場合を「新設分割」、すでに存在する別の会社に承継させる場合を「吸

収分割」といいます。

　新設分割は、企業が持つ優良部門、成長部門を独立させる目的に活用されます。一方、吸収分割は、企業グループ内で重複する事業部門を整理、統合する目的に活用されます。

❷会社分割制度のメリット

　商法の改正によって会社分割制度が導入される以前は、企業組織の再編は、事業譲渡等によって個々の資産や負債の移転を行うことで実質的な会社分割を行っていました。これによると、債務の移転につき個々に債権者の同意を必要とする等、多大なエネルギーと時間を要することや、譲受会社が譲渡対価としての資金を用意する必要があること、さらに譲受会社から譲渡会社に資産の対価が支払われるために譲渡会社に利益が生じる等の問題がありました。

　しかし、会社分割制度の導入により、個々の権利・義務についての移転行為を要せずに、分割計画書（吸収分割では分割契約書）の記載に従って当然に他の会社に権利・義務が包括的に承継される等、手続きが簡素化されました。

　また、新設分割のケースにおいて譲渡会社が事業を移転して受け取ることができる対価は株式であり、金銭を受け取る場合には会社分割制度の対象とはならないとされています。そして、改正商法では、新設される譲受会社の株式の一部を譲渡会社の株主に割り当てる方法が新たに認められています。

　したがって、新設分割の譲受会社は事業を承継する見返りとして、基本的に譲受会社の株式を譲渡会社や譲渡会社の株主に割り当てることから、譲受会社が譲渡対価として資金を用意する必要はなく、また、譲渡会社に利益が生じることもなくなりました。

❸物的分割と人的分割

　譲受会社の株式を譲渡会社に割り当てることを「物的分割」、譲受会社の株式を譲渡会社の株主に割り当てることを「人的分割」と呼んでいます。新設分割における物的分割では、新会社発行の株式は、譲渡会社にすべて割り当てられ、完全親会社と完全子会社の関係が成立します。また、新設分割における人的分割では、譲渡会社と譲受会社は兄弟会社（同じ株主に所有される会社）の関係が成立します。

　物的分割は、事業譲渡に伴う手続きを簡素化することを目的とし、また、人的分割は、事業譲渡の効果を直接に株主が享受することを目的とする制度です。

　会社分割制度により、企業は、事業の一部の資産・負債、権利・義務等を一括して他の会社に承継させることができるようになり、経営戦略上、さまざまな形で事業の再編成を行うことが可能となりました。

　ここでは、その代表例として、スピンオフ、スピンアウト、カーブアウトについてみることとします。このうち、スピンオフやカーブアウトは、基本的には社内リソースを活用するものの、社内から外部にリソースを押し出して、外部でイノベーションを推進する方法です。

3　スピンオフ

　スピンオフ（spin-off）は、独自のアイディア、技術を持つ研究者や技術者が元の企業から独立して起業するものの、元の企業と出資や支援等、緩やかな連携を維持する戦略です。

　スピンオフでは、一般的に事業の成長ポテンシャルの面でマーケットから高く評価されることが期待される部分を切り離して独立会社とする戦略を取ります。これにより「コングロマリット・ディスカウント」を回避することができます。ここで、コングロマリット・ディスカウントとは、企業が複数の事業を営んでいるものの、その事業間の関連が薄くシナジー効果が期待できないような場合に、市場で企業全体（コングロマリット）の価値がそれら事業部門を個別に営んだ場合の価値の合計よりも低く評価される（ディスカウント）ことをいいます。

　スピンオフにより、新会社は経営の独立性が確保されて、迅速、柔軟な意思決定ができるようになります。一方、元の企業はコアビジネスに専念することが可能となります。

　なお、スピンオフにより設立された新会社の株式は、元の企業の株主に対してその持分割合に応じて分配されます。

4　スピンアウト

　スピンアウト（spin-out）は、親元企業との間で資本関係等を完全に断ち切る形で、元の企業から独立して起業するパターンです。

　たとえば、社内の技術者が、自分で開発した技術が企業にとってのコア技術ではないとして生かされないものの、自分の技術に強い愛着を持って外部で活用す

ることを目的にスピンアウトする、といったケースがこれにあたります。そして、スピンアウトした企業がその後、元の企業と競争関係になるケースもあります。

　従来、親元企業がスピンアウトして起業する社員を白い目で見るといったことが少なくありませんでしたが、いまでは多くの場合、起業家精神が溢れる社員を温かい目で送り出す、といった好意的な企業風土が醸成されてきています。

5　カーブアウト

❶ カーブアウトとは？

　カーブアウト（carve-out）は、親元企業が経営戦略として技術や人材といった事業シーズの一部を切り出してベンチャー企業を創設して、資本・人的等の関係を維持しながら、外部のリソースを取り込んで事業化を目指す戦略です。なお、カーブアウトの文字どおりの意味は、切り離す、ですが、ここでは事業を分離して切り出すことを意味します。

　カーブアウトでは、まず小規模で始めてユーザーの反応を見ながら、ビジネスプランをユーザーニーズにマッチする形で洗練して、採算に乗るような規模に仕立て上げていきます。

　カーブアウトには、単独で行うタイプのほかに、複数の企業や研究機関、大学等が各自が持つノウハウやテクノロジーを提供して、それを融合する形でベンチャー企業を創設するタイプがあります。

❷ カーブアウトの活用ケース

　カーブアウトは、さまざまな目的で活用されます。

a. 休眠技術の活用

　カーブアウトは、企業内に活用されることなく眠っている技術や特許が数多くあるものの、それを実際のビジネスに使うには不確実性が高いとか、対象となるマーケットの規模が小さい等の理由で、社内でイノベーションを推進することが難しいケースで採用することが考えられます。こうしたことからカーブアウトは日本の企業風土にマッチした手法である、ということができます。

b. ノンコア分野の活用

　現在、多くの企業は「選択と集中」を経営の基本方針の1つに掲げています。そして、選択によって自社のビジネス上、優先度の低いノンコア分野に分類されたもののイノベーティブな事業として有望であるという場合に、カーブアウト戦略を活用して、外部での成長を期待することが考えられます。

c. コングロマリット・ディスカウントの回避

　カーブアウトは、企業の事業の一部が将来性があるにもかかわらずマーケットから低く評価されている場合に、企業から当該事業を独立させることにより、当該事業が適切に評価されることを狙った戦略に活用することができます。

❸ カーブアウトのメリット等

a. 親元企業

　親元企業は、自社ではコアビジネスと位置付けることができないとか、技術を使って商品化しても対象となるマーケットの規模が小さい等の理由から、事業化されず埋もれた技術を数多く持っている場合に、カーブアウトにより新設された企業で事業を推進することが可能となります。

　また、親元企業は、カーブアウトしたベンチャー企業に出資して資本関係を持つことにより、将来、ベンチャー企業が成功した場合には、IPO（新規株式公開）によりキャピタルゲインを得るとか、M&Aによりベンチャー企業を自社内に引き戻すといったことが考えられます。

　一方、企業が研究開発部署に優秀な人材を抱えながら彼らが考え出すイノベーションを生かすことができない状態を放置すれば、有能な人材が会社に見切りをつけて飛び出し、独自にベンチャー企業を創設する可能性があります。そして、ベンチャー企業がその後、成功を収めた場合には、企業にとって手強い競争相手になる恐れも出てきます。しかし、カーブアウト戦略により、企業がこうしたケースに陥るリスクを回避することができます。

b. 新設企業

　新会社からみたカーブアウトのメリットは、エスタブリッシュされた組織で行う社内ベンチャーでは難しかったイノベーションを、自己が持つ能力をフルに発揮して機動的に遂行、実現できるところにあります。

　新会社は、親元企業との関係の維持によって、親元企業から研究施設や製造設備等の物理的な支援を受けることができるのみならず、親元企業が持つ顧客ネットワーク等のマーケティングに関わる各種情報を得ることができます。また、親元企業自身が新会社の販売先としての顧客になるという可能性もあります。

　さらに、信用力のある親元企業との関係があることから、新会社は外部からの資金調達を円滑に行うことが期待できます。

　このように、新会社は、まったくの白紙から起業するケースに比べると起業リスクは格段に小さく、また、事業化もスピーディに行うことが可能である等、スタート時点から優位なポジションにある、ということができます。

❹カーブアウトの留意点

a. 親元企業の新設企業に対する干渉

　カーブアウトは、企業が戦略的に事業の一部を切り出して、そこに外部のリソースを導入する形でベンチャー企業を設立する戦略です。

　したがって、カーブアウトは、単純な分社化とは異なり、外部のリソースを活用することによりイノベーションを機動的に生み出すことができます。

　しかし、カーブアウトで新設された企業は、親元企業との関係が維持されていることから、ややもすればビジネスプランの策定や具体的な経営の実践で親元企業の干渉を受ける恐れがあります。

　親元企業は、カーブアウトによる新設企業がイノベーションを存分に発揮できる環境を形成するという所期の目的を念頭に置いて、こうした干渉を極力控えなければなりません。

b. 知財マネジメント

　カーブアウトでは、親元企業と新設企業との間で、知的財産の所有権の問題が発生するケースが考えられます。

　カーブアウトは、親元企業の研究開発をベースにしてベンチャー企業を創設することから、親元企業の特許、ノウハウ等の導入を行うことになります。このこと自体、親元企業にとっては、まったく人的関係や資本関係のないベンチャー企業に特許、ノウハウ等を移転することに比べると、いわば「のれん分け」をした企業への移転ですから、一定の安心感はありますが、それで

も知的財産の線引き等について、法的に明確にしておく必要があります。

❺ カーブアウトの出口戦略

カーブアウトの出口戦略としては、IPO があります。カーブアウトが成功してマーケットで認知されたことにより IPO が可能となり、この結果、親元企業は株式の上場益を得ることができます。

❻ スピンオフ・カーブアウト支援専門チーム

2013年に閣議決定された「日本再興戦略 — JAPAN is BACK —」では、スピンオフ・カーブアウト支援専門チームや日本政策投資銀行等による、事業の目利きの協働を通じた既存の経営資源の活用・組み合わせから新たなビジネスを形成する取り組み及び民間資金の呼び水となるリスクマネー供給を一体的に行うことにより、オープンイノベーションを推進する、としています[15]。

また、その翌年の2014年に閣議決定された「日本再興戦略改訂版」においても、起業・創業にとどまらず、大企業からのスピンオフやカーブアウト、M&A の形態を含め、ベンチャー企業が活躍するための制度面、人材面、資金面の障害を取り除くための総合的な対策を講ずる、としています。

コラム　シリコンバレーモデルとカーブアウトモデル

シリコンバレーでは、研究開発の能力に満ち、起業家精神に富んだ人材がベンチャー企業を設立、創業して新規のビジネスにチャレンジし、それにエンジェル（ハイリスクを取る個人の富裕投資家）やベンチャーキャピタルが資金面でサポートする、というモデルが確立されています。

一方、カーブアウトは、まったく白地からベンチャー企業を創設するわけではなく、親元企業との間で資本関係、人的関係等を維持しながら、ベンチャー企業を創設して、外部のリソースを取り込んで事業を柔軟に展開するモデルです。

日本においては、会社との関係を完全に断ち切った形で独立してベンチャー企業を興す、というよりも、会社の資本を活用し、また会社が持つ顧客ネットワークを使って営業する、というように会社と緊密な関係を維持するメリットを享受しながら、新規ビジネスを軌道に乗せていく、というケースが多い状況です。その意味では、日本では、シリコンバレーモデルよりも、有望な研究開発成果を事業化させたいと考えている社員に研究設備や資金等のリソースを提供して、ベンチャー企業を創設するカーブアウトモデルの方が適している、ということができます[14]。

---

5. リニアモデルと連鎖モデルとは?

　イノベーションがどのようなプロセスを経て生まれるのか、を説明する代表的なモデルに、リニアモデルと連鎖モデルがあります。

1 リニアモデル

　「リニアモデル」(線形モデル)は、基礎研究(発見)→応用研究→製品開発→設計→生産→販売というように、前のステップが次のステップに直接に影響を及ぼす直線的なプロセスでイノベーションが生まれる、とするモデルです。そして、過去においてはこの一連の流れのすべてが1つの企業ないし企業グループのなかで行われることが一般的でした。

　このリニアモデルのベースとなっているのは、企業の研究部門が考え出すアイディア、技術はユーザーニーズに適うものである、もっと言えば、格別ユーザーがどのようなニーズを持っているかをあらかじめ市場調査等で把握しなくても、研究・開発部門の判断で開発、制作される製品・サービスは、ユーザーニーズから外れることはなくマーケットで受け入れられるはずである、というように研究・開発が主導してイノベーションが生まれる、といった考え方です。

　そのなかでも、テクノロジーを軸とした研究を起点としてイノベーションが生まれるとする考え方を「テクノロジープッシュ」と呼んでいます。

2 連鎖モデル

　しかし、現実には、イノベーションはリニアモデルのように、研究が始めにありき、ということではなく、マーケットに存在するユーザーニーズをしっかりと把握、分析したうえで、そのニーズにマッチするように研究開発、商品化を行うことによって生まれるとか生産プロセスでより性能の高い製品を作ることによって生まれる、といったようにさまざまな要素が絡み合いながらイノベーションが生まれることが一般的です。

　そのなかでも、マーケットにおける需要を起点としてイノベーションが生まれるとする考え方を「ディマンドプル」と呼んでいます。

　このように、商品・サービスがマーケットに提供されるまでのさまざまなステ

ージで発見された情報のフィードバックによる各要素の相互連関があるとするモデルは「連鎖モデル」とか「ノンリニアモデル」、また、これを主張した学者の名前を取って「クライン・ローゼンバーグモデル」とか「クラインモデル」と呼ばれています。

3 基礎研究の重要性—iPS 細胞のイノベーション

イノベーションが生まれるプロセスの主流が、リニアモデルから連鎖モデルにシフトするといっても、決して基礎研究の重要性が後退したというわけではありません。

たとえば、京都大学の山中教授が開発した iPS 細胞（ヒト人工多能性幹細胞）は、ES 細胞の基礎研究から始まり、その応用研究としてヒト ES 細胞と形態、増殖能、遺伝子発現、分化能力などにおいて類似したヒト iPS 細胞の樹立に成功しました[16]。そして、iPS 細胞は、再生医療や創薬試験へと、実用化に向けてプロジェクトが精力的に進められています。

しかし、山中教授がこの研究に取り掛かったきっかけは、教授が整形外科の臨床医であった時に、全身の関節が変形した重症のリウマチ患者の姿に接して、新たな治療法を目指して研究することが必要であると考え、治療法の開発のために基礎研究を始めた、という背景があります。

このように、iPS 細胞のイノベーションも、はじめに基礎研究ありきではなく、ユーザー（この場合には患者）ニーズにいかに対応するかが、起点となっています。

6. ドラッカーのマーケット主導イノベーションとは？

1 ドラッカーが唱えるイノベーション

イノベーションの開発にあたっては、ユーザーが何を求めているかをしっかりと把握したうえで、どのような技術やスタッフ等のリソースが必要となるのかを検討、分析するマーケットドリブンでのアプローチが重要となります。

ドラッカーは、シュムペーターの考えを受け継ぎ体系化した経営学者です。ドラッカーは、イノベーションが成功するか否かは、その斬新さや科学、卓抜した知識等の要素よりも、むしろそれがユーザーに受け入れられるかどうかにより決

まる、とマーケット・ドリブンのコンセプトを強力に主張しています。

彼は、次のように述べています⁽¹⁷⁾。

①イノベーションが新たなマーケットを創り出すとしても、それは、特定の目的を持ち、明確なニーズを満たすものでなければならない。

②イノベーションのためのイノベーションであってはならない。イノベーションは、ユーザーのためにある。イノベーションは、顧客行動の変化や、働き方の変化、生産プロセスの変化を起点として生まれる。したがって、イノベーターは、常にマーケットに密着し、マーケット志向、マーケット主導で物事を考える必要がある。

③ビジネスの目的は、顧客を獲得し、繋ぎとめることにある以上、企業が果たすべき機能は、ただ2つ、マーケティングとイノベーションである。マーケティングとイノベーションは利益を生むが、その他はすべてコストである。

2　マーケット・ファーストのイノベーション

上述の最後のパラグラフ③で注目される点は、ドラッカーは企業が果たすべき機能として、イノベーションのまえにマーケティングを置いていることです。ことほど左様に、ドラッカーは、イノベーションはマーケットを重視すべき、と主張しているのです。

そして、マーケティングの目的は、顧客のことを良く知り、顧客の目線に立って、製品やサービスが顧客のニーズにフィットして良く売れるかどうかを判断することにある、すなわち、マーケティングの本質は顧客の視点から自社のビジネスをみることにある、要すればマーケティングは、プロダクト（商品）、プライス（価格）、プレイス（場所）、プロモーション（販売促進）の4Pから構成され、その各々にイノベーションが関わりを持つ、と主張しています。

しかし、ドラッカーは決して研究開発の重要性を否定しているわけではありません。ドラッカーは、まずマーケットに存在するニーズを把握して、そのニーズを満たすためにはどのようなイノベーションが考えられるかを分析、研究することが必要であり、実際のところ、大きなイノベーションは、何らかの変化の兆候を分析することから生まれることが少なくない、と述べています。

そして、マーケットでユーザーが何を期待し、何を必要としているかを観察す

る、この結果、分析、研究したイノベーションのアプローチがユーザーの期待に
マッチしないことを見い出すかもしれない、その場合には、考え出したイノベー
ションをユーザーが受け入れるためにはどうすればよいか、実践的に再検討すれ
ばよい、としています。

　このように、ドラッカーは、マーケットにおける実際のニーズを踏まえ、それ
を反映させたイノベーションこそ成功する、と強調しています。

第1章脚注

(1) Stanford news "text of the Commencement addres s delivered by Steve Jobs 'You've got to find what you love,' Jobs says" 2005.6.14
(2) Drew Davis "What did the late Steve Jobs actually mean by the statement 'Stay hungry, stay foolish?' " 2014.6.3
(3) The White House "President Obama on the Passing of Steve Jobs: 'He changed the way each of us sees the world.' " 2011.10.5
(4) Joseph A Schumpeter "Theory of Economic Development" 1911 Routledge、塩野谷祐一訳「経済発展の理論」岩波文庫上下1977.9.16
(5) P.F.Drucker "Innovation and Entrepreneurship" Harper & Row, Publishers, Inc.,1985

第2章
ユーザーイノベーション

1. ユーザーイノベーションとは?

　ユーザーは、こういった商品・サービスがあれば良いのになあ、とか、マーケットに出ている商品がこのように改良されたら良いのになあ、というようにさまざまな潜在的ニーズを持っています。

　これに対して、企業は、多種多様なツールを使って情報を収集してこうしたユーザーニーズをきめ細かく汲み取ることに注力していますが、それにも自ずから限度があります。そこで、ユーザー自身が商品・サービスを開発して、ユーザーがその商品化プロセスに参加する「ユーザーイノベーション」が出現しています。

　前述のとおり、イノベーションは、研究・開発が主導して生み出すリニアモデルから、マーケットでユーザーのニーズをしっかりと把握して、そのニーズにマッチするような研究開発を行うことによる導出される、とするクラインモデルへとシフトするトレンドとなっています。

　そして、こうしたクラインモデルをさらに進化させて、ユーザーが自ら企業と協働した形でイノベーションを推進して価値を共創するビジネスモデルが、ユーザーイノベーションです[1]。

2. 究極のユーザーファースト・イノベーション

　イノベーションは、研究開発を行い、その成果をマーケットに送り出してユーザーのニーズを満たすことで初めて意味を持ちます。研究者がユーザーから遠いところで研究開発を行い、それが優れたものであればマーケットで受け入れられるはずである、という考え方はもう通用しません。

　ユーザーは、各人が自分の好みにマッチした商品やサービスを求めており、これを全体としてみた場合には実に多種多様なニーズとなります。そして、こうしたユーザーニーズを最もよく知っているのは、他ならぬユーザー自身です。

　メーカーイノベーションは、メーカーがいわばユーザーの代理人となってユー

ザーのニーズを汲み取ることがベースとなりますが、特にニッチのニーズについては、メーカーが多種多様なユーザーニーズを正確に汲み取ることは容易ではありません。

　実際のところ、各企業は、ユーザーニーズを積極的に自社の商品・サービスの開発に取り込むための努力をしていますが、それには自ずから限度があります。

　こうした問題に対応したモデルが、ユーザーイノベーションです。従来、企業はマーケティングリサーチを行うことによりユーザーニーズを把握して、メーカーや研究所がそのニーズにマッチすると思われる製品・サービスを開発する、という形でイノベーションが行われてきました。ここでのユーザーの役割は、単にニーズを持っているという事実に過ぎず、それ以上のものではありません。

　しかし、ユーザーイノベーションは、メーカーや研究所ではなく、ユーザー自身が自己のニーズを満たすために製品・サービスの開発や改良のプロセスに自らを組み込むという形で、イノベーション発生から開発、商品化に至るまで、イノベーションのプロセスに参加することをいいます。

　このように、ユーザーイノベーションは、本当のニーズを一番よく知っているのはユーザー自身である、ユーザーこそが自身が使う、もしくは使いたいと考える製品・サービスの開発、性能について最も深い関心を持っている、という事実を基本とするコンセプトです。その意味で、ユーザーイノベーションは、ボトムアップイノベーションの究極のパターンであるということができます。

　もっとも、ユーザーイノベーションは、メーカーイノベーションと対峙する概念ではなく、ユーザーイノベーションによりメーカーイノベーションが補完されるのが一般的です。

　ユーザーイノベーションは、イノベーションの難関の1つである「死の谷」現象を解決する1つの方法としても着目されています。ここで死の谷現象とは、たとえ優れたアイディアであっても、それがユーザーに受け入れらず、その結果、イノベーションとして製品・サービスに具現化することなく終わることをいいます（第1章3コラム「イノベーションの3つの難関」参照）。

　なお、ユーザーイノベーションという場合のユーザーは必ずしも個人の消費者を指すわけではなく企業であるケースもあり、また、同一の企業がメーカーであるとともにユーザーであることもあります。

3. ユーザーイノベーション台頭の背景

1 「ユーザーが主役」は、イノベーションでも変わりはない

イノベーションを生むにあたってユーザーが主役となるのは、ユーザーニーズが多種多様であることが背景にあります。これまで、ユーザーイノベーションから生まれた商品は、ユーザーが日常使用する過程でさまざまなニーズを持つような家庭用品や電気製品、運動用具でみられています。

テクノロジー主導のイノベーションは、初めにテクノロジーありきで、開発の主眼は、勢いそのテクノロジーを生かしていかに商品・サービスを創り出すか、となります。しかし、ユーザーニーズ主導のイノベーションは、さまざまなユーザーのニーズに的確に応えるような商品・サービスを創り出すためには、どのようなテクノロジーが必要になるか、を主眼とします。

そして、パソコン、スマホ、タブレット端末等、IT がユーザーに普及、浸透するにつれてユーザーのニーズが多種多様なものとなり、そうしたニーズにマッチするユーザーイノベーションが、真に価値を創造することとなります。

2 イノベーションの民主化

イノベーションによる新製品・サービスの開発や既存製品等の改良は、ユーザーの声を参考にして企業の R&D 部門や営業部門、それにスタートアップ、ベンチャー企業によって行われるのが、一般的です[2]。

しかし、実際にイノベーションがどのように展開するかをみると、企業等がユーザーニーズがどこにあるかを推測して開発等を行うのではなく、既存の商品等で満たされないニーズがどこにあるかを一番よく知っているユーザー自身が主要なプレイヤーになって新商品の開発や既存製品等の改良、用途革新のプロセスに参加しているケースがみられます。

ユーザーイノベーションは、このようにユーザーが企業と同等に製品開発のリーダーシップを握るイノベーションです。メーカーが中心のイノベーションは、他の企業等にただ乗りされないように特許や著作権等により守られたなかでメーカーが開発する形をとっていますが、ユーザーイノベーションは、これとは大きく異なるプロセスを取ります。

こうした「イノベーションの民主化」と呼ばれるパラダイムシフトには、ITの発展、普及が大きく寄与していると考えられます[3]。

具体的には、機能向上が目覚ましいコンピューターのソフトやハードの普及により、ユーザーはイノベーションに必要なツールやコンポーネントに容易にアクセスすることが可能となり、ユーザーが自分の手でデザイン等を低コストで制作する能力が格段に向上しています。

すなわち、ユーザーとしての企業はもちろんのこと、趣味でイノベーションを試みる個人も、パソコンを使って複雑なプログラミングができるソフトや精緻なCAD（computer-aided design、コンピューターで図面作成が簡単に作成できるソフトウェア）等を低コストで取得、利用することが可能です。したがって、ユーザーニーズがいよいよ多様化の様相を呈している状況にあっても、ユーザーイノベーションでこれに弾力的に対応して、ユーザーが満足できる商品・サービスを開発、試作できる環境が形成されています。

そして、ユーザーが通信インフラを活用して自己のアイディアや制作した商品・サービスを幅広くインターネット上で流してイノベーションとして具現化するというように、今後、ユーザーイノベーションは一段と進展を辿ると予想されます。

こうしたユーザーイノベーションは、情報関連の商品・サービスをはじめとして、スポーツや趣味の分野、家具や電化製品、造園等の住宅分野、さらには専門知識を要する医療分野等、さまざまな分野にみられています。

たとえば、米国では、kite surfing やスノーボード、マウンテンバイクといったスポーツ道具は、ユーザーが自身の経験からどのような仕様が良いかのアイディアを出し合って機能、形状等のスペックを固めて、それをもとにメーカーが製造、販売するといったケースがみられます。

このうち、マウンテンバイクのケースでは、約50万人のユーザーが参加してさまざまな地形、気候、テクニック等にフィットした仕様をメーカーに対してアイディアとして出し、また、整形外科医や航空工学の専門家もこれに加わりました。

4. ユーザーイノベーションの特徴

1 多様化

ユーザーイノベーションにおいては、特に多様化が重要な要素となります。す

なわち、ユーザーイノベーションではさまざまなアイディア、ニーズを持った異なる年代、キャリアの男女がコミュニティーとして参加して、そうした参加者間で情報を交換したりするなかで連帯感を強めながら、イノベーションの具体化を検討していきます。

　このように、ユーザーイノベーションの大きな特徴は、なんといってもユーザーのためのイノベーションを企業の介入なしに多数のユーザー（コミュニティー）の手により開発することにあります。

2　飽くなきユーザーニーズの追求

　企業をベースとするイノベーションは、基本的に企業の利益追求を目的としていますが、ユーザーイノベーションは、そうした企業をベースとするイノベーションでは充足することのできないユーザーニーズを汲み取る、という特徴があります。

　企業主導のイノベーションでは、さまざまなユーザーニーズのなかで最大多数のユーザーが望むところに焦点を当てて商品開発を行うことになります。すなわち、企業が商品を生産・販売することにより利益を得るためには、商品を相当数量、マーケットで捌く必要があります。したがって、ユーザーのニーズを汲み取るといっても、どうしても多数のユーザーに共通するニーズにマッチした商品をマーケットに供給することになります。このように、企業が個々のユーザーのニーズをきめ細かく汲み取ったテイラーメイドの商品を提供するには限界があります。このことは、ユーザーサイドからみれば、自分のニーズにうまくフィットする商品をマーケットで見出すことが難しいケースが存在することを意味します。

　一方、ユーザーイノベーションは、個々のユーザーニーズを極力生かす形で柔軟性を確保しながら、商品を製造、販売することが大きな特徴です。

　すなわち、ユーザーイノベーションは、とにかく多数の顧客を獲得して大量生産、販売することを第1の目的とするのではなく、一定以上の需要による経済効果を維持しながらユーザーのニーズにマッチするテイラーメイドの製品を提供することを目的とします。

　このように、ユーザーイノベーションを推進させる原動力は、企業がユーザーの潜在的なニーズを必ずしも適切に汲み取っていないというユーザーの強い不満があります。

そして、そうした不満が新製品の開発や既存商品の改善のアイディアとしてユーザーの間から噴出するのです。やや極端な言い方をすれば、企業によるイノベーションは、企業がそれを製造・販売することにより利益を得ることを第一義的な目的とする一方、ユーザーイノベーションは、ユーザーがそれを開発することにより便益を享受することを目的としている、ということができます。したがって、ユーザーとしては、自己のニーズを100%満足させることができ、また自らニーズを満たすソリューションを見出してそれをイノベーションにつなげるプロセスに携わることにより大きな喜びが得られるユーザーイノベーションの形を取ることになる、と考えられます。

5. イノベーション・コミュニティー

1 ユーザーイノベーションとオープンイノベーション

ユーザーイノベーションを活用することによりユーザーが生み出したイノベーションを他のユーザーと共有するケースが数多くみられます[4]。これは、ユーザーが知的財産を自分だけのものではなく、広く公開することを意味します。

こうしたケースでは、一般的にインターネットが活用され、その典型例はオープンソースソフトウェアでみられます。すなわち、オープンソースソフトウェアの開発は、オープンイノベーションとユーザーイノベーションの2つのパターンを組み合わせたハイブリッド型のイノベーションということができます[5]。

オープンソースソフトウェアの開発では、その成果物であるソフトウェアは、だれでもライセンスの限定内で自由に使うことができ、また、誰でもその開発に関わることが可能です。

ユーザーイノベーションにより生まれたイノベーションを公開することによるメリットは、それにより他のユーザーから改良のアイディアが出されるとか、他のユーザー自身が改良して当初のイノベーションがより洗練されたものとなることが期待できる点にあります。また、特に同じ類のイノベーションを他のユーザーに先駆けて最初に公開したユーザーは、他の多くのユーザーから高い評判を受けるという自己満足を得ることもできます。

さらに、ユーザーイノベーションが公開されることにより、他のユーザーが同じようなイノベーションを手掛けるといった重複が避けられ、資源の有効利用の

観点からのメリットもあります。

　ユーザーイノベーションは、ユーザーが相対で情報をやりとりして質問とかアドバイスを行う方法のほかに、ユーザーがあるプロジェクトについてネットワークでコミュニティーを形成して、イノベーションを促進させるといった方法が採られています。

　こうしたイノベーション・コミュニティーの構築は、ユーザーにとっても、またそれを商品化するメーカーにとってもイノベーションのスピードを速め、効率よくプロジェクトを進捗させる効果があります。また、モジュール（モジュールについては第3章5参照）を組み合わせる大がかりなプロジェクトのケースで、多くのユーザーがこれに参加することにより単独でのイノベーションに比べると負担の軽減を図ることができます[6]。

2　イノベーション・コミュニティーとメーカーとの関係

　IT関連を対象とするユーザーイノベーションでは、オープンソースソフトウェアのケースでみられるように、メーカーの力をほとんど借りることなく、ユーザーのコミュニティーがアイディアから製造、流通、その後のアップデート等のすべてのプロセスを行って完結させることができます。

　しかし、IT関連以外の物品・サービスのイノベーションでは、ユーザーの役割は基本的に性能やデザイン等のアイディアを出して試作するという形のイノベーションの段階までで、その製造やマーケットへの提供はDIYのユーザーではなく、規模の経済を享受することができるメーカーに依存することが一般的です。

　したがって、メーカーがユーザーイノベーションの成果を取り込むためには、イノベーションに優れた能力を持つリーダー格のユーザーを探し出す方法をとることになります。

　企業主導のイノベーションでは、マーケットリサーチ部門でユーザーニーズを把握して、商品開発部門がそのニーズを満たす商品を制作する、というプロセスを取ることが一般的ですが、ユーザーイノベーションにおけるメーカーの役割は、すでにユーザーが試作したものを生産してマーケットに流すことになります。

　また、メーカーがユーザーに対してイノベーションに必要な各種機器等を提供することにより、ユーザーイノベーションが成功した際に、その成果を取り込むといった方法もあります。

さらに、ユーザーイノベーションにおいて、ユーザー自体がメーカーになって製品を量産してマーケットに流すといったことも考えられます。

6. ユーザーイノベーションの種類

ユーザーイノベーションには、いくつかのタイプがあります[7]。

まず、多くのユーザーがさまざまなアイディアを出すなかから集積知が形成されてイノベーションが生まれるタイプがあります。

また、ユーザーがアイディアを出してそれにメーカーが応じて、ユーザーとメーカーの相互のコミュニケーションの中から新製品・サービスを開発するとか、メーカーがあるテーマを提示してそれに対してユーザーがさまざまな提案をする、といったタイプがあります。

さらに、医療等、特定の分野に関わる職務を行う専門家がユーザーとしてアイディアを出して、それにメーカーが応じてイノベーションにつなげる、といったタイプもみかけられます。

こうしたさまざまなタイプのユーザーイノベーションを類型化すると、リードユーザー法とクラウドソーシング法に2分することができます。

1　リードユーザー法

❶リードユーザーとは何か?

すべてのユーザーが、イノベーションで画期的な商品やサービスを創り出そうとの意欲と能力を持っているわけではありません。ユーザーのグループのなかでもイノベーションによって大きなベネフィットを得ることを期待して、イノベーティブなアイディアを出すことに強い意欲と能力を持っている洗練されたユーザーを「リードユーザー」と呼んでいます。

リードユーザーは、多くのユーザーに先駆けてマーケットの重要なトレンドを先取りするようなニーズを持っており、また、マーケットの重要なトレンドを逸早く把握する能力があります。このように、リードユーザーは、新製品・サービスに対するマーケット（多くのユーザー）の潜在的なニーズを把握していて、そのニーズのソリューションにより大きなベネフィットを得ることを期待するユーザーです[8]。

リードユーザーが、新製品の開発によって大きな満足を得るということは、逆に言えばそれだけ現状の商品に強い不満を持っていることを意味します。リードユーザー法は、企業が自社のノウハウ、テクノロジーをもとにイノベーションを生み出すのではなく、消費者のなかからリードユーザーの特徴をもつイノベーターを見つけ出して、そのリードユーザーのニーズを情報として得て、それをもとにイノベーションを開発する方法です。

　企業サイドで幅広いユーザーからニーズを収集しようとすると、一般的に行われているアンケートやインタビュー等の手法に依存することとなり、ユーザーニーズの汲み取りの精度が高まらないといった恐れがあります。

　一方、マーケットトレンドの先端を走るリードユーザーが自己のニーズを満たすために開発する新製品や改良品は、他の多くのユーザーのニーズも満たすことになります。こうしたことから、メーカーにとってリードユーザーのイノベーションは魅力的であり、リードユーザー法では、企業がこのような先進的なユーザーニーズ情報とソリューション情報を持つリードユーザーを見出して新製品・サービスの開発プロセスに組み込むことになります。

　それでは、ユーザーイノベーションにおいてこのような重要な役割を担うリードユーザーを見つけ出すにはどうしたらよいのか？　多くのユーザーが参加するマーケットで大規模のリサーチを行うことは非効率的です。そこで、ヒューマンネットワークを駆使してリードユーザーを見出す方法が取られています。たとえば、ある分野についての画期的なイノベーションを求める場合に、それに興味のありそうな人物にアプローチします。すると、その人物は、別の人物がこの分野に精通している、と紹介してくれます。こうしたプロセスを繰り返していくと最終的に実際に画期的なイノベーションにまで発展させることができるアイディアを持つ人物を探し当てることができます。そして、この人物がリードユーザーとなります。

　この方法は、特定の分野に関心のある人物は、自分自身が持つ専門性以上の専門性を備えた人物を知人に持つことが多い、という経験則に基づいた手法です[9]。

　そして、革新的なアイディアを持つユーザーを見い出すことができたら、次にそのリードユーザーと企業の開発チームとが協働して、リードユーザーの持つアイディアを商品・サービスの形にするというプロセスを取ることになります。

❷リードユーザー法の具体例：3M

リードユーザー法を採用して成功を収めたケースに米国の3Mがあります[10]。

3Mは、長年に亘ってテクノロジーをベースとするイノベーションに優れた実績を持つ化学、電気関連の総合メーカーです。

3Mでは、伝統的にテクノロジーがイノベーションを生むというコンセプトを軸として経営されてきており、マーケットが求める新しいニーズに応えるためにイノベーションを生む、という考えは希薄でした。実際のところ、3Mでは開発部署でテクノロジーの専門家を多数抱えていましたが、マーケティング部門のスタッフは手薄で、またマーケットリサーチの専門家も数少ない状況でした。

そこで、同社ではこうした伝統から脱却してユーザーニーズを重視したイノベーションを開発することを目的に、技術部門と営業部門の従業員に対して、個々の従業員が自由に選択したプロジェクトに対して労働時間の15%を上限に費やすよう勧奨しています。これを受けて従業員は個人で、またはチームを組んでアイディアを出してイノベーションの推進に励むこととなりました。また、同社では既存の商品についてユーザーから改良の声が寄せられた場合には、それが営業部門から速やかに製造開発部門に伝達されて、商品の手直しが迅速に行われる体制が整備されています。

しかし、3Mの経営陣は、かねてから3Mのイノベーションのプロセスは、現在販売されている商品の部分的な改良に重点を置きすぎており、ユーザーニーズを十分カバーできていないのではないか、との疑問を持っていました。

こうした問題意識の下、3Mの経営陣は、ITの普及により急速に変化するユーザーの潜在的なニーズに応えることにより、画期的な製品やサービスを開発、提供して3Mのイノベーションの能力を高め、既存のマーケットではない新たな分野で大きく成長することが急務である、との認識を深めました。

しかし、3Mの経営陣は、一般に行われているマーケットリサーチのような方法に依存した場合には、すでにマーケットにおいてユーザーニーズが明確になっているものをピックアップするだけで、ユーザーが潜在的に持つニーズをベースにして画期的な商品開発を行う、との目的には必ずしもマッチしないと考えました。

そこで、3Mではいくつかの部署でどのような手法が考えられるか、さまざまな視点から検討を重ねました。そうするうちに1人のスタッフがMIT（マサチューセッツ工科大学）のヒッペル（von Hippel）教授の記事を読んで、重要なイノベーションから生まれた画期的な新製品の多くがメーカーの手ではなくリードユーザ

ーから発信されていることを知りました。

　特に、リードユーザーによるイノベーションが従来の製品の改善ではなく新製品の開発であるという点が、ユーザーの潜在的なニーズに応じる手法を求めている3Mにとっては重要なポイントとなりました。そして、MITのヒッペル教授のサポートを得て3Mが導入したのがリードユーザー法をベースとするリードユーザープロジェクトです。

　3Mではこのリードユーザー法こそが、マーケットの最新のニーズを汲み取りそれを商品化することができるシステムであると位置付けて、さまざまな商品の開発に活用しています。

　このように、リードユーザー法を採用するプロジェクトは、既往商品の改良ではなく、それによりきわめて革新的な製品・サービスを生むようなケースに適用されることになります。

　実際のところ、3Mにおけるリードユーザー法を活用したイノベーションは、自社内の開発部署で考え出した自前のイノベーションを上回るきわめて良好な成果を上げています。

2　クラウドソーシング法

❶クラウドソーシング法とは何か?

　クラウドソーシング法は、多くのユーザー（クラウド）からの情報をもとにして、イノベーションを生み出す方法です。これは、外部の企業や研究機関のアイディアや技術を取り込むのではなく、外部のクラウドを活用する方法です。

　クラウドソーシング法は、インターネットが普及したことにより幅広く活用されるようになりました。すなわち、クラウドソーシング法では、さまざまなユーザーが、企業がインターネットのサイトに開設したソーシャルメディアを使って自分のニーズにマッチするような多種多様な情報を企業に提供します。そして、企業はそれをユーザーにフィードバックして多数のユーザーが最も良いと判断した製品・サービスを洗練化して使い勝手の良い形にして開発する、というものです。

　また、クラウドソーシング法により、企業はユーザーからさまざまな意見や不満、要望を汲み取ることで、企業とユーザーとの絆を強固なものとすることができます。

　このように、クラウドソーシング法では、企業の専門性よりもユーザーの多様

性が重要な要素となっています[11]。

　また、企業の専門家の手によるよりも、クラウドソーシングによる新製品・サービスのアイディアの方がイノベーティブであり、またユーザーにより大きなベネフィットを与えている、といった実証研究もあります。

❷ クラウドソーシングの具体例

a. 無印良品

　日本で早くからユーザーイノベーションに取り組んでいる企業に㈱良品計画があります。良品計画は、無印良品の企画開発・製造から流通・販売までを行う製造・小売業として、衣料品、食品、家具等の多種多品目の商品を展開しています。

　良品計画では、2002年からクラウドソーシングによる新製品開発を実施しています[12]。

　すなわち、同社では、2000年に「ものづくりコミュニティー」を開設、その後、2009年に「くらしの良品研究所」と名付けたラボラトリーを開設して、サイトを通じたウェブ・コミュニティーを中心とするユーザーとの相互交流を既存商品の見直しや新商品の開発に結びつけています。

　そして、くらしの良品研究所に「IDEA PARK」を設置して、無印良品からユーザーに対してテーマを投げかけ、そのテーマに関するユーザーからのアイディア投稿や投票によって商品開発を行うプロジェクトを推進しています。

　無印良品のこうしたユーザーイノベーションから生まれて爆発的な売れ行きをみた大ヒット商品に「体にフィットするソファ」があります。このソファは、ユーザーと無印良品の共同開発によって生まれた商品で、無印良品の代表的なロングセラー商品となっています。これは、部屋が狭くてソファを置くことはできないものの、ソファと同じ快適さが欲しいというユーザーニーズをもとに、クッションにソファの機能を持たせることにより実現した商品です。

　無印良品では、このほかにもユーザーとの共同開発商品をいくつか販売していますが、そのいずれも実に周到にかつ透明性を持たせてユーザーニーズを汲み取る開発プロセスを踏んでいます。

　その手順をみると、まず多くのユーザーからさまざまなアイディアが出され、良品計画はそのなかから有力な候補を製品開発テーマとして決めます。

そして、その製品開発テーマをウェブやメールマガジンで流してユーザーからアイディアを募ります。その結果、ユーザーからさまざまなアイディアが寄せられ、良品計画ではそのうちの製品コンセプト数個をウェブで提示してユーザーによる人気投票を行います。まさしくイノベーションの民主化がここでも体現されています。そして、最も多数の票を集めたスペックの製品に対する予約注文が一定数を超えた場合に製品化されることになります。

このように無印良品では、ある商品を開発する際に、ユーザーからアイディアを募り、いくつかのアイディアのうちのどれが良いかは、ユーザーの投票で決めます。

また、アイディアを商品化するプロセスにおいても、なぜこうした素材を使用することにしたか、デザインはユーザーニーズを汲み取ってかくかく云々の意図で制作した、というように、決定に至った詳細な理由をユーザーと共有して、無印良品がリーダーシップを取るのではなく、あくまでもユーザーと共同開発するスタンスを堅持しています。

同社のクラウドソーシング開発商品全体の売上数、売上高、粗利等をみると、社内の専門家のみによって開発された製品よりも上回った実績を示していて、多様性が専門性を凌駕する、ということが如実に実証されています[13]。

b. ニベア[14]

商品・サービスの開発にあたっては、ユーザーニーズを汲み取ることが最も重要であることは明白ですが、これを実際にイノベーションに生かすことは机上で論じるほど容易なことではありません。そうしたなかで、ユーザーと企業とがアイディアから商品開発・販売までのプロセスを協働する形でイノベーションを成し遂げた典型例にニベアが売り出したデオドラントがあります。

すなわち、ニベアでは、ユーザーからデオドラントを使用するとシャツの脇の下辺りに白と黄の色が付くとの声を受けて、そうした色が付かないデオドラントを開発しました。その開発過程でニベアは、オンラインでユーザーを参加させることにより、制汗剤でシャツに付くシミの状況と、ユーザーがそうしたシミをユーザー自身の手でどのように取り除いているかといったノウハウを得ながら、国際的に開かれた革新イニシアティブであるパールファインダーを使ってパートナーを見出して新製品の開発、販売に成功しました。

　このプロセスで、ユーザーはインターネットでニベアに対してさまざまなアイディアを積極的に提供する等、きわめて協力的なスタンスを取ったことが、ニベアが業界で初めてシミが付かないデオドラントを開発、販売して大ヒット商品となる原動力となりました。

　すなわち、ユーザーは商品・サービスについて企業が気が付かなかったような難点を指摘するだけではなく、その解決策についても優れたアイディアを持っていて、それを企業が胸襟を開いて聞くことによりイノベーションに活用することができます。

　ニベアは、仮にユーザーからどのような方法でシミを取り除いているかといった方法を聞かなくても、自社の開発部門でおそらくその解決策を見出すことができたでしょう。しかし、それには時間もコストもかかります。このように、ユーザーを活用したイノベーションは、時間とコストの節約になるとともに、ユーザーを開発プロセスに参加させることによってユーザーの層をより拡大できる、というマーケティングの効果も期待することができます。

第2章脚注

⑴　Eric von Hippel "Democratizing Innovation" The MIT Press2006.2
⑵　The New York Times "Innovation moves from the laboratory to the bike trail and the kitchen." Economic Scene, 2005.4.21
⑶　Eric von Hippel　Ibid.at (1)
⑷　Ibid.
⑸　Jan-Peter Ferdinand, Uli Meyer "The social dynamics of heterogeneous innovation ecosystems" International Journal of Engineering Business ManagementVolume 9: pp1–16 2017.3.31
⑹　Eric von Hippel Ibid.at (1)
⑺　妹尾堅一郎「いわゆる『ユーザーイノベーション』について」2010.4.26
⑻　Eric von Hippel　Ibid.at (1)
⑼　Ibid.
⑽　Eric von Hippel and Mary Sonnack "Breakthroughs to Order at 3 M via Lead User Innovation" Working Paper #40571999.1
⑾　西川英彦、本條晴一郎「多様性のマネジメント　〜無印良品のクラウドソーシング〜」マーケティングジャーナル Vol.30 No.3 2011
⑿　同前
⒀　日本マーケティング学会「第6回ユーザー・イノベーション研究報告会レポート「無印良品のクラウドソーシングの理論と実践」日本マーケティング協会 2017.3.18
⒁　Merit Morikawa "What Is Open Innovation 2.0 and Why Does It Matter?" Viima 2016.7.16, "Open Innovation" Viima 2016.11.20

第3章
オープンイノベーション

1. クローズドイノベーションとは?

　オープンイノベーションに立ち入る前に、それと対峙するコンセプトであるクローズドイノベーションをみることにしましょう。

■1 クローズドイノベーションと自前主義

　「クローズドイノベーション」は、文字どおり自社の研究所等に閉じこもって独力でイノベーションを生み出す自前主義を基本とする do-it-all-yourself 戦略であり、「ブラックボックス化戦略」ともいいます。また、自社で不足するアイディアや技術を提携等の形で導入する場合でも、クローズドイノベーションでは、それらはあくまでも補完的なものである、という位置付けになります。

　すなわち、クローズドイノベーションは、組織の内部で、自社のノウハウ、テクノロジー等のリソースを使って研究、開発、製品化、販売の一連のプロセスを直線的な流れで垂直統合する自己完結的なモデルです。

❶クローズドイノベーションのメリットとデメリット

a. メリット

　　クローズドイノベーションでは、企業のイノベーションは、開発、生産、マーケットへの流通等のすべてを自社内の経営リソースや研究のみに依存することとなり、すべての研究、開発は、それが商品化されて市場に出るまでは社外秘の扱いとされます[1]。

　　したがって、クローズドイノベーションは、知的財産管理を優先して自社技術を保護する戦略として採用されます。

b. デメリット

　　クローズドイノベーションでは、たとえ他社に魅力的なアイディアがあっ

てもそれを活用することなく、自社のアイディアだけでプロジェクトを推進することになります。

　また、自社のアイディアを他社に提供すれば自社ではできないような商品・サービスが開発できる可能性があるにも関わらず、自社内からそれを外部に出さないという壁を作ります。

2　自前主義の限界とは？

　従来、大半の企業はイノベーションのプロジェクトを外部の企業等との協働の形で行うのではなく、新商品・サービスの開発は、基本的に自社の研究・開発部門で進めてきました。すなわち、各企業の開発部門は、既存のコンセプトの延長線上では出てこないアイディアを考え出す人材を多かれ少なかれ抱えていて、そうしたスタッフがイノベーションを手掛けてきました。また、イノベーションを自社内のスタッフにより商業化することに外部のコンサルタントを活用することも良くみられるケースです。

　しかし、企業単独でイノベーションを推進することは困難であり、また非効率的であるケースが増えてきました。

　すなわち、インターネットやスマホ等のモバイル端末の浸透によりめまぐるしく変わるユーザーニーズを汲み取ろうと各社が厳しい競争を繰り広げる環境下で、革新的なアイディアがイノベーションとしてスピーディに市場化、製品化されて多くのユーザーに受け入れられるためには、1企業内の開発部門だけではとても達成することができない状況となっています[2]。

　特に、目覚ましいITの発展によりユーザーの嗜好が商品からサービスやプラットフォームへとシフトしている傾向が一段の強まりをみている状況にあって、1社のリソースだけではこれに十分対応することは、容易なことではありません。

　また、IT部門をはじめとする開発関連の人材流動化の進展によって、イノベーションの発信源ともいうべき人材の流出がみられる企業では、ますます自前主義を貫徹することは困難となっています。

　こうした自前主義の限界を打破するために、外部の資源を活用して新技術を開発するというように、他社との協働のもとにイノベーションを推進する「オープンイノベーション」が進展し、さらには異業種の企業を含むさまざまな企業がネットワークを構築して協働による価値を共創する「ビジネスエコシステム」モデ

ルが登場しました。

2. オープンイノベーションとは？

　トヨタ自動車の豊田章男社長は、自社のオープンイノベーションに対する基本的な考え方を、要旨、次のように述べています[3]。

　「トヨタのルーツは自動織機であり、当時は、自動織機の会社が自動車をつくるようになるとは誰も予測しなかったと思います。

　いま、私たちの前には新しいライバルが登場しております。かつての私たちがそうであったように、どの業態が「未来のモビリティー」を生み出すのか、それは、誰にも分からないと思います。そして、未来は、決してトヨタグループのなかだけでつくれるものではないと思っております。「同志」が必要だということも、裾野の広い自動車産業で生き抜いてきた私たちは、深く理解しているつもりです。物事を対立の軸でとらえるのではなく、新しい仲間を広く求め、情熱をもって、未来を創造していきたいと思っております。」

　いかなる企業も、単独でイノベーションを継続的に実現することは容易ではありません。

　そこで、外部のアイディアや技術を活用してイノベーションを創出するオープンイノベーションのコンセプトが生まれました。

　すなわち、オープンイノベーションは、積極的に組織の内部と外部のアイディア・技術等の流出入を活用して、イノベーションの促進、展開を指向するビジネスモデルです。

1 クローズドイノベーションからオープンイノベーションへ

　クローズドイノベーションは、外部の企業からはなかなか良いアイディアやテクノロジーが見つからない、といった時代には妥当なアプローチであるとされました。しかしながら、他社においても優れたスタッフから続々と優れたアイディアやテクノロジーが排出されるとなると、クローズドイノベーションのアプローチではユーザーのニーズを汲み取って厳しい競争に打ち勝つことはできなくなりました。

　そこで生まれたのが、オープンイノベーションです。

　オープンイノベーションは、社内リソースと外部のリソースを組み合せて活用

するなかから、シナジー効果によりイノベーションを生む手法です。

　このオープンイノベーションのコンセプトに対して、自社内の経営リソースや研究に依存する自前主義の開発はクローズドイノベーションといいます。

　従来、クローズドイノベーションは、自社のノウハウ、テクノロジー等の機密が維持されるというメリットを持つことから、企業はこれを他社に対する競争の優位性の源泉と位置付けていました。

　しかし、自社が持つ知的財産の保護を優先する自前主義では、製品ライフサイクルの短縮化や研究開発コストの上昇から、厳しい競争環境下で生き残ることが難しく、特にITの進展等を背景にして外部のイノベーションのスピードが加速してこれについていくことが困難になる等、内向きのビジネスモデルであるクローズドイノベーションが持つ弱点が明らかとなりました。

　オープンイノベーションの発展には、ITの発展とグローバル化により、企業にとって欠かせないリソースである技術、人材、資金の流動性が高まり、この結果、外部企業との連携等、外部のリソースの活用が容易になったことも背景となっていると考えられます。

　また、オープンイノベーションは、コアビジネスが成熟ステージに達している状態にあって、自社単独での研究開発によりイノベーションを生む能力が限界にきている企業にとって、特に重要な戦略となります。そうした企業ではコアとなる確立した分野の延長線上で商品・サービスを開発することに経営資源を投入することはあっても、新たな事業領域への進出にはリスクを恐れて二の足を踏むといったケースが少なくありません。しかし、企業が持続的な成長過程を辿るためには、常に革新的な取り組みが求められます。それには、外部のアイディアや技術を活用するオープンイノベーションが重要な役割を発揮することになります。

　このように、研究開発は、単独の企業の研究部門で完結するモデルから、外部企業等との連携を前提として、複数の企業が各々持つノウハウ、テクノロジー等のリソースを融合させる形で協働するなかから新たな価値を共創するモデルへと進化しています。こうした背景のもとにイノベーションの分業を基本コンセプトとするオープンイノベーションのビジネスモデルが登場しました。

　オープンイノベーションは、これまでのルーティンの生活、仕事、勉学、レジャーの在り様を変える、といった破壊的イノベーションを生むポテンシャルを持っています。

要素	クローズドイノベーション	オープンイノベーション
人材	自社内で最良の人材を擁する	自社の人材が最優秀とは限らず、社内外の優秀な人材と連携
R&D	R&Dから収益を得るためにも自社で研究開発から販売までをすべて完結	外部R&Dからも付加価値を創出することが可能。その価値の一部を享受するには内部R&Dも必要
市場化	イノベーションを早く市場投入した企業が優位に立つ	市場化よりビジネスモデルの構築が優先
マインド	最良のアイディアを最も多く製品化して優位性を確保	社内外のアイディアを効果的に活用
知的財産	自社の知的財産は厳重に保護	他社間とのライセンスアウト / ライセンスインを積極的に実施

（出所）オープンイノベーション・ベンチャー創造協議会（JOIC）、新エネルギー・産業技術総合開発機構（NEDO）「オープンイノベーション白書第二版」2018.6p5 （原典）MIT Sloan Management Review"Top 10 Lessons on the New Business of Innovation"2011

2 マーマレード分配とオープンイノベーション

　交渉学の手法の1つに、分配型と創出型（統合型）があります。「分配型」は、量の配分についての合意を目指して交渉するのに対して「創出型」は、お互いが必要なものを分かち合うことにより価値を創出するという質の配分です。

　このたとえとして、よく引き合いに出されるのが「マーマレード分配」です[4]。ここに1つのオレンジがあります。そして、友人である2人が双方共、そのオレンジを欲しいと言っています。そこでオレンジを2つに切って分ければ、友人各々が半分ずつオレンジを手に入れることができます。これが分配型です。

　しかし、ここで、友人がなぜオレンジが欲しいかをお互いに確かめてみると、1人はそれでジュースを作りたいというのに対して、もう1人はそれでマーマレードを作りたいということが分かりました。単純にオレンジを2つに切った分配型では、一方は皮が、片方は実が不要となります。そこで、ジュースを作りたい方がオレンジの実を、また、マーマレードを作りたい方が皮を取ることにより、2人のニーズは充たされることになります。これが創出型です。

　まさに、オープンイノベーションでは、この創出型のように企業と外部の企業がお互いのニーズをしっかりと把握したうえで、それを充たすために戦略的なア

ライアンスを組んで、相互の強みを生かして価値を創出することになります。

3. Society 5.0と第4次産業革命

■1 日本再興戦略とイノベーション

　政府は、2013年から日本再興戦略を公表しており、また2017年からは未来投資戦略を公表していますが、2013年以降、一貫してオープンイノベーションの推進を戦略の重要な柱として掲げています。

　すなわち、2013年の「日本再興戦略―JAPAN is BACK―」では、「民間の積極的な研究開発投資の促進に加え、自前主義からオープンイノベーションへの展開を加速し、実用化・事業化へとつながる科学技術イノベーションの好循環を生み出す」[5]としています。

　また、2014年の日本再興戦略改訂版においては、「企業が行き過ぎた技術の自前主義・自己完結主義から脱却し、機動的なイノベーションを目指すオープンイノベーションを強力に推進するための環境整備を図る」として、イノベーションの促進にあたり既存企業とベンチャー企業のパートナーシップの推進を目的とするイノベーション創出の基盤を構築する方針が決定されました[6]。

　具体的には、ベンチャー企業と大企業のマッチングやビジネスシーズの事業化を支援するプラットフォームとしてベンチャー支援に協力的な大企業等から成るベンチャー創造協議会を創設することや、企業が行き過ぎた技術の自前主義・自己完結主義から脱却し、機動的なイノベーションを目指すオープンイノベーションを強力に推進するための環境整備を図ることが、内容に盛られています。

　次いで、2015年6月に閣議決定の日本再興戦略で日本においてもシリコンバレーでみられるようなベンチャー創造の好循環を形成する施策が打ち出されています[7]。

　具体的には、国全体の稼ぐ力を高めるためには、既存プレーヤーの生産性の向上だけでは不十分であり、ダイナミックなイノベーション・ベンチャー企業が連続的に生み出される社会にしていかなければならない、そのためには、ITやバイオなどの新たな技術シーズと経営のプロと投資家が結びつき、新技術と新たなビジネスモデルを融合したベンチャー企業が次々と生み出され、それがまた優れた人材と技術と資金を呼び込み、ついには新たな成長企業群を作り出す「ベンチャー

創造の好循環」を生む拠点を創り出していかなければならない、としています。

そして、こうした取り組みを加速するために、東京オリンピック・パラリンピック競技大会が行われる 2020 年に、世界中から一流の経営者、起業家、ベンチャーキャピタル、機関投資家等を招き、世界規模でのビジネス・マッチングを行う「グローバル・ベンチャーサミット」を開催することとしています。

このように、日本においても国の基本方針として、ベンチャー企業の創出や大企業におけるさらなるイノベーション促進等、オープンイノベーションの取り組みの推進が掲げられています。

また、2016年の「日本再興戦略2016─第4次産業革命に向けて─」では、「第4次産業革命を迎え、オープンイノベーションの機運がこれまで以上に高まっている。技術革新の予見が難し時代だからこそ、誰と組むのか、経営判断に占める重要性は高まる一方である。……地方からグローバルに挑戦するベンチャー企業も登場し、大企業もオープンイノベーショの相手先として目の色を変えて有望なベンチャー企業を探している」としています[8]。

そして、2017年の「未来投資戦略2017─Society 5.0 の実現に向けた改革─」では、オープン・イノベーションの推進の課題として、オープン API を核とした FinTech 企業と金融機関の連携の拡大等をあげています[9]。

また、2018年の「未来投資戦略─Society 5.0、データ駆動型社会への変革─」では、「大学における産学連携マネジメント体制の強化を図るため、オープンイノベーション機構の整備を推進する」としています[10]。

このように、国の基本方針として、ベンチャー企業の創出や大企業におけるさらなるイノベーション促進等、オープンイノベーションの取り組みが戦略として掲げられ推進されています。

2 第4次産業革命と Society 5.0

❶ 第4次産業革命とオープンイノベーション

2016年にスイス・ダボスで開催された世界経済フォーラム（ダボス会議）では、第4次産業革命が取り上げられ、活発な議論が展開されました[11]。

ダボス会議では、第1次産業革命は、蒸気機関等の出現、第2次産業革命は、内燃機関や電力による大量生産の実現、第3次産業革命は、コンピューター、ロボットの登場による生産の自動化・効率化の進展、そして、現在進行中の第4次

産業革命は、デジタルな世界と物理的な世界と人間が融合する環境の構築、と定義しています。

第4次産業革命で活用されるテクノロジーは、世界的なインフラであるインターネットをベースとして、IoT（Internet of Things、モノのインターネット）、ビッグデータ、AI（人工知能）、ロボット等で、これらのテクノロジーを相互緊密に連結、組み込むことにより、産業構造の転換を指向します。

すなわち、第4次産業革命のベースとなるデータを収集、分析することにより、現状把握や、将来予測、さまざまな価値の創造や課題解決を行うことが可能となります。データの収集には、IoTが駆使され、またそれを蓄積してビッグデータとしたうえでAI等により処理・分析を行います。そして、次のフェーズでは、人間による通信ではなく、M2M（マシンツーマシン）と呼ばれる機械と機械との通信へと展開していきます[12]。

【図表3-2】 第1次産業革命から第4次産業革命まで

	時期・主導国	内 容	具体例
第1次 産業革命	18世紀後半 英国	蒸気・石炭を動力源とする軽工業中心の経済発展、社会構造の変革	英国で蒸気機関が発明
第2次 産業革命	19世紀後半 米国	電気・石油を新動力源とする重工業中心の経済発展、社会構造の変革	エジソンが電球を発明 フォードがT型自動車を開発
第3次 産業革命	20世紀後半 日本、米国	コンピューター、ロボット技術を活用したマイクロエレクトロニクス革命による自動化、効率化	日本メーカーのエレクトロニクス製品や自動車産業の発展
第4次 産業革命	2010年代現在	デジタル技術の進展とIoTの発展による限界費用や取引費用の低減から新たな経済発展、社会構造の変革を誘発	IoT、ビッグデータ、AI等の進展、活用 M2Mによる通信

（出所）Bhanu Baweja et al."Extreme automation and connectivity: The global, regional, and investment implications of the Fourth Industrial Revolution" UBS White Paper for the World Economic ForumAnnual Meeting 2016.1、総務省「第4次産業革命における産業構造分析とIoT・AI等の進展に係る現状及び課題に関する調査研究」2017をもとに筆者作成

特に、現在進行中の第4次産業革命によってIoTやビッグデータ、AI等をはじめとするICTの飛躍的な進歩が、革新的なビジネスチャンスの創出につながり、

各産業の分野の壁を越えたアイディアや技術が融合した新規ビジネスが価値を創造することが期待されます⁽¹³⁾。そして、日本における第4次産業革命では、オープンイノベーションの推進による企業間の連携等によるノウハウ、技術の融合が、きわめて重要な鍵となります。

第4次産業革命により、メーカーは、生産の効率性の一段向上が期待できるほか、画一的な商品・サービスを大量生産してきたこれまでの体制から、個々の消費者のニーズにきめ細かく応じることができる生産システムに転換することが可能となります。

そして、消費者は自分のニーズにマッチした商品、サービスを低価格で入手することができる環境が形成されます。

❷ Society 5.0

日本が抱える構造的な問題である人口減少が現実のものとなって経済に大きなインパクトを及ぼす状況下、今後、生産性を向上させて経済活動を維持、拡大するためには、新規ビジネスの創出につながるイノベーションを促進することがきわめて重要となります。

Society 5.0（超スマート社会）は、第5期科学技術基本計画において日本が目指す未来社会の姿として提唱されました。Society 5.0は、狩猟社会（Society 1.0）、農耕社会（Society 2.0）、工業社会（Society 3.0）、情報社会（Society 4.0）に続く新たな社会を指すもので、具体的な内容は次のようなものです。

a. Society 4.0では、人間がインターネット経由でクラウドにアクセスして、情報やデータを入手して分析を行います。

これに対して、Society 5.0は、その基盤技術であるAI、ネットワーク技術、ビッグデータ解析技術等の強化を進めて、サイバー空間（仮想空間）とフィジカル空間（現実空間）を高度に融合させることになります。すなわち、Society 5.0では、IoTによりフィジカル空間のセンサーから膨大な情報がサイバー空間に集積され、こうしたデータをビッグデータとしてAIが解析して、その結果がロボット等を通してフィジカル空間の人間にフィードバックされます。

このように、Society 5.0では、AIやロボットが、従来、人間が行っていた作業を代行することとなり、これにより、新たなビジネスモデルが生み出

されて、多くの社会的な課題が解決されるとともに、生活の質も飛躍的に向上することが期待されます。

b. Society 5.0は、イノベーションで創出される価値により、地域、年齢、性別、言語等による格差なく、必要なモノ・サービスを、必要な人に、必要な時に、必要なだけ提供することで、経済的発展と社会的課題の解決を両立させます。

c. この結果、人々が快適で活力に満ちた質の高い生活を送ることのできる人間中心の社会（Society）が形成されます[14]。

以上のように、Society 5.0は、IoT、ビッグデータ、AI、ロボット等に代表されるITをさまざまな産業や社会生活に活用することにより実現されます。

そして、こうしたITを中心とするイノベーションの勃興は、第4次産業革命の中心軸となります。すなわち、日本経済の長期停滞を打破して中長期的に安定成長を持続するためには、Society 5.0を強力に推進することが必要であり、それには、IoT、ビッグデータ、AI、ロボット等のイノベーションを活用する第4次産業革命を、あらゆる産業や社会生活に取り込むことが重要となります[15]。

4. オープンイノベーションの本質

1 オープンイノベーションのビジネスモデル

❶オープンイノベーションの必要性

企業が自社の技術を使って高品質、高性能の製品を生産してマーケットに供給すれば、ユーザーは自然とその商品に飛びつく、という自前主義を前提とするビジネスモデルは必ずしも成立しない時代が到来しました。

パソコンやスマホ、タブレット端末等のモバイル機器の普及をはじめとするICTの浸透によって、ユーザーニーズは、多様化、複雑化、高度化するとともに、いつでもどこでもサービスが受けられるユビキタスの環境を低コストで要求するというように、一段と貪欲なものとなっています。

このように、転々と変化するユーザーの多様なニーズに迅速に応えて最適なサ

ービスを提供して顧客満足度を高めるためにはどうしたらよいか？

　この難問に対するソリューションとして出現したビジネスモデルが、自社の技術だけではなく外部のアイディア、技術を活用して、ユーザーニーズに的確に応えることを指向するオープンイノベーションです。

　すなわち、オープンイノベーションは、自前主義の行き詰まりから、新たなイノベーションへのチャネルを外部に求めて、内部のアイディア・技術とともに、外部のアイディアや技術、人材等の資源を活用することにより、自社のみでは成しえなかった新製品・サービスを開発するビジネスモデルです。

　このように、オープンイノベーションの本質は、企業の既存のビジネス領域を超える革新的なビジネスを手掛けるために、企業が持つノウハウ、技術を使った研究開発にこだわることなく、積極的に他企業、研究機関、大学、個人等が持つノウハウ、技術を自社のノウハウ、技術と融合させることによってイノベーションを推進するというコンセプトにあります。

　したがって、オープンイノベーションでは、自社の研究開発のほかに企業の枠を超えた横断的なアイディア、技術の融合を軸として、差別的な商品・サービスを提供することにより、価値の共創を行い、企業と他社が協働して利益の向上を図ることが重要なポイントとなります。

コラム　オープンイノベーションごっこ

　企業のオープンイノベーションへの取り組みが「オープンイノベーションごっこ」と揶揄されることもあります。

　こうした批判は、果たしてオープンイノベーションが企業のパフォーマンスの向上に資するものであるかどうかの根拠が希薄で、流行に乗った単なるお遊びに過ぎない、という理由からなされていることが少なくありません。

　しかし、このような批判はまさしく伝統的なリニアモデルの考え方をベースとするものです。

　これに対して、オープンイノベーションを支える連鎖モデルは、試行錯誤を繰り返しながら紆余曲折を辿って漸次ゴールに接近することを本質とします。

　オープンイノベーションの本質は、海図なき航海に挑戦して、画期的な商品・サービスを生み出すことにより新たなマーケットを創り出すことにあることを忘れてはなりません。

　企業は、オープンイノベーションごっこなどという批判に惑わされることなく、貪欲に新市場の開拓、顧客層の拡大を狙って、強力にオープンイノベーションを推進していく必要があります。

❷ ノウハウ、テクノロジーのインバウンドとアウトバウンド

オープンイノベーションには、企業が他社のアイディア、技術を積極的に取り入れるインバウンドにより自社のイノベーションを促進させるだけではなく、自社内では十分活用されていないアイディア、技術を他社に提供するアウトバウンドにより商品化への道筋をつける、といった方策も含まれます。これにより、社内で黙殺され埋もれていたイノベーションを推進する途を拓くことができます。

せっかく、事業会社の研究開発で、新たなイノベーションが生み出されても、それがコアビジネスとの関連性が薄いとか、たとえそのイノベーションを商品化しても対象となるマーケットの規模が小さく収益への寄与が限定的である、として社内で埋もれたまま活用されずお蔵入りになっているケースが少なくありません。

そうした場合に、社内の未活用のアイディア、技術をアウトバウンドさせて、ベンチャー企業等の活用に供するといったことが考えられます。

このように、オープンイノベーションは、アイディア、技術のインフロー、アウトフローの両面を活用して社内のイノベーションを促進することを目的とします。

オープンイノベーションのコンセプトを提唱したカリフォルニア大学バークレー校のヘンリー・チェスブロウ客員教授は、オープンイノベーションを「積極的に組織外からナレッジを流入させたり、逆に組織内に眠っているナレッジを流出させることにより、組織内部のイノベーションを推進させ、また、組織外部でイノベーションが活用されるというように、組織の内外からマーケットを拡大させる手法である」、すなわち、オープンイノベーションは「企業の内部と外部のリソースを有機的に結合させて新たな価値を創造することである」と定義しています[16]。

❸ コーポレートカルチャーの融合

前述のとおり、オープンイノベーションは、他社のアイディア、技術を自社に導入する一方、自社で有効活用されていないようなアイディア、技術を外部に出して他社に活用させてイノベーションを促進させるというように、オープンイノベーションは、アイディア、技術の流入と流出の双方向の意味合いを持つコンセプトです。

このように、オープンイノベーションは、外部のノウハウ等を自社に引き込むインバウンドだけではなく、自社のノウハウ等を外部企業等に提供して、協働のなかから新たな価値を創るアウトバウンドとなることから、自社が持つ伝統的な

コーポレートカルチャーの枠から抜け出して、さまざまなカルチャーとの融和を図りながらイノベーションを推進することが重要となります。

そして、これによって自社と他社の相互補完からイノベーションによる価値の共創が実現して、まさしく win-win の関係が構築されることとなります[17]。

❹オープンイノベーションの進化

オープンイノベーションは、その概念が初めて世に出てから、いままでその範囲は格段に拡大して、それに伴ってイノベーションの手法も大きく変化を遂げています。

当初のオープンイノベーションは、主として自社の領域の研究開発でしたが、その後は、企業がそれまで手掛けていた領域の商品・サービスの開発や付加価値を増すというだけではなく、外部の企業等との連携強化により、新たなビジネス分野へとスコープを拡大する動きが目立っています。

すなわち、オープンイノベーションは、従来の企業間の技術提携や産学官連携でみられたような既往の技術やノンコア技術の外部による補填や研究開発コストの削減目的のみではなく、将来の新製品・新市場のコアとなるキーテクノロジーを生み出すことを目的とする外部との協業をコンセプトとするように、進化しています[18]。

こうした内部と外部の研究開発の連携により、これまで自社では考えられなかったような領域でのビジネスチャンスを生んで、収益増、さらには中長期に亘る持続的成長に資することが期待できます。

そして、このことは、後述するエコシステムの発展につながることとなります。

2 オープンイノベーション導入の視点

企業が、オープンイノベーションを経営戦略として導入する場合には、自社が持つ強み、弱みはどこにあるかをさまざまな角度から分析したうえで、なにを目的に、どの分野に、どのような方法で導入するかを、自社のニーズにマッチさせる方向で検討を進める必要があります。

❶オープンイノベーション導入の目的

自社のどの分野にオープンイノベーションを導入して具体的な成果に結びつけ

るか、の目的を明確化する必要があります。

　そうした目的には、革新的なテクノロジーの導入、研究開発の効率化と商品化へのリードタイムの短縮、新商品開発のための情報入手、マーケティングの効率化、有能な人材の発掘等があります。

a. 他社の R&D の活用
　ユーザーニーズにマッチする商品・サービスの開発のために他社のアイディアや技術を活用する。

b. ユーザーニーズの把握
　実際にユーザーニーズがどこにあるかを把握するために、マーケットや顧客の動向に詳しい他社の情報を活用する。

c. マーケティング
　自社の商品・サービスの販売促進のために他社との間でマーケティングに関する戦略的な協働を行う。

d. 人材
　他社の有能な人材を自社の開発プロセスに関与させることにより、自社のイノベーションの促進を図る。また、オープンイノベーションを契機にして、たとえば社外の開発部署のスタッフが自社のスタッフになるというように、人材の流動化の促進も期待できる。

❷オープンイノベーションのターゲット

　オープンイノベーションにより外部のアイディアや技術を活用するといっても、実際にどのような企業等と協働するかの選択が重要となります。

　たとえば、各企業がサプライチェーンの異なる部分で各々価値を生むような組み合せとなるケースでは、オープンイノベーションは良い成果をあげることができます。

　このように、オープンイノベーションのターゲットの選択は、自社がどのようなアイディアや技術を外部に求めるか、というオープンイノベーションの目的と裏腹の関係にあります。

3 オープンイノベーションの特徴

ここで、オープンイノベーションにみられる特徴を整理すると次のようになります。

①オープンイノベーションでは、自社では不足する部分を補完するために他社のアイディアや技術等を取り込むという考えではなく、他社と自社の経営資源は同列である位置付けで考えます。

したがって、外部企業等との連携といっても、単に外部からノウハウ、テクノロジーを自社に取り込んで、それを自社製品・サービスの改良等に活用するという形のイノベーションは基本的に自前主義を補完したに過ぎず、進化したオープンイノベーションのカテゴリーに属するとみることはできません。すなわち、オープンイノベーションは、価値あるアイディアが社内からも社外からももたらされ、そして、それがイノベーションとして社内からも社外からもマーケットに出されるアプローチをいいます。

このように、オープンイノベーションでは、社外のアイディアは社内のアイディアとまったく対等に扱われ、また、それがマーケットに出される扱いも変わることはありません。

②クローズドイノベーションで行われる R&D は、特定の内容に焦点を当てて行われることが一般的ですが、オープンイノベーションでは基本的に出てきたすべてのアイディアを検討の対象とします。これは、自社の既存の概念ではそのアイディアが使い物にならないものであっても、他社が参加するプロジェクトでは生きる可能性があることによります。

また、R&D ではこうしたアイディアは、R&D 部署の専門スタッフから出てくることが一般的ですが、オープンイノベーションでは、一般の従業員やユーザーからのアイディアも積極的に取り入れることになります（ユーザーイノベーションについては第2章参照）。

③インバウンドのオープンイノベーションでは、他社のアイディアや技術等を自社に取り込むことにより、自社のビジネスモデル自体をユーザーのニーズにより良くマッチするように変革する効果を期待することができます。

④オープンイノベーションの本質は、自社が持つアイディア、技術と他社が持つアイディア、技術とを融合させることにより価値を共創することにある以上、長年に亘ってどっぷりと自前主義に浸ってきた企業風土、コーポレート

カルチャーを改革する必要があります。

すなわち、社員の意識を凝り固まった自前主義で閉ざされた組織のマインドセットから開かれた組織のマインドセットへと転換させることが必要です。そのためには、企業のマネジメント層から現場のスタッフまで組織全体で、オープンイノベーションの導入、活用によって優れたアイディアをイノベーションに発展させ、さらにはそれを商業化するプロセスを辿って消費者に届けることがいかに重要であるかを、共通の認識として持つことが必要となります。

⑤オープンイノベーションは、自社のアイディアや技術を他社に提供するアウトバウンドを含むコンセプトであることから、技術等の独占による他社との差別化から利益を稼ぐという目的だけからみれば、それをある程度犠牲にすることになる可能性があります。したがって、自社の技術が他社に比して格段に優れており、自社の技術だけで企業の持続的成長を達成できる、との確信のある企業にはオープンイノベーションの導入はそぐわないかもしれません。

しかし、多くの企業は、オープンイノベーションが持つ自社と他社とのアイディア、技術の融合による効果の方がより重要であるとして、オープンイノベーションを推進しています。

4　オープンイノベーションのメリット

　オープンイノベーションは、企業が外部企業等との結びつきを強めて、商品・サービスの開発、有能な人材の確保等を推進することにより、自社だけではできないイノベーションを生み出すビジネスモデルです。

　オープンイノベーションには、次にみるようにさまざまなメリットがありますが、万能薬ではなくそのメリットには限界があることを認識する必要があります。

❶新商品・サービスの開発

　外部企業等との協働により、自社では考え出すことができないようなアイディアを新商品・サービスとして商品化することができます。

❷既存の商品・サービスの改善

現在、市場に出している商品・サービスを改善する場合にも、オープンイノベーションが威力を発揮します。特に、ユーザーをアイディアから改善プロセスまで参加させることにより、弛まぬイノベーションを推進することができます。

❸自社の従業員のモラルアップ

自社のR&D部署のスタッフがいかに優秀でも、自社内でイノベーションを完結するだけのリソースがない等で自己のアイディアが思ったように商品化されない場合があります。このようなケースでは、外部との協働によりこうした閉塞感を打破して、イノベーションを進捗させることができます。

❹効率的なイノベーションの推進

自社で時間とコストをかけて新商品・サービスの開発を実施するよりも、外部の企業等との協働で実施した方が効率的にイノベーションを行うことができる、というメリットがあります。

❺マーケティング

たとえ自社開発の商品・サービスであっても、外部企業との協働により、従来進出できなかったような新たな市場へアクセスすることができるようになります。

❻リスクコントロール

イノベーションには、それが失敗に終わるリスクが付きまといます。しかし、外部企業との協働により、自社では気が付かなかったようなリスクを事前に把握することができ、その結果、成功確率の高いプロジェクトに絞ることができます。

5　オープンイノベーションのタイプ

これまでも提携や共同開発、JV（ジョイントベンチャー）、M&A（合併、買収）等の形で、他社のアイディアや技術等を活用するケースは数多くみられています。

しかし、オープンイノベーションは、他社のアイディアや技術等を取り込むばかりではなく、自社の経営資源を他社に提供することにより、イノベーションを促進する効果を狙ったコンセプトです[19]。

オープン・イノベーションには、次のようなパターンが考えられます。

①パートナーシップ

　企業と外部の企業との協働。

②スタートアップ、ベンチャー企業への投資

③アクセラレーター

　スタートアップにイノベーション推進のサポートを行う（アクセラレータープ
ログラムは第4章9参照）。

④買収

　スタートアップ、ベンチャー企業を買収して自社の開発部門に組み込むか、
子会社として開発に取り組ませる。

　こうしたさまざまな方法を活用することにより、自社と他社のイノベーション
が融合することにより発揮される「シナジー効果」や、他社のイノベーションに
刺激される形で社内のイノベーションが加速される「ブーメラン効果」を期待す
ることができます。

5. オープンイノベーションのドライバーは?

　ユーザーニーズの多様化、高度化や技術革新の加速化、製品のライフサイクル
の短期化等による競争激化に伴い、アイディアやテクノロジーをベースに研究開
発から商品化、製造、販売まで持ち込むプロセスをすべて自社で完結させる自前
主義のビジネスモデルでは、イノベーションが生まれにくくなっています。

　こうしたことから、新たな市場、新たな事業、新たな商品・サービスを創出す
るために、組織の内外にあるアイディアや技術を融合、活用するオープンイノベ
ーションの導入が加速している状況にあります。

　すなわち、オープンイノベーションは、企業の間で、イノベーションの源泉を
もっぱら社内のリソースに依存する自前主義がさまざまなビジネスへの展開の可
能性を狭める元凶になっている、との認識が高まったことにより生まれたもので
す。

　ここで、オープンイノベーションを推進する主な要因について具体的にみるこ
とにしましょう。

1 製品のライフサイクルの短期化

ITの目覚ましい発展と幅広い層への普及のなかで、ユーザーニーズは、複雑化、多様化し、またその嗜好も急速に変化するといった状況を反映して、製品のライフサイクルは一段と短くなっています。

たとえば、2016年版ものづくり白書によると、製品のライフサイクル（主力事業の主要製品が売れている期間、経済的寿命）は、一般機械や化学工業に属する企業の4割近くが10年超としているのに対して、電気機械や輸送用機械等に属する企業の半数近くが5年以内としています（図表3-3）。

また、10年前と比較して製品ライフサイクルがどのくらい短縮しているかの短縮率は、電気機械の4割の企業が約50％以上、約3割の企業が30％以上〜50％未満としており、また、非鉄金属も50％以上、または30％以上〜50％未満としている企業がそれぞれ34.6％にのぼっています[20]。

このような環境下において、企業がマーケットで優位性を確保するためには、逸早くイノベーションを商品化してマーケットに供給する必要があります。

【図表3-3】主要事業の製品ライフサイクル

	1年以内	1年超〜3年以内	3年超〜5年以内	5年超〜10年以内	10年超〜15年以内	15年超
一般機械 (n=471)	3.0	9.3	18.7	31.0	6.8	31.2
電気機械 (n=481)	8.9	16.8	20.2	32.2	5.8	16.0
輸送用機械 (n=338)	1.8	13.0	29.9	34.3	6.5	14.5
鉄鋼業 (n=100)	6.0	7.0	17.0	40.0	8.0	22.0
化学工業 (n=146)	6.2	11.6	15.1	31.5	5.5	30.1
非鉄金属 (n=94)	5.3	12.8	25.5	37.2	3.2	16.0
金属製品 (n=591)	5.8	15.2	21.5	32.0	3.7	21.8
その他 (n=1,076)	14.8	16.4	18.5	25.7	3.6	21.0

（出所）経済産業省、厚生労働省、文部科学省「2016年版ものづくり白書」2016.5.20p125（原典）経済産業省調べ2015.12

2 ユーザーニーズの多様化、高度化

　前述のものづくり白書によると、企業サイドからみて、製品ライフサイクルの短縮化の背景は、顧客や市場のニーズの変化が速いことが53.5%と最も多く、続いて、技術革新のスピードが速く製品の技術が陳腐化しやすいことが20.7%となっています（図表3-4）。

　特に、ユーザーニーズがさまざまに変化する状況にあって、企業はユーザーのニーズにマッチするような製品・サービスを短期間で開発して商品化することが難しくなっています。

3 技術革新のスピード

　デジタル化、ネットワーク化にみられるように、情報通信技術の飛躍的な革新とその急速な普及が進展しています。具体的には、IoT、ビッグデータ、AI等の情報通信技術が活用されています。

【図表3-4】ライフサイクルの短縮化の理由

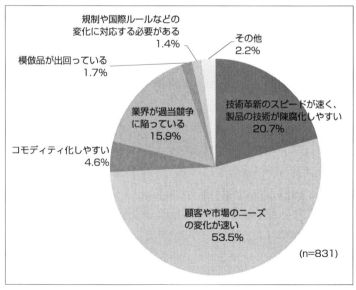

規制や国際ルールなどの
変化に対応する必要がある
1.4%

その他
2.2%

模倣品が出回っている
1.7%

業界が過当競争
に陥っている
15.9%

技術革新のスピードが速く、
製品の技術が陳腐化しやすい
20.7%

コモディティ化しやすい
4.6%

顧客や市場のニーズ
の変化が速い
53.5%

(n=831)

（注）10年前のライフサイクルとの比較で「短くなっている」と回答した企業が対象。
（出所）経済産業省、厚生労働省、文部科学省「2016年版ものづくり白書」2016.5.20p127
（原典）経済産業省調べ2015.12

特に、デジタル化、モジュール化が進んでいる分野においては、製品のライフサイクルの短縮化が顕著であり、スピーディに新製品・サービスを生み出すイノベーションが重要となっています。

また、これまで企業が対応できなかったようなユーザーの潜在的なニーズが、IT の活用により可能となるといった状況においては、新たに出現したニッチのマーケットで企業がいかに IT を駆使して競争に打ち勝つかが、きわめて重要となります。

❶ デジタル化、モジュール化

a. デジタル化の進展

デジタル化は、既存の文字や音声、映像などのアナログデータをデジタルデータに変換することをいい、また、より広義には、エレクトロニクス技術が使われていなかった分野をエレクトロニクス化することを意味します。たとえば、テレビ、カメラ、パソコン、複写機等の家電製品や OA 機器等でデジタル化が進行しています。

デジタルデータには、修正や加工が容易に行うことができるといった特徴があります。そして、デジタル化によって部品のインターフェイスを標準化したうえで、それを組み合せて製品を完成させることができる「モジュール化」が進展、普及しています。

b. モジュール化の進展

製品のアーキテクチャーは、大きくインテグラル型とモジュール型に分類することができます[21]。

ⅰ）インテグラル型

インテグラル型製品は、専用部品の組み合わせにより製造される製品で、その代表例が自動車です。

インテグラル型では、製品の性能を発揮するために部品同士のインターフェイスを調整してすり合わせる必要があるために「すり合わせ型」とも呼ばれます。一般的に日本の企業は、すり合わせの能力が高く、インテグラル型製品を得意としています。

たとえば、自動車は、心臓部に相当するエンジンをはじめとしてシャシ

ーやシート等、多くの部品が企業や車種毎に固有の設計になっており、その部品をすり合わせて製品化することにより車に求められる機能を実現することができます。

　このように、自動車はインテグラル型の典型的な製品ですが、電気自動車では、高度なすり合わせが必要なエンジンが使われなくなり、製品のモジュール化が進行する可能性がある、とみられています[22]。

ⅱ）モジュール型

　モジュール型（モジュラー型）製品は、標準化され汎用性のある部品の組み合わせにより製造される製品で、パソコンをはじめとして多くのデジタル家電がこのカテゴリーに属します。

　モジュール型では、部品同士のインターフェイスが標準化されていて、単純に部品同士を組み合わせれば製品化できることから「組み合わせ型」とも呼ばれます。一般的に欧米の企業は、組み合わせ能力が高く、モジュール型製品を得意としています。

　たとえば、パソコンは、心臓部に相当する CPU をはじめとしてハードディスク等のデバイスが標準化されていて、その組み合わせにより求められる機能を具備した製品を製造することができます。

　モジュール化が進んだ製品分野では、新規参入の技術的障壁が低くなり、技術開発が促進されることとなります。すなわち、インテグラル型の場合には、企業が部品の技術開発を行う場合には最終製品を開発、製造する企業との間で連絡を取りながら調整する必要がありますが、モジュール型の場合には、部品の開発は最終製品の開発と切り離した形で進めることができ、この結果、多くの企業が技術革新に取り組むことが可能となります。

　このことから、モジュール化の進展が、オープンイノベーションのドライバーの1つとして働いています[23]。

　そして、こうした特性から、モジュール型製品のコモディティ化が進捗することになります。ここで、「製品のコモディティ化」とは、多くの企業から類似製品が供給されることによって製品間の質に差がなくなり、価格競争が激化する結果、市場価値が低下して日用品化することをいいます[24]。

　こうした製品のコモディティ化は、特に電子製品において良くみられる現象で、薄型テレビ、デジカメ、太陽光発電パネル、カーナビ等、数多く

のケースをあげることができます。

❷IoT、ビッグデータ、人工知能（AI）

　センサー技術の発達によってあらゆるモノがインターネットにつながる IoT が進展して、そこから収集された情報がビッグデータとして分析され、さらに AI により付加価値を持ったデータに加工されて、さまざまな経済・社会活動に活用されることにより、経済・社会構造が根底から変わる第4次産業革命が進行中です。

　そして、こうした ICT を軸とする新たな展開におけるキーワードは「つながる」（コネクト）ことであり、自社と他社等との間でのインバウンド、アウトバウンド双方向での連携によるオープンイノベーションの進展を牽引することになります[25]。

　通商白書においても、日本が目指す産業の姿は「コネクテッド・インダストリーズ」であり、それには企業と企業、あるいは産業と産業間の交流を促進してイノベーション創出力を高めるためにオープンイノベーションに向けた取り組みが重要となってくる、としています[26]。

4 人材の流動化

　イノベーションは、いかに ICT によって加速されるといっても、その究極的な源泉は、優れた人材にあります。特に、ICT を活用したイノベーションが続々と誕生するなかで、日本においても ICT を中心に人材の流動化が高まっています。こうした状況下、たとえば頼りにしていたスタッフがヘッドハントで突然いなくなるとか、スピンアウトしてスタートアップを創業する等、自社内の研究開発部門の有能な人材が社外流出するケースも少なくありません。

　この結果、企業が単独で有能な人材を多数抱え込むことが難しくなり、外部の人材に依存せざるを得ないケースも発生します。そして、人材が組織を超えて流動化することにより、異なるエキスパータイズを持つ人材の間でシナジー効果が発揮されて、イノベーションが生まれることとなります。

　このように、大企業、中小企業、スタートアップ、ベンチャー企業、さらには大学や研究機関の間で人材の流動化が活発となり、産業界全体として「イノベーションの最適人的ポートフォリオ」が形成されることが期待されます。

6. オープンイノベーションのプレイヤーとその役割は?

オープンイノベーションのメインプレイヤーとなるのは、他ならぬ企業ですが、イノベーションの具現化には、そうした中核企業の相手方となる企業、スタートアップ、ベンチャー企業、リスクマネーを供給するベンチャーキャピタル、大学、研究機関等が重要な役割を演じることになります。

1 ベンチャー企業とスタートアップ

❶ベンチャー企業、スタートアップの特徴

インターネットの活用によるスマホ、SNS、IoT 、クラウド、ビッグデータ、AI 等の ICT の発展、普及により、さまざまなテクノロジーを活用した新たなビジネスを展開するベンチャー企業やスタートアップが次々と誕生しています。

企業は、規模が大きくなると意思決定に時間がかかり、また、ステークホルダーも多数になり、先行き成否が不透明な革新的な事業に手を染めることに消極的になる嫌いがあります。

これに対して、ベンチャー企業やスタートアップは、その持てるアイディアと技術力を主要なリソースとして、機敏に意思決定を行い、果敢にビジネスを推進する、といった機動力を特徴としています。

❷ベンチャー企業とスタートアップの違い

イノベーションの言葉を聞くと、ベンチャー企業やスタートアップが頭に浮かぶように、イノベーションとベンチャー企業やスタートアップとは切っても切れない関係にあります。実際のところ、これまで、多くのベンチャー企業やスタートアップからさまざまなイノベーションが生まれています。

ところで、ベンチャー企業とスタートアップとはどのような違いがあるのでしょうか?

ベンチャー企業は、その名前が示すとおり、独自のアイディアや技術を活用して革新的なビジネスに挑戦するプレイヤーとして、イノベーションの重要な担い手となります。

一般の中小企業と比べると、ベンチャー企業は、リスクテイカーとなって新たな領域に挑戦する新進気鋭の企業であり、創業後数年を経過した比較的若い会社

が少なくない、という特徴を持っています。また、ベンチャー企業のビジネスモデルは、中長期的な事業拡大による持続的成長を指向することが一般的です。

　なお、英語でベンチャーと言うと、ベンチャーキャピタルの略で投資家サイドからみた用語であり、ベンチャー企業は和製の英和混合語です。

　一方、スタートアップは、ユーザーのニーズを鋭く汲み取り、新たなビジネスモデルにより、ユニークな製品やサービスを生み出したり、生産プロセスの改革を行うことを目的にしたチーム（起業家の集まり）や企業で、ベンチャー企業同様、イノベーションスピリッツに満ち溢れ、創業後数年の若いステージにある等の特徴を持っています。

　このように、スタートアップとベンチャー企業は、ほぼ同義ととらえることができますが、中長期的な事業拡大を目指すベンチャー企業と異なり、一般的にスタートアップのビジネスモデルは、できるだけ短期間でIPOやM&Aによる出口戦略を実行することを指向します。

　スタートアップは、アップルやマイクロソフトに代表されるように成功を収めて大企業に発展するケースがある一方で、新規に開発した製品・サービスをマーケットに提供してもユーザーニーズにうまくマッチしない等の理由で、IPOやM&Aに到達することなく消滅するケースが少なくありません。

　以上のように、ベンチャー企業もスタートアップも、積極的にリスクを取ってイノベーションを生み、新たな製品・サービスをマーケットに提供する、という点で共通していますが、敢えて両者の違いをあげれば、ベンチャー企業は中長期的な事業拡大を指向するのに対して、スタートアップは、イノベーションをビジネスモデルの中心軸として、相対的に短期に事業の成長、収益化を指向する、という点にあるということができます。

　本書では、ベンチャー企業とスタートアップの区別について、あまり厳格性を意識することなく、話を進めていくことにします。

❸ スタートアップと事業会社の連携

　オープンイノベーションの大きな特徴は、既存の市場・顧客を有している事業会社とスタートアップとの間の連携を中心軸に置いていることです。

　したがって、事業会社は自社の戦略のなかで、どのような要素が外部とのアライアンスで必要かの領域を明確にすることが重要となります。

　すなわち、スタートアップとアライアンスを組む事業会社とスタートアップと

の関係は、お互いが持つ異なるリソースを有効活用、補完することを指向した対等関係にあり、事業会社だけではなくスタートアップも同様にベネフィットがあるような形で強い絆をベースとしたアライアンスを構築する必要があります。

　たとえば、相互が持つリソースの典型的なケースとしては、事業会社のリソースは、資金、信用力、ブランド、顧客であり、スタートアップのリソースは、アイディア、ノウハウ、技術力となります。

　事業会社では、スタートアップと連携する背景には、自社の殻を破るような画期的なイノベーションがなかなか生まれないといったことから、外部の革新的なアイディアやテクノロジーを活用するといった目的があり、一方、スタートアップでは、資本基盤や顧客基盤の強固な企業にファイナンス面やマーケティング面で依存することができるといったメリットがあります。

　このように、事業会社とスタートアップが、お互いが持つ強みを活用し、また弱みを補完することにより、ユーザーニーズにマッチするようなイノベーションを生むことが可能となります。

　スタートアップは、ユーザーニーズのニッチ分野を鋭く把握して、それに対して独創的なアイディアや技術により、きめ細かく、かつスピーディに対応することができる特性があり、事業会社とスタートアップとの連携によって製品開発期間の短縮化や新製品、新市場の開発を実現することが期待できます。また、事業会社は、ビジネスリスクが大きく、したがって手掛けることに躊躇するようなプロジェクトについても、イノベーションを生み出すスタートアップのポテンシャルを活用して、果敢に取り組むことができます。

　このように、既存企業と革新的なアイディアや技術を持つスタートアップとの連携により、既存企業のイノベーションを誘発させるとともに、スタートアップの成長を加速する効果が発揮されるという win-win の関係が構築されることとなります。

2　大企業のオープンイノベーション

　世の中には、大企業からイノベーションは生まれない、という俗説もありますが、実際のところは、数多くの大企業がイノベーションに取り組み、成果を生み出しています。

　こうした大企業からのイノベーションを「コーポレートベンチャリング」と呼

んでいます。コーポレートベンチャリングの用語は、従来、社内ベンチャーやスピンオフ、カーブアウト等、自社のアイディアや技術をいかにイノベーションに結びつけるかというコンテキストで使われていましたが、最近ではオープンイノベーションと結びつけて語られることが多くなっています。

そして、大企業の間では、スタートアップを支援の対象としてではなく、価値共創を指向するパートナーとして協働関係を構築して、コーポレートベンチャリングを推進することが重要である、との認識が深まりつつあります。

これをInnovation100委員会レポートでみると、次のようにオープンイノベーションの重要性を強調する大企業の経営者が少なくありません[27]。

「過去、多くの社員を集めて予算をつけて、イノベーション創発を目指すプロジェクトも実施したが、あまり大きな価値を生まなかった。自社だけでイノベーションを生み出そうという発想はもうない」。

「1つの技術にこだわり続けていると、相手に追い越されてしまうこともある。理想はこだわりながら、外の競争相手を見て向こうが優秀だと思ったらぱっと切り替えて、そこと連携する」。

「外部の起業家の視点を活用することで、自分たちが気付かずに眠らせていた宝を発見できる。何もしないで眠らせているのは、もったいない」。

「外部からの刺激によって、社員が自分のやりたいことを、夢を持ってやる風土になることも大事だ」。

3　中小企業のオープンイノベーション

中小企業は経済のダイナミズムの源泉である、といわれるように、日本には優れた技術を持つ中小企業が数多く存在します。

こうした中小企業は、オープンイノベーションにより自ら持つ技術にさらに磨きをかけて、顧客のさまざまなニーズに応えることが期待されます。

特に、中小企業には、大企業のような多くの顧客を狙うマーケット戦略ではなく、ニッチ分野のニーズにきめ細かく対応する商品・サービスを提供する点で優れている企業が少なくありません。したがって、そうしたニッチのニーズに中小企業がオープンイノベーションを活用することによって機動的、弾力的に対応するポテンシャルを一段と高めることができると考えられます。

また、これまで、多くの中小企業は大企業との間で系列関係を構築して大企業

を支えてきましたが、企業を巡る競争が激しさを増すなかで、系列を超えた提携が急速に進展しています。

　こうしたことから、大企業のサイドでも中小企業との間を固定的にみることなく、ビジネスチャンスがあるとみれば対等のプレイヤーとして幅広く連携していくことが重要となります。

4　ベンチャーキャピタル：リスクマネーの供給者

　スタートアップがイノベーションを推進するにあたっては、そのための資金を確保するというファイナンス面での足固めが必須の条件となります。それには、イノベーションが持つリスクを積極的にテイクしてリターンを狙うリスクマネーを導入することが必要です。こうしたリスクマネーは、特にスタートアップに投資するベンチャーキャピタルが中心となります。

　ベンチャーキャピタルは、イノベーションが失敗に終わるリスクの存在を明確に認識しており、したがって、スタートアップは不確実性が高いイノベーションに対しても果敢にチャレンジすることが可能となります。

　また、ベンチャーキャピタルが資金面だけではなく物理的にインフラを提供するインキュベーション施設を設置するケースも増えています。

5　大学、研究機関

　ビジネスイノベーションの推進につれてさまざまな分野において科学的知見の重要性が高まり、これに応える形で大学や研究機関は産学連携に積極的に取り組んでいます。

　すなわち、従来、大学や研究機関に属する研究者は個人としてイノベーションの推進に関わってきましたが、現在では大学や研究機関が組織的に対応する形に代わってきており、企業も研究者との間で属人的なつながりを個別に持つというよりも、組織としての大学や研究機関との産学連携を推進する傾向が強まっています。

❶大学、研究機関の役割

　オープンイノベーションでは、企業に加えて、大学や研究機関が重要なプレイ

ヤーとなります。すなわち、大学、研究機関は、イノベーションの源であるさまざまなアイディア、基礎研究の発信基地として、また有能な人材を生み出す場として、オープンイノベーションの重要な役割を担っています。

また、大学、研究機関は、単に企業の提携先となるのではなく、複数の企業が水平連携を行う際に、公的、中立的な立場からそのネットワークの中心軸となることが期待されています。

一方、企業サイドも、大学、研究機関に対して、短期的な収益に寄与するようなイノベーションではなく、地道な基礎研究の中から自社の研究開発では創出することができないようなイノベーションのシーズが生まれることを求めています。

このように、オープンイノベーションが具体的な成果をあげるためには、企業が専門性を具備した研究者を擁する大学、研究機関と連携することを通して、大学や研究機関が持つ優れたリソースを活用していくことが重要となります。こうした研究によってイノベーションのシーズが発信され、分野横断的なノウハウ、技術が長期的視野に基づいたイノベーションに結びつくことが期待できます。

❷ギャップファンド

大学は、新たなアイディアやテクノロジーから革新的なビジネスを生み出す原動力となる役割を果たします。そして、その具体的な成果の1つとして大学発のスタートアップやベンチャー企業が誕生します。しかし、大学の研究から生まれたイノベーションの源であるシーズを商品化までに持ち込むには、多額の資金が必要になります。

大学では、数多くの研究開発プロジェクトが進行し、基礎研究が開発段階へ、そして事業段階へと進みます。しかし、企業やベンチャーキャピタルはプロジェクトが商業的な価値を持って事業化できるかどうか不透明であるとして、資金の提供に消極的になることがあります。

このように、基礎研究と開発段階との間にギャップ（魔の川）があり、また、開発段階と事業化段階との間にギャップ（死の谷）があり、そのためにせっかくのプロジェクトが日の目を見ずに眠ったままとなるケースが少なくありません。なお、魔の川や死の谷は、イノベーションが製品化されて市場を席巻するまでの難関を言い表したものです（第1章3コラム参照）。

そこで、大学が事業化の可能性が高いとみられる開発プロジェクトに対して少額の開発資金を供与して、試作レベルの製作等を支援することにより、開発プロ

ジェクトを技術移転や大学発ベンチャー創出という形で事業化につなげるファンドを設置するケースがみられます。こうした基礎研究と事業化の間のギャップを埋めるファンドを「ギャップファンド」と呼んでいます。

このように、ギャップファンドは大学が資金供与の主体となり、スタートアップやベンチャー企業ではなく大学の研究室に資金を供与することとなります。

ギャップファンドは、米国の多くの大学で設置、運用されていますが、日本の大学でも設置するケースが増えつつあります。

たとえば、京都大学では、基礎研究からベンチャーキャピタルが投資検討可能なレベルの技術までのギャップを埋めていくために、GAP ファンドプログラムとインキュベーションプログラムの2段階の学内ファンドを企画、運営しています[28]。

このうち、GAP ファンドプログラムは、事業化を視野に入れ、研究成果の実用性を検証する試作品作成や実験などの研究課題に対して費用を助成するプログラムです。また、インキュベーションプログラムは、明確に事業化を目指して実用性検証を終えた研究成果を持つ研究者と、その研究成果をビジネスにしようとする経営者が協力して事業化に向けた研究開発を実施し、ベンチャーキャピタルからの資金調達を目指すプロジェクトです。

7. オープンイノベーションの手法とオープン・クローズ戦略

オープンイノベーションの推進にあたっては、企業のコア領域として社内で開発する分野、他社のアイディア、技術を取り込む分野、それに自社のアイディア、技術をオープンにする分野と切り分けをすることにより、ビジネスモデルを再構築していく必要があります。

1 オープンイノベーションの手法

オープンイノベーションといっても、同じ方法によるオープンイノベーションが、すべての企業に適するというわけではありません。オープンイノベーションには、相互に関わりを持つビジネス分野が異なり、また連携する方法もさまざまなパターンがあります。実際にも、オープンイノベーションが進化するにつれて、オープンイノベーションの手法は次のように多様化しています[29]。

第1は、企業の R&D のプロセスをオープンにしたうえで、外部からアイディ

アや技術を自社内に取り込んでイノベーションを実現するインバウンド型（アウトサイド・イン）です。インバウンド型は、自社の研究開発部門では生まれなかったような革新的なアイディアや技術を導入できるほか、研究開発コストの削減、製品のライフサイクルの短縮化への対応等の効果を期待することができます。

第2は、自社内で蓄積されている未活用のアイディアや技術を他社に提供することにより、新たな開発、製品化等につなげることを指向するアウトバウンド型（インサイド・アウト）です。アウトバウンド型では、自社が持つアイディアや技術でも自社の戦略にマッチしたものではないとか、自社ではそれを商品化して市場に流すまでのエキスパータイズを持っていないような場合に、社内で眠っていたアイディアや技術を外部で活用、事業化することにより、収益増加を期待することができます。また、自社で十分活用されていないリソースを積極的に外部に出していくことにより、イノベーションの効率化を図ることもできます。

第3は、社内外で連携して共同開発を行うインバウンド型とアウトバウンド型の統合型であるハイブリッド型です。連携型を推進するイベントには、ハッカソンやアイディアソンがあります。

【図表3-5】オープンイノベーションの手法

	インバウンド型	アウトバウンド型	ハイブリッド型
内容	外部資源を社内に取り込み、イノベーションを創出	外部チャネルを活用し、未活用の内部資源を新たな開発および製品化につなげる	・インバウンド型とアウトバウンド型の統合型 ・社内外で連携して共同開発
例	社外技術をライセンスインすることで、社内で開発中の技術の要素を効率的に活用	社内の開発技術をさらに発展、または市場化することを目的に社外にラインセンスアウト	ハッカソン・アイディアソン、事業提携、JV、CVC、インキュベーター等

（出所）オープンイノベーション協議会「イノベーション白書 初版（JOIC）」2016.7（原典）International Chamber of Commerce "The Open Innovation Model"Innovation and Intellectual Property Series2014をもとに筆者作成

2 オープン・クローズ戦略

❶オープン・クローズ戦略とは?

オープンイノベーションの推進においては、自社で開発するノウハウ、技術で強みのある領域には、社内の研究開発にリソースを投入する一方、自社の研究開

発力では新事業の創出や商品化までこぎつけることができない領域にはオープンイノベーションで外部の力を借りる、さらに、自社のアイディアや技術で活用されていないものがあれば、他社に提供するというように、明確な区分けをしたうえでオープンイノベーションを推進していくことが必要です。

　このように、オープンイノベーションといっても、企業が持つすべてのアイディアや技術をオープンにするというわけではありません。企業は、差別化領域である自社のコア技術を秘匿して市場の競争優位性を維持、向上させるために、企業が持つ独自の技術等はクローズすることが必要となります。

　したがって、企業の技術シーズや人材等のリソースについて、コアとして内部で維持するものと、外部に切り出すもの、外部から取り込むものの選択を行う必要があり、R&Dや知財マネジメント面からの戦略を確立することが重要となります。

　「オープン・クローズ戦略」は、ビジネスモデルの設計を行う際に、自社の優位性を維持して利益の増大につなげる観点から、オープン化する領域と他社との差別化のためにクローズ化（ブラックボックス化）する領域の見極め、選択と組み合せを行う戦略をいい、知的財産の最適ポートフォリオを構築する戦略的な知財マネジメントに不可欠な戦略となります。

【図表3-6】オープン・クローズ戦略の基本フレーム

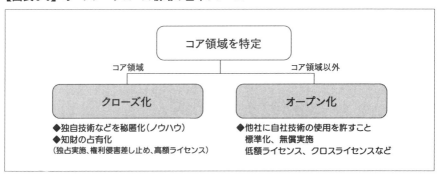

（出所）特許庁　（原典）経済産業省「2013年版ものづくり白書」

❷オープン・クローズ戦略の重要性

　オープン・クローズ戦略は、クローズ領域（コア領域、独占領域）とオープン領域を線引きしたうえで、クローズ領域を知的財産等として保護したうえで、パートナーと協働する領域をオープン領域として公開して、企業価値の拡大を目指す戦

略です。

このように、オープン・クローズ戦略を取ることで、クローズドイノベーションとオープンイノベーションが各々持つ特性を生かしながらイノベーションを実現することが期待できます。

オープン・クローズ戦略をマクロ的にみると、独占（クローズド）と自由競争（オープン）とを共存させる戦略である、ということができます。

そして、自社の固有技術を特許等で守る独占領域を設定することにより、企業が自社に対するイノベーション投資を行うインセンティブが強まる一方で、オープン領域を設定することにより、イノベーションの連鎖による企業間でのシナジー効果から市場の拡大を指向することができます。

また、オープン・クローズ戦略でオープン戦略を選択する場合には、知的財産の特許権等への権利化により幅広くライセンスを供与したり、権利化することなく公開する等の手法があります。

一方、クローズ戦略を選択する場合には、知的財産権の権利化により独占的、排他的にそれを使用したり、権利化することなく営業秘密として自社利益の拡大のために技術を秘匿する等の手法があります。

【図表3-7】オープン・クローズ戦略の概念図

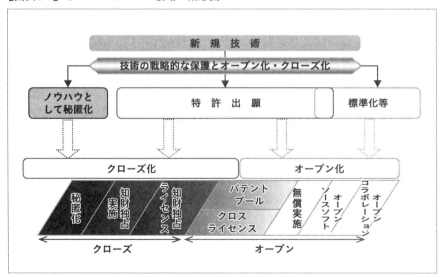

（出所）特許庁「産業の発展を支える知的財産」特許行政年次報告書2015年版

❸アップルのオープン・クローズ戦略

自前主義で、よく引き合いに出される例がアップルです。アップルでは、製品のデザインやユーザーインターフェイス、統合ソフトウェアプラットフォーム（iOS）についてクローズド戦略をとっています[30]。

また、最近では、新型iPhone向けにバッテリーの持ちを改善するための技術を独自に開発中であると伝えられています。

しかし、アップルは1976年の創業以来、必要とあれば外部の技術や人材を積極的に取り入れてきています[31]。

それを代表するエピソードとして、アップルの創業者、スティーブ・ジョブズが、1979年にシリコンバレーに拠点があるゼロックス社パロアルト研究所（PARC）を訪問した際に、GUIをみて強烈な印象を受けて、その数年後にこのコンセプトに基づいて、マウスで操作ができるマッキントッシュを作りだしたとの話があります[32]。なお、GUI（Graphical User Interface）とは、コンピューターの表示にアイコンや画像を使って、マウスにより操作ができる仕組みをいいます。

また、アップルは、2014年にプレミアムヘッドホンを手掛けるビーツ・エレクトロニクスとストリーミング型音楽配信サービスを手掛けるビーツ・ミュージックを買収しましたが、この買収が狙いとするところは、音楽業界の2人のカリスマが率いるチームをアップルに引き込んで、音楽配信事業のイノベーションを加速することにある、とみられます[33]。

このように、アップルは製品のデザイン等についてはクローズド戦略を取っていますが、一方、スマホの製造プロセスやアプリの作成（アップルの認定が必要）についてはオープン戦略を取るというように、オープン・クローズ戦略を巧みに採っています[34]。

【図表3-8】欧米企業のオープン・クローズ戦略事例

	アップル（米）	インテル（米）	ボッシュ（独）
オープン / 標準化領域	スマホ端末の製造工程をEMS企業に開示（オープン化）	パソコン周辺機器（マザーボード）の製造技術をアジア企業に開示（オープン化）	自動車ECU基本ソフトウェア「Autosar」の標準化を主導（標準化）
クローズ領域	デザイン（意匠権）タッチパネル技術（特許・他社にライセンスせず）	MPU（ブラックボックス化）	アプリ開発の制御パラメーター（ブラックボックス化）

（出所）経済産業省、厚生労働省、文部科学省「2013年版ものづくり白書」2013.6.7

こうしたアップルのオープン・クローズ戦略をみると、本書の冒頭でみたスティーブ・ジョブズの "Stay hungry. Stay foolish" のスピーチは、自らは愚直になって、外部のアイディア、技術を貪欲に求めよ、とのメッセージであるとも解釈できるかもしれません。

8. オープンイノベーション推進の組織対応

1 NIH シンドローム

　行き過ぎた自前主義は、NIH（not-invented-here）シンドロームと呼ばれます。NIH シンドロームは、外部の企業等が生み出したアイディアや技術は、ここ（here ＝自社）で開発されたものではないとして、それを活用することに消極的なスタンスを取ることをいい、自社の技術、アイディア、知見を過度に重視してオープンイノベーションの導入に強く反対する風潮ないし企業風土をいいます[(35)]。

　しかし、こうした企業文化に外部から異なる思考方法での刺激が加わると、そこから自社ではおよそ考え付かなかったようなイノベーションが生まれる可能性があります。

　企業の R&D 部門をはじめとするスタッフの考え方が NIH であれば、まずこの企業風土から脱皮することが必要です。

　以下では、オープンイノベーションを推進する際に障害となる NIH が企業内に醸成されている要因と、それに組織的にいかに対応すべきか、をみることにしましょう。

❶コーポレートカルチャーの転換

　企業がオープンイノベーションを導入することによって、これまで社内のスタッフと一緒に内輪で開発等を手掛けてきた自前主義から脱皮して、他社のスタッフとコラボすることになると、スタッフの意識自体が大きく転換することが必要となります。また、現場からはこれまでの伝統的な会社の方針と矛盾しているのではないか、と反発する声が湧き上がるかもしれません。

　また、連携する会社と自社との間には、ビジネスの進め方の違いがあることが少なくありません。たとえば、ある事業会社のプロジェクトが、スタートアップと連携してオープンイノベーションをベースにして進めることとなるケースをみ

ましょう。プロジェクトを進めるにあたっては、個々のステージで決定しなければならない事柄が多々発生することになります。その決定プロセスは、事業会社のサイドでは、現場から役員まで幾層にも亘る会議を開催、そこで議論を重ねたうえで決定するというように時間も労力もかかるのに対して、スタートアップのサイドでは、多くの関係者が寄ってたかって議論するというようなことはなく、短時間で効率的に決断に至るというように、両社の間には、物事の進め方や決定のスピードが異なります。

また、長年培ってきた事業会社の企業文化は、創業後間もないスタートアップとは自ずから異なるものとなります。

事業会社では、こうした違いを十分認識のうえ、スタートアップが持つ能力を存分に発揮できる環境作りが必要です。すなわち、トップマネジメントは、なにはともかく自前主義からオープンイノベーションへのシフトを企業の経営の基本方針とすることを社内に向かって明確に示し、長年、企業文化として染みついた自前主義からの転換を社員に浸透させるよう、強いリーダーシップを発揮することが重要となります。

❷現状満足のリスク

特に、エスタブリッシュした事業会社では、スタートアップとのオープンイノベーションによる新事業の開発、促進を検討するにあたって、成否が不透明な分野へ敢えて進出するよりも、既存のビジネスへリソースを投入して、現在好調のビジネスを維持すべき、との保守的な見方が幅を利かすことが少なくありません。

そうした場合には、事業会社の経営トップは、経済構造はダイナミックに変化しており、中長期的な観点から現在の自社のビジネスがそのまま好調を続けるとの保証はまったくなく、企業が先行き持続的な成長を維持するためにはオープンイノベーションにより新事業の開発、促進が必要であることを、社内に徹底させる必要があります。

❸自己の技術過信へのリスク

社内のスタッフには、自社のノウハウ、技術に絶対の自信を持っており、これが外部の企業等の手により開発されたイノベーションを軽視する傾向につながって、オープンイノベーションの妨げになるケースがみられます。

そうした障害を除くためにも、企業が外部の企業等とパートナーを組む場合、

自社のノウハウ、技術のどの分野が不足していて、どうしたらそれが補完されるか等について、マネジメント層は社内のスタッフを入れて十分、議論、検討するとともに、どのパートナーが適当であるかといった選択のプロセスに、スタッフの考えを十分、汲み取ることが必要となります。

❹オープンイノベーション推進のフレームワーク

オープンイノベーションでは、社外のアイディア、技術を導入することにより企業のさまざまな機能を持つ部署がこれに関係することとなり、クローズドイノベーションのように社内の開発部門だけがイノベーションに関与するといった様相を変革することになります。

また、社外はもとより、社内に限ってみても異なる部署のスタッフは異なるサブカルチャーを持っている可能性があります。企業としてはそうしたサブカルチャーは相互補完的な機能を持ち、企業のダイナミズムに資するものと認識することが重要となります。

一方、社内の組織体制については、それが硬直的であるとオープンイノベーションの推進にあたっての妨げになる恐れがあります。こうしたことから、社外のアイディア、技術を効率的に活用するために、社内の組織編成を整備して機動的、柔軟な体制作りをする必要が出てくることも少なくありません。

たとえば、社内にオープンイノベーション推進を目的とするためにチームを編成して、そのチームが中心となって、社内外のスタッフが緊密に連携、協働して相互に持ち味を出しながら新商品・サービスを開発、市場化するプロジェクトをサポートする、といったことが考えられます。

2 経営トップのリーダーシップと組織編成

企業がオープンイノベーションを推進するにあたっては、2つの側面から経営トップの強力なマネジメントが求められます。

第1は、社内の意識改革です。企業が持つ開発部門をはじめとするスタッフに外部のアイディア、技術を積極的に吸収するという意識がなければ、オープンイノベーションは掛け声だけに終わって実行を伴いません。

第2は、外部の企業との連携には、社内のマネジメントとは異なる特別の要素を必要とします。それには、アライアンスを組む外部の企業文化や、ビジネスプ

ロセスの特徴、自社との連携で障害になるリスクの回避等、さまざまな観点からのマネジメントを必要とします。

　企業の経営トップは、この2点を念頭に置いてオープンイノベーションの実効性を高める必要があります。

❶強力なリーダーシップの発揮

　オープンイノベーションが、所期の目的を遂げて成功するためには、経営トップの強力なリーダーシップによる全社的な取り組みが重要な要素となります。

　すなわち、自社と外部企業等との間で相互にノウハウ、テクノロジーを融合しながら、イノベーションを生む環境、企業風土を自社内に創り出すことは、企業のマネジメント層が担う重要な役割であるということができます。特に、関係する既存事業部門との調整は、経営トップが明確な指示を出して仕切る必要があります。

　そして、スタートアップとのアライアンスで新商品・サービスをスピーディに商品化するために、経営と現場が一枚岩になってオープンイノベーションに取り組むことが重要となります。

　企業の研究開発部門の技術者は、自社が抱える課題は自分達の力で解決することができるという自負心があり、外部の力は借りたくないという意識を強く持っています。

　実際のところ、企業が自社単独で研究開発を行っている企業の割合は6割強で、これと自社グループ内企業との連携で研究開発を行っている企業の割合の8%を加えると、実に7割に達しています[36]（図表3-9）。

　企業のマネジメントは、こうした技術者の誇りを尊重したうえで、企業を取り巻く環境の変化からオープンイノベーションが重要な時代となったことを、現場との間のコミュニケーションのなかで十分説明して、オープンイノベーションの必要性について社員と認識を共有する必要があります。

　特に、成長の頭打ちに悩む事業会社が、自社の既存ビジネスとは相容れない破壊的なイノベーションを商品化することにより成長への突破口を見出そうとするようなケースでは、既存ビジネスがそれにより食われることを恐れる現場から強い反発を招く可能性があります。

　こうした場合には、経営トップは、あくまで中長期的な会社の成長を展望するとこのような新規ビジネスが必要であることを、強いリーダーシップを発揮して

【図表3-9】 研究開発における外部との連携割合（件数ベース） （単位：%）

自社単独開発	62.2
グループ企業との連携	8.3
国内同業他社との連携（水平連携）	3.4
国内の同じバリューチェーン内他社との連携（垂直連携）	5.3
国内他社との連携（異業種連携）	4.2
国内大学との連携	7.8
国内ベンチャー企業との連携	0.8
海外企業等との連携	3.0
合計（含むその他）	100.0

（出所）経済産業省「未来工学研究所：平成27年度産業経済研究委託事業（企業の研究開発投資性向に関する調査）報告書」2016.3p54をもとに筆者作成

社内に認識させる必要があります。また、オープンイノベーションでは、外部のアイディア、技術を社内に持ち込むということになり、自社の研究開発部門のスタッフに良い意味でのプレッシャーをかけるといった効果も期待できます。

　企業のマネジメントが声高にオープンイノベーションを唱えても、現実にそれを実践するにはさまざまな作業が必要となります。イノベーションはアイディアから開発、商品化のプロセスを経て初めて企業にリターンをもたらすことになります。そして、そのプロセスに自前主義を打破して外部の技術等を取り込み、また、それに伴って社外の連携を強化するオープンイノベーションのコンセプトが入り込むことになります。マネジメント層は、リーダーシップを発揮して、自社のビジネスモデルを既往のビジネスの延長線上ではなく、外部からのノウハウ、テクノロジーの導入にマッチしたビジネスモデルに変革することが必要となります。

❷SWOT分析の重要性

　オープンイノベーションを推進するにあたっては、企業は外部との関係だけでなく、企業内部でそのプロセスを組織的に管理する体制を構築する必要があります。

　すなわち、企業は、組織としてオープンイノベーションが導入しやすいように、組織編成（枠組みの構築）を行うことが必要です。それには、イノベーション戦略を企画・立案するマネジメント能力を具備した人材も必要となります。こうした人材は、アイディアや基礎研究から最終段階の商品化、それによるビジネスプラ

ンを策定する役割を担うこととなります。

　また、企業がオープンイノベーションで他社と協働する場合には、自社の強み（Strengths）、弱み（Weaknesses）がどこにあるかをしっかりと把握することに加えて、イノベーションを商業化することができる機会（Opportunities）とそれに至るリスクないし脅威（Threats）を、環境変化を踏まえて分析する SWOT 分析を行うことが重要となります。

　このように、企業サイドでは、マネジメンのトップが SWOT 分析をベースとしてリーダーシップを発揮して、クローズドイノベーションからオープンイノベーション、さらにはエコシステムへの途を切り拓いていく必要があります。

　そして、トップから現場のスタッフまでオープンイノベーションの重要性の認識を共有して、オープンイノベーションを全社の組織的な取り組みとすることが求められます。

3　攻めの経営とオープンイノベーション

　前述のとおり、オープンイノベーションの推進にあたっては、マネジメントのリーダーシップがきわめて重要となります[37]。

　特に社内に研究開発部門を持ち、優れたスタッフを数多く揃えている企業でオープンイノベーションを推進することは、現場からみれば自分たちが持っていないアイディア、技術を取り込むことを意味して、強い反発を招く恐れがあります。しかし、いかに有能な人材を抱えている企業であっても、長い間、社内で一緒に働いていると思考方法が同一方向に収斂する嫌いがあります。

　このように、オープンイノベーションの成否は、他社との協働がうまくいくかどうかが鍵となり、イノベーションが思ったようにいかないリスクが存在します。

　しかし、企業を取り巻く環境がいよいよ厳しさを増す状況にあっては、既存のビジネスにしがみついていては企業の持続的な成長は望めません。したがって、仮に現場がリスクを取ることを恐れて自前主義に固執するようであれば、そうした企業文化を変えるためにマネジメントがリーダーシップを取ることが必要となります。

　もちろん、自社のビジネスで強みとする分野は守りの経営が必要ですが、新たなビジネスにチャレンジする場合には、他社との連携により攻めの経営を行ってシナジー効果を発揮することがポイントとなり、したがって、マネジメントは、

守りの分野と攻めの分野との経営リソースの最適配分を図ることが重要となります。

9. オープンイノベーション2.0

1 オープンイノベーション2.0とは？

　オープンイノベーションは、大企業、中堅・中小企業、スタートアップ、ベンチャー企業間の連携のほかに、大学、研究機関等がプレイヤーとして加わるとともに、その裾野をさらに広げてプレイヤー間でネットワークを形成するエコシステムへと発展しています。

　こうしたエコシステムには、一般社会人等を起点として社会的課題のソリューションの目標に向かってイノベーションを行うビジネスモデルがあり、これを「オープンイノベーション2.0」と呼んでいます。

　オープンイノベーション2.0は、EC（欧州委員会）により唱えられたコンセプトです[38]。オープンイノベーションは、企業と企業との協働であり、また、エコシステムは複数企業のネットワークをベースとする協働を基本としますが、オープンイノベーション2.0は、エコシステムのプレイヤーとして、市民やエンドユーザーを起点として多くの個人や組織と協働して社会的課題のソリューションに向けてプロジェクトを推進する、というコンセプトを軸とするモデルです。

　すなわち、オープンイノベーション2.0の特徴は、企業がリーダーシップを取るオープンイノベーションではなく、企業、大学・研究機関、政府・自治体、民間人といった多種多様な参加者が重層的に連携して、イノベーションを生み出す仕組みであり、とりわけ民間人がイニシアティブをとって民間人の視点で社会的課題に取り組むイノベーションが推進されるところに大きな特徴があります。

　したがって、オープンイノベーション2.0は、ユーザー・エキスペリメントをベースにしてイノベーションを生み出すもので、ユーザー主導のイノベーションです。

　このように、オープンイノベーション2.0は、これまでのオープンイノベーションにとって代わるモデルではなく、チェスブロウが定義したオープンイノベーションをさらに延長したモデルであり、より拡大したコンセプトです。

　そして、個別企業間の連携、協働を軸として自前リソースを補完することによりイノベーションを生み出す従来型のオープンイノベーションをオープンイノベ

【図表3-10】
従来のオープンイノベーション（オープンイノベーション1.0）とオープンイノベーション2.0の相違点

	オープンイノベーション1.0	オープンイノベーション2.0
主な目的	・研究開発効率の向上 ・新規事業の創出	社会的課題のソリューションの目標に向かって協働
連携の仕方	基本的に相対の連携	多数の参加者が多層的に連携
主要なリーダー	企業	市民、ユーザー
特徴点	市民、ユーザーはイノベーションの成果を享受	市民、ユーザーがイノベーションのプロセスに参加

（出所）オープンイノベーション協議会（JOIC）、国立研究開発法人新エネルギー・産業技術総合開発機構（NEDO）「オープンイノベーション白書（初版）」2016.7p13　（原典）EU OISPG"Open Innovation 2.0: A New Paradigm"2013.5をもとに筆者作成

【図表3-11】イノベーションの4重らせんモデル

産業界
製造業、サービス業、第1次産業、金融業、クリエイティブ産業、社会セクター、大企業、中小企業、起業家・学生起業家、クラスター、業界団体等

研究界
公的・民間研究機関、大学、サイエンス・テクノロジーパーク、連絡窓口（NCPs）、技術移転機関、ホライゾン2020委員会メンバー、欧州研究インフラ戦略フォーラム（SFRI）ロードマップ等

組織・考え方：
起業家精神
（リスクテイク、需要・供給サイド、境界を越えた視野、創造性等）

行政
関連する諸省庁（異なるレベルを含む）、諸機関（地域開発、ビジネス支援、公的調達局、インキュベーター）等

市民社会/利用者
NGO、市民によるイニシアティブ（イノベーティブなソリューションによる社会的課題解決等）、消費者団体、才能ある人等

（出所）野村敦子「イノベーション・エコシステムの形成に向けて」JRIレビュー 2016 Vol.6, No.36 p 31（原典）Dr. Ruslan Rakhmatullin "Triple/Quadruple Helix in the context of Smart Specialisation" European Commission, May 2014

ーション1.0と呼んで、オープンイノベーション2.0と区別することもあります。

　すなわち、オープンイノベーション1.0は、産業界、大学、政府・自治体の産学官の3者の Triple Helix Model（3重らせんモデル）をベースとしますが、この EC が提唱したオープンイノベーション2.0は、産学官に民間人が入って産学官民の4者がネットワークを形成して協働することにより、単独の企業等では遂げることのできないイノベーションを生み出す Quadruple Helix Model（4重らせんモデル）をベースとした新たなパラダイムです[39]（図表3-11）。

　この背景には、インターネット、スマホ、IoT、ビッグデータ、AI 等の ICT が市民生活に深く、また幅広く浸透するなかで、オープンイノベーションをエンドユーザーを主役としたイノベーションのモデルにする機運が盛り上がってきているといった大きな環境変化があります。

2　オープンイノベーション2.0のモデル

　前述のとおり、伝統的なオープンイノベーションは、基本的に企業のイノベーションプロセスに外部の企業等のアイディアや技術を取り込むことに限定されていましたが、オープンイノベーション2.0では、それをさらに進めて外部の企業、個人、大学、政府等とのネットワークを活用して、多様性のなかでシナジー効果を発揮しながら協働を推進するコンセプトを基本とするモデルです。

❶ ダイバーシティとグループシンク

　オープンイノベーション2.0は、企業、個人、研究機関、大学、政府等の公共機関が一体となってプロジェクトを遂行する形を取ります。

　オープンイノベーション2.0の特徴は、このように外部とコラボをする対象のダイバーシティです。ことほど左様に、オープンイノベーション2.0にとってダイバーシティは重要な要素です。

　そして、こうしたさまざまな顔ぶれによるコラボからダイバーシティが生まれ、画期的なイノベーションが生まれることが期待できます。

　すなわち、このダイバーシティにより、同じコラボをするにしても各主体が自己の考えやアイディアを出しやすくなり、また、そうしたアイディアを相互に検討することを通してイノベーションにまで昇華することができます。

　ダイバーシティは、なによりもグループシンクを防止する観点から重要です。こ

こで「グループシンク」（集団思考）とは、集団で物事の意思決定をする場合、とにかく合意形成を図ろうとするあまり、多様な視点から物事を批判、評価する能力が低下して、たとえユーザーニーズにうまくマッチしないようなプロジェクトであっても意見一致をみてゴーサインを出してしまう傾向が強まることをいいます。

こうしたグループシンクに陥りやすい理由には、①集団を構成するメンバー同士の結束力が強く思考方法がさして異ならないこと、②常に同じ同僚と仕事をしており外部集団との接触が少なく閉鎖的な環境にあること、③外部のやり方より自分たちのやり方がはるかに優れていると自己を過大評価すること、等があります。

したがって、グループシンクを避けるには、異なる意見や建設的な批判に拒否反応を起こすことなく、前向きに受け入れることがきわめて重要であり、外部とのコラボをする対象のダイバーシティを特徴とするオープンイノベーション2.0は、グループシンクを防止する有効なアプローチである、ということができます。

❷ インターネットの活用

オープンイノベーション2.0は、オープンイノベーションよりも幅広く、外部とのコラボを行うモデルです。

オープンイノベーション2.0を促進するには、たとえば、企業の中にオープンなスペースを作ってそこで人々が自由にアイディアを出して議論するといった方法も考えられます。

しかし、こうした物理的なスペースを作るのではなく、インターネットを活用して、それを利用してさまざまな人々が議論をするバーチャルなプラットフォームの構築が物理的や時間的な制約を受けることなく、多くの企業や個人等との協働関係を構築する効率的な方法として活用されています。

❸ 社会的な課題のソリューション

オープンイノベーション2.0は、多種多様な参加者が協働して、単一の組織または個人ではできない構造的な変革を成し遂げることを目的に形成される新しいパラダイムです。

そのなかでもオープンイノベーション2.0の大きな特徴は、主要なプレーヤーにユーザーを位置づけていることにあります。

従来のオープンイノベーションでも、ユーザーが参加することはありますが、それは、開発した商品が果たしてユーザーに受け入れられるかをみる調査対象と

しての参加者であり、イノベーションのプロセスにおいて決して主役的なステータスではありませんでした。

しかし、オープンイノベーション2.0では、むしろユーザーがイニシアティブをとるユーザー発のイノベーションであることが特徴となっています。

したがって、オープンイノベーション2.0では、企業がビジネスの観点からは、およそ想定できないようなアイディアを民間人が出して、イノベーションを生み出す原動力となります。

特に、オープンイノベーション2.0では、民間人のアイディア、意見を汲み取って生み出されるイノベーションとして、社会的な課題のソリューションに代表されるように、利益追求を主目的とするプロジェクトではない分野を手掛けることが少なくありません。

このようなケースでは、イノベーションに必要なノウハウ、技術等も幅広いものとなります。したがって、単独の企業や2社間の提携関係だけでは実現が難しく、多くの企業等が関わるオープンイノベーション2.0エコシステムが必要となります。

【図表3-12】イノベーションモデルの進化

クローズドイノベーション	オープンイノベーション1.0	オープンイノベーション2.0 （エコシステム）
企業の内部で研究開発を行い、イノベーションを生むモデル	企業が外部企業等と協働して研究開発を行い、イノベーションを生むモデル	多数の企業間等でネットワークを構築して、多層的に研究を行い、イノベーションを生むモデル

（出所）著者作成

10.オープンイノベーションの具体例は?

以下では、オープンイノベーションを推進している企業を数社、取り上げてその戦略を中心にみることにします。

1 P&G

❶コネクト・アンド・ディベロップ戦略

1837年、ローソク製造業のウィリアム・プロクターと石鹸製造業のジェーム

ズ・ギャンブルは、小さな石鹸・ローソク会社を創設して、共同で事業を始めました。その共同事業において、ローソクと石鹸の共通の原料である油脂に関して双方が持つ技術と知識を組み合わせたところ、イノベーションの基盤は大きく広がり、次々と新しい製品を増やしていきました。そして、小さな石鹸・ローソク会社として誕生したプロクター・アンド・ギャンブル社（P&G）は、いまや世界最大の家庭用消費財メーカーにまで成長しました。

このような歴史を持つ P&G では、製品開発部門のスタッフだけではなく、すべての部署のスタッフ全員が、顧客の価値に結びつくイノベーションの機会を常に探すイノベーターであることを社風として掲げています。

また、P&G は、早くからオープンイノベーションを強力に推進する企業として有名です。実際のところ、P&G のトップマネジメントは、自社の R&D 戦略について、きわめて明確な方針を打ち出しており、P&G のイノベーションの50% は社外との協働で生み出そう、と社内に向けて号令をかけています。

このように、企業の垣根を越えて技術やアイディアを融合して画期的なイノベーションをスピーディに実現させる、との基本方針をもとにして P&G のオープンイノベーションに導入された経営戦略が「コネクト・アンド・ディベロップ（Connect+Develop、C&D）戦略」です[40]。したがって、このコネクト・アンド・ディベロップは、P&G の DNA から生まれた戦略ということができます。

かってはオハイオ州のクレムリンと呼ばれたほどの超閉鎖的で自前主義に徹していた P&G が、社内に根強く存在してきた自前主義のイノベーションのカルチャーを打破して NIH（not invented here、自社以外の開発は価値がない）から PFE（proudly found elsewhere、自社以外の開発に進んで価値を見出す）に転換することができたのは、このコネクト・アンド・ディベロップ戦略が大きく寄与した結果である、といわれています。

コネクト・アンド・ディベロップ戦略の「コネクト」は、世界中の優れたアイディア、技術を収集して、それを社内のアイディア、技術を結びつけることを意味します。そして、それをベースにして、他社や研究機関、個人等と連携、協働して、多様化、複雑化するユーザーニーズを満たす革新的な新製品、サービスを「デベロップ」（開発）してマーケットに提供する、というコンセプトです。

家庭用消費財は、特にユーザーニーズがめまぐるしく変化することから、とにかく新製品を競争他社に先駆けて迅速にマーケットに送り出すことがきわめて重要となります。したがって、P&G が最も重視しているのが、研究開発のスピー

ドであり、同社のトップは強力なリーダーシップを発揮して社員に対してそれに向けての意識改革を行っています。

　しかし、自社内の開発力だけでは時間との争いに勝つことはできないことから、外部のアイディア、技術を活用するコネクト・アンド・ディベロップ戦略の導入に踏み切った、といった背景があります。

　実際のところ、P&Gのイノベーションパートナーは、個人から大企業まで、そして時には競合他社も含めきわめて多岐に亘っており、また、その対象も、製品に関する技術や知識はもとより、パッケージ、マーケティング手法、トレードマークまで実に幅広い分野をカバーしています。

　これにより、企業が抱えている課題のソリューションを見出して、低コスト、短時間で新製品、サービスの開発を行うことができます。

　このように、P&Gでは、オープンイノベーションを企業文化として醸成するために、コネクト・アンド・ディベロップ戦略の推進により、外部との協働を確実なものとする方針が明確に打ち出されています。

　なお、P&Gでは、コネクト・アンド・ディベロップ戦略は、アウトソーシング戦略とは似て非なるもの、としています。すなわち、アウトソーシング戦略は、他社がP&Gのためにイノベーションを行うことにより、P&Gはイノベーション自体を低コストで他社に委ねることを意味しますが、コネクト・アンド・ディベロップ戦略では、外部の優れたアイディアを見出してそれをもとに社内で開発、商品化することを内容としています。

❷ コネクト・アンド・ディベロップ戦略とデジタルネットワーク

　P&Gがコネクト・アンド・ディベロップ戦略によるオープンイノベーションを採用した背景には、自前主義の行き詰まりがあります。すなわち、業界の競争がますます厳しさを増す状況のなかで、同社の研究開発部門の生産性の低下から自社のイノベーションにより開発してマーケットに出した商品の販売が低調を託つという事態が生じました。その結果、同社の業績は低迷して株価が下落する一方で、研究開発部門にかかる経費はますます増加するといった悪循環に陥りました。こうした状況に直面して、P&Gのマネジメントは自前主義のイノベーションモデルを変更する必要性に迫られることとなりました。

　ここでP&Gが特に注目したことは、家庭用消費財に関わる重要なイノベーションの多くが中小企業から出てきていること、個人も自分の知的財産の特許を取

ることに熱心であること、それに大学や研究機関は企業と連携して自分たちの研究をもとにして資金を得たいとの要請が強いこと等、企業だけではなくさまざまなカテゴリーに属する主体がイノベーションを生み出してそれを商品化することに重大な関心を抱いている、という事実です。

　従来の方式であれば、P&G が外部から技術を導入してインバウンド型のイノベーションを目指す場合に、そうした技術を持っていそうな企業をさまざまなチャネルを通じて探し出して、その企業と使用権等について込み入った交渉をすることになります。

　しかし、いまやインターネットをはじめとする ICT の進歩、普及によって、グローバル規模での情報交換が可能となっています。

　そこで、P&G は、デジタルネットワークをフルに活用することにより、グローバル規模で多くのイノベーションの発信源から情報を得ることにしました。

　このように、インターネット等の普及により、ブローバル規模で手軽に、かつスピーディに情報交換が可能となった状況下において最大のビジネスチャンスは、さまざまなイノベーターとの協働により価値を共創して win-win の関係を構築することにあります。まさに、コネクト・アンド・ディベロップ戦略によるコラボがイノベーションを加速する、という状況が如実に展開しているのです。

❸コネクト・アンド・ディベロップ戦略とクラウドソーシング

　P&G のコネクト・アンド・ディベロップ戦略では、グローバル規模でアイディアや技術を発掘する目的でいくつかの国の言語によるウェブサイトが開設されています。このウェブサイト上では、P&G が抱えるさまざまな問題に対するソリューションを、常時、Connect+Develop と名付けられたプラットフォームを活用して募っています。

　実際に P&G がコネクト・アンド・ディベロップ戦略を展開する手順をみると、まず P&G の社内で何を外部から求めるかを検討して、課題を明確にします。仮に P&G が目標としていることをはっきりさせないと、外部から多くのアイディアや技術が提案されても、どれも使い物にならない恐れがあります。

　次に、Connect+Develop プラットフォーム上でいくつかの言語により世界中に対して P&G が求めているアイディアや技術等を明示して、その課題に応じることができる個人や企業等があれば連絡して欲しい旨を公開します。これを受けて外部のイノベーターは、P&G のニーズの仔細を把握したうえで、彼らのアイ

ディアを P&G のウェブサイトに提示します。

　そして、P&G では、インターネットで収集されたアイディアや技術のなかから、それを P&G の技術、マーケティング、流通等に応用することによりユーザーニーズにマッチした商品価値となる可能性の高い提案を選択することになります。

　こうしたコネクト・アンド・ディベロップ戦略は、クラウドソーシングの典型例であるということができます。ここで「クラウドソーシング」(crowd sorcing) とは集合知のことで、多くの人々のアイディア等を集めて価値を創造することを意味します。

　なお、P&G が求めている内容を自ら公にすることは、競業他社からみて P&G が次の商品に何を狙っているのかが分かってしまうという問題がありますが、P&G の経営陣はそうしたリスク以上に外部からさまざまなアイディアを受け入れる方がメリットが大きいと考えています。

❹コネクト・アンド・ディベロップ戦略の成果と具体例

　P&G のコネクト・アンド・ディベロップ戦略をベースとするオープンイノベーションは大成功を収めました。具体的には、P&G の新商品の 35% 強が外部のアイディアから生まれたものであり、また P&G の新商品の 45% が外部で見出されたテクノロジーを活用したものとなっています。この結果、P&G の研究開発の生産性は 60% 近くも上昇、イノベーションの成功率は 2 倍となり、これにつれて株価も上昇しました。

　オープン・イノベーションの先進企業である P&G が導入したコネクト・アンド・ディベロップ戦略は、これまで実に数多くの具体的な成果をあげていますが、ここではその代表例を 1 つみてみましょう。

　P&G ではポテトチップスの売上げを伸ばすために新たな商品企画を考えていましたが、その過程でポテトチップスの 1 つ 1 つにクイズやことわざ、ジョーク等を印刷したらどうかというアイディアが出されました[41]。しかし、食用の染色材を開発するのには高度の技術を必要とします。また、食品でありそれも生産したばかりでまだ湿っていて熱いポテトチップスに絵や文章を印刷する技術を社内で開発するには多くの時間とコストがかかります。

　特に、消費者のニーズが短期間のうちに転々と変化する菓子のマーケットでは、開発から商品化するまでにどのくらい時間がかかるかが商品の成否を分ける大きな要因となります。また、ちょうど当時、P&G ではリストラを実施したことに

より研究開発部門のスタッフが削減され手薄となっていました。

そこで、この課題をコネクト・アンド・ディベロップのウェブサイトで公開して社外から技術を導入することにしました。そして、これをウェブサイトでみたイタリアの大学教授は、自分が経営しているパン屋で販売しているケーキやクッキーに文字を入れるために開発した食用のインクジェット技術を使用することをP&Gに提案しました。

P&Gはこれを採用してポテトチップスにスポーツや音楽等のクイズ、ことわざ、豆知識、ジョークをプリントして発売したところ、これが消費者に受けてたちまち大ヒット商品になったのです。

また、コネクト・アンド・ディベロップの成果を代表するケースには、このほかに、赤ちゃん用の紙おむつパンパースや、洗えない布製品を除菌・消臭するファブリーズがあります。そのなかでも、ブリーズアロマは、イタリア企業の特殊技術を応用することにより最後まで香りの量が保てる芳香剤の技術の開発に成功した製品です。

2 Facebook

企業の研究開発部署のスタッフがアイディアを出すにしても自ずから限界があり、研究開発とは直接の関係のない財務部やマーケティング部等のスタッフから、研究開発部のスタッフが思いつかないような斬新なアイディアが出てくる可能性があります。

Facebookは、こうしたアイディアを実際にイノベーションに結びつけることを狙って、自社内でオープンイノベーションを展開しています[42]。すなわち、Facebookは社内でハッカソンを開催して、研究開発部署以外の社員からも新しいアイディアを募るという制度を導入しています（ハッカソンについては第4章9参照）。

この結果、Facebookでは、自社で働くすべてのスタッフの知恵を総動員させて次から次へと画期的なイノベーションを生み出すことに成功しています。

このケースが示すように、部署の壁を越えて、日々さまざまな分野で働いているスタッフが相互にアイディアを出し合うことでシナジー効果が発揮されてイノベーションの成果を得ることができます。また、それと同時に、スタッフ個々人に問題解決に向けての創造的な思考、スキルを促進させる効果や、サイロメンタリティを取り除いて組織の一体化の推進に資する効果も期待できます。

実際のところ、こうした社内のオープンイノベーションはFacebookに大きな成果をもたらしています。たとえば、「いいね！ボタン」(like-button)や、ライブ動画(live chat)、タイムライン(Facebook timeline)は、こうしたFacebookの社内ハッカソンから生まれたものです。

また、Facebookでは、自分を表す性別定義を男女のほかにLGBTQとして50前後ある選択肢から選ぶことができるようにしていますが、これも社内ハッカソンでFacebookのインターンから出されたアイディアをもとにしたものです。

この事例が端的に示すように、優れたアイディアはそのスタッフの所属部署とか肩書とは関係なく生まれる可能性があります。

3 Google

Googleでは、Google X Labとの名称をつけたラボが、世界中からイノベーティブなアイディアや社会的な課題を募るプラットフォームSolve for Xを立ち上げています。

Googleによれば、これが目的とするところは、Google自体の業績向上に資するため、というよりも社会的な難題に対するソリューションを見出すために世界中の企業や研究機関、アントレプレナーからアイディアを募集するため、としています。

そして、Google X LabがSolve for Xにより収集したさまざまなアイディアのなかでその革新性や対象となるマーケットの規模等を勘案したうえで取り組む案件をピックアップして事業化することになります。

また、Google Venturesでは、ベンチャー企業への投資や提携を行っています。そしてGoogle Venturesが優れた案件をピックアップした場合には、これもGoogle X Labが事業化します。こうしたケースには、Google GlassやGoogle driverless car等があります。

4 コカコーラ

コカコーラは、イノベーションの分野でパイオニアの1社に入る企業です。現在では、コカコーラは、一方で同社と外部のスタートアップとの間で、また他方で同社と消費者との間で、オープンイノベーションを展開しています。

コカコーラのアクセラレータープログラムは、世界中のスタートアップを支援するために世界の8か所で開催されています（アクセラレータープログラムについては第4章9参照）。このアクセラレータープログラムに参加するスタートアップは、コカコーラのブランドをさらに確固たるものにするイノベーティブな方法の開発に知恵を絞ることになります。

コカコーラによるオープンイノベーションの成果の1つにフリースタイル自動販売機があります。これは、コーラやファンタ、ジンジャエールなど10種類以上のドリンクをミックスして自分の好みに合わせたフレーバーにブレンドできる、というものです。そして、自分の好みのミックスドリンクをスマホでコカコーラのアプリに記録しておけば、他の自動販売機でもアプリを使って同じミックスのコーラを購入することができます。

このフリースタイル自動販売機は、消費者をコカコーラの生産プロセスの主役にして、消費者がどのようなフレーバーを好むかを把握することにより、コカコーラが新製品を開発するのに役立てるという狙いを持っています。

コカコーラは、ドリンクのレシピを公にしないことで知られています。コカコーラが、製品開発のプロセスにオープンイノベーションを活用しないことはそのためだと思われます。

しかし、コカコーラは、社会的な課題のソリューションを見出すためにオープンイノベーションの活用を図っています[43]。

すなわち、コカコーラでは「よりよい未来を創る（Shaping A Better Future）」助成金コンテストを企画、開催しています。このコンテストは、世界の都市を拠点にネットワークを形成しているグローバル・シェイパーズ・コミュニティーのメンバーを対象にして、社会が抱える環境、地域紛争、教育、雇用等の問題に取り組むためのイニシアティブを募る、という企画です。優秀プロジェクトの選定基準は、プロジェクト自体が持つ意義のほかに、一般人の投票結果が勘案されることになっていて、コカコーラではFacebook等のSNSを使って多くの人が投票するよう呼びかけています。そして、このコンテストで優秀プロジェクトに選定された提案者には、プロジェクト推進の助成金として合計5万ドルが供与されます。

こうしたコンテストは、コカコーラのCSR（企業の社会的責任）を果たすことを目的とするオープンイノベーションである、ということができます。

5　小松製作所

次に、国内でオープンイノベーションに注力している小松製作所のオープンイノベーション戦略をみることにします。

❶オープンイノベーションとCTO室

小松製作所（コマツ）は、マネジメント層が強力なリーダーシップを発揮してオープンイノベーションを推進しています。

すなわち、コマツは自社で保有しているコア技術を補完するために不足している技術については他社と協働して外部の知識、技術を取り込む一方、自社の技術を公開してその活用を図る等、インバウンドとアウトバウンドの双方からオープンイノベーションの取り組みに注力してきました。

こうした基本方針のもとに、同社は建設機械とICTとの間の融合を外部企業との間で進めています。

また、オープンイノベーションを組織面からサポートするために、社内にCTO（Chief Technology Officer）室を設置しています。このCTO室は、最新の情報収集と他社や大学、研究機関との連携を拡充する目的で設置された組織で、コマツが持つ知識、技術と外部の知識、技術とを融合させる形で、オープンイノベーションを推進する中心的な役割を担っています。

具体的には、CTO室のメンバーは、米国のシリコンバレーや東海岸、イスラエル、欧州との間に強固なネットワークを構築して、世界中の最新情報の収集に注力しています。

また、CTO室を構成するスタッフは、それまでさまざまな開発を経験してきたキャリアーを持ち、最新の知識、技術を貪欲に取り込むメンバーを配置して、他社等の協働に際して社内の関係部門と緊密な連絡体制を取ることができるように配慮されています。

❷コマツのオープンイノベーション戦略の特徴

コマツのオープンイノベーション戦略の最大の特徴は、なんといってもトップマネジメントの強力なリーダーシップにあります。すなわち、同社のトップマネジメントは、常々コマツの目指すべきオープンイノベーション戦略を中心軸においたビジネスプランを組織全体に浸透するよう注力しており、また、社外に対し

て、こうしたコマツのビジョンを明確に発信しています。

このため、他社や研究機関からコマツが望んでいる内容のプロジェクト案件が数多く持ち込まれており、また、具体的な案件が出てきた場合には、それを採用するかどうか、社内の意思決定がきわめて迅速に行われます。

そして、いざ、採用との決定となった場合には、他社等との協働のプロジェクトがこれも迅速に組成、推進されることになります。

❸コマツのオープンイノベーションの成果

コマツでは、オープンイノベーション戦略の推進による成果として、たとえば次のようなケースを上げています。

> ▶建設機械に GPS 機能を搭載し「稼働の見える化」により革新的なサービス性向上を実現した機械稼働管理システム「KOMTRAX」の開発。
>
> ▶2008 年には同社の「ダントツ商品」の代表となる量産ハイブリッド油圧ショベルを世界に向けて初めて市場導入。
>
> ▶最新の ICT を活用し顧客の現場を見える化することで課題解決につなげることに注力。その最たるものが世界初の鉱山向け「無人ダンプトラック運行システム（AHS）」。

第3章脚注

(1) Letizia Mortara, Johann Jakob Napp, Imke Slacik and Tim Minshall "How to Implement Open Innovation: lessons from studying large multinational companies" University of Cambridge2009
(2) オープンイノベーション協議会（JOIC）、新エネルギー・産業技術総合開発機構（NEDO）「オープンイノベーション白書 初版」2016.7
(3) 豊田章男「社長メッセージ」トヨタ自動車2017.10
(4) Seth Freeman "The Art of Negotiating the Best Deal" THE GREAT COURSES 2014 p 3
(5) 首相官邸「日本再興戦略 -JAPAN is BACK-」2013.6.14
(6) 同前「日本再興戦略改訂2014 —未来への挑戦」2014.6.24
(7) 同前「日本再興戦略改訂2015 —未来への投資・生産性革命」2015.6.308
(8) 同前「日本再興戦略2016—第4次産業革命に向けて—」2016.6.2
(9) 同前「未来投資戦略2017—Society 5.0 の実現に向けた改革—」2017.6.9
(10) 同前「未来投資戦略—Society 5.0、データ駆動型社会への変革—」2018.6.15
(11) 総務省「平成29年版情報通信白書」2017.7 p 107
(12) 内閣府「平成29年度年次経済財政報告」2017.7.21
(13) 総務省前出（11）
(14) 文部科学省「平成29年版科学技術白書」2017.6
(15) 首相官邸前出（9）
(16) Henry W. Chesbrough "Open Innovation" HBS Press2003, Open Innovation -The New Imperative

第
3
章

オープンイノベーション

for Creating and Profiting from Technology
(17) 文部科学省前出 (14)
(18) 内閣府科学技術基本政策担当「オープン・イノベーションを再定義する」2010.4
(19) Henry W. Chesbrough et al. "Open Innovation: Researching a New Paradigm" Oxford Univ Press2006.10.12、関根雅則「オープン・イノベーションの背景」高崎経済大学論集第56巻第1号　1〜13頁2013
(20) 経済産業省、厚生労働省、文部科学省「2016年版ものづくり白書」2016.5.20
(21) 延岡健太郎、伊藤宗彦、森田弘一「コモディティ化による価値獲得の失敗：デジタル家電の事例」RIETI Discussion Paper Series 06-J-0172006.3
(22) 経済産業省、厚生労働省、文部科学省「2013年版ものづくり白書」2013.6.7
(23) 延岡健太郎「MOT［技術経営］入門」日本経済新聞社2006
(24) 前出 (21)
(25) 首相官邸「知的財産推進計画2016」知的財産戦略本部決定 2016.5.9
(26) 経済産業省通商政策局「通商白書2017第4章第4次産業革命を通じたコネクテッドインダストリーズ創造への対応」2017.6.27
(27) 経済産業省「Innovation100委員会レポート」2016.2.26
(28) 渡邊拓「京都大学 GAP ファンドプログラムの使い方」京都大学産学官学連携本部産学官連携ジャーナル 2018．7．15
(29) オープンイノベーション協議会「イノベーション白書 初版（JOIC）」2016.7
(30) 尾関雄治「大企業におけるオープンイノベーションへの取り組み〜顕在化してきた課題とその対策、効果的な活用方法〜」
(31) 百嶋徹「アップルに対する誤解を解く」ニッセイ基礎研究所研究員の眼 2014.7.8
(32) スティーブ・ウォズニアック「アップルを創った怪物─もうひとりの創業者、ウォズニアック自伝」井口耕二翻訳 ダイヤモンド社 2008.11.29
(33) 百嶋徹「アップルに対する誤解を解く」ニッセイ基礎研究所研究員の眼 2014.7.8
(34) 尾関雄治「大企業におけるオープンイノベーションへの取り組み〜顕在化してきた課題とその対策、効果的な活用方法〜」
(35) Letizia Mortara, Johann Jakob Napp, Imke Slacik and Tim Minshall "How to Implement Open Innovation: lessons from studying large multinational companies" University of Cambridge2009
(36) 未来工学研究所「平成27年度産業経済研究委託事業（企業の研究開発投資性向に関する調査）報告書」経済産業省 2016.3
(37) 元橋一之「トップの統率力が成果左右」日本経済新聞やさしい経済学 2016.8.3
(38) 前出 (29)
(39) Ruslan Rakhmatullin "Triple/Quadruple Helix in the context of Smart Specialisation" European Commission, May 2014
(40) Larry Huston, Nabli Sakkab "Connect and Develop -Inside Procter & Gamble's New Model for Innovation-" Harvard Business Review2006.3
(41) Ibid.
(42) Merit Morikawa "16 Examples of Open Innovation – What Can We Learn From Them? "Viima2016.11.20
(43) The Coca-Cola Company "Millennials Fostering Peace in Bogotá, Colombia Awarded Grant from The Coca-Cola Company" Jan 19, 20171.19

第4章
オープンイノベーション実践編
―伝統的な企業からイノベーションが生まれるために

バブルの崩壊による苦い経験を踏まえて、企業は、主として業務多角化により手掛けた不採算部門の切り捨て、間接費の削減等により、リーンな経営を目指してきました。

こうした選択と集中を標榜する企業にとっては、新規事業開発はコアビジネスに直結しない、として推進することに二の足を踏むことが少なくありません。

本章では、そうした企業のセンチメントの根源にあるものは何か、また、そうした壁を打破するためにはなにが必要か、を実践的な側面からみることにします。

1. リスクテイキングv.s.リスク回避

多くの企業は、選択と集中により不採算事業を切り捨てると共に、間接費の抑制等、コストカットに注力してきました。そして、その一方で、イノベーションをビジネスに結びつけるためのリソース投入には慎重なスタンスを維持する企業が少なくありません。

それには、企業経営のマインドに、将来ボトムラインの増加に寄与するか不透明な新規事業を推進することには腰が引ける、といったリスクテイキングへの消極姿勢が潜在していると考えられます。

しかし、創造的なエレメントを持たず、ただひたすらコストカットに注力するリーン経営からはイノベーションは生まれません。

企業がイノベーションを生み出すダイナミズムを発揮するためには、社員の間にリスクテイキングなメンタリティが醸成されるよう、これをサポートするような経営姿勢が必要となります。

変化が激しい環境のもとにあって、企業がリスクを取ることを忌避すれば、ダイナミックに進化するビジネスの流れに取り残されることになるのは火を見るよりも明らかです。

コラム	Google のイノベーション

　企業規模と創造力とは逆相関の関係にある、といわれるように、企業が大きくなるにつれてイノベーションの力は弱まる、とする見方が少なくありません。

　しかし、この見方は Google には通用しません。

　Google の CEO であったエリック・シュミットは、「秀逸なアイディアはリーダー自身が生み出すのではなく、スタッフの間に議論を呼び起こすことを促し、それに耳を傾けるリーダーから生まれるのだ」と述べています[1]。

　イノベーションは、天才的な能力を持つ個人から生まれることもありますが、むしろそれはレアケースであり、多くのイノベーションが組織力により生まれています。

　経営トップは、自社のビジネスについて自問自答することも必要ですが、従業員から草の根のアイディアが生まれるような環境を整備することが、より重要となります。

　そのためには、マネジメント層と現場とのコミュニケーションを密接なものとして、スタッフのなかに潜在している各種情報、アイディアがタイムリーにマネジメント層に届くようにしなければなりません。

　実際のところ、Google は従業員が持っているアイディアを吸い上げるパイプを常に大切にしてきました。また、そのパイプを極力数多くしてさまざまな従業員が自分のアイディアを表現できるチャネルを作ってきました。

　そうしたパイプには、Google カフェで従業員同士が議論できる機会があり、直接幹部へメールできるチャネルもあります。また、Google では、毎週、従業員が役員に対して直接に質問をするミーティングを開催しています。

　こうすることにより、Google は、創造力豊かで気概を持った従業員の育成に注力しています。

　また、すべての製品開発に対して自らコミットするアップルのスティーブ・ジョブスの経営スタイルとは異なり、Google の経営トップは現場のエンジニアに自由に開発を行わせるボトムアップの経営スタイルを貫いています。

　このように Google の経営トップは、いかに各々のスタッフをイノベーションリーダーに育成するか、に多大なエネルギーを投入してきました。そして、こうした経営スタイルから、Google Book、Google Map、さらには Google Glass といったイノベーションが次々と生まれました。

2. 失敗は許される、という企業文化

　Google の人事担当副社長であるラズロ・ボックは、「目指すゴールが十分に野心を持ったものであれば、たとえそれが失敗に終わっても、よくぞやった、と褒

め讃えてやりたい」と述べています[2]。

　イノベーションを生み出し、それを新製品・サービスとして商業化するまでのプロセスには多くの壁があり、まさしく紆余曲折を辿ることとなります。

　チャレンジに失敗はつきものです。そして、失敗から学ぶことは必ずや多くあります。イノベーションに一発必中を期待してはいけません。企業が、真のイノベーティブカンパニーになるためには、社員にチャレンジする機会を与え、失敗は許される、もっと言えば失敗を祝うという企業文化を醸成する必要があります。

　しかし、失敗が大きな犠牲につながらないように、マーケットの創設の可能性を探りながら小規模の実験により試行錯誤を繰り返す必要があります。そして、このような試行錯誤を重ねる紆余曲折のプロセスを辿りながら、イノベーションを生み出す企業文化を醸成することができるのです。

3. 異端児がイノベーションを生む

　社員が会社のために一生懸命働いて出世街道を進みたいとのモチベーションが強ければ強いほど、会社が掲げる経営方針やビジネスモデルを忠実に守って、会社のコアビジネスに寄与している売れ筋商品やサービスの改善に注力する傾向が強くなります。

　しかし、社員のなかには会社がこれまでやってきた既存ビジネスの推進、改善ではなく、コアビジネスと直接の関係はないものの革新的な商品・サービスの開発を手掛けたい、という意欲の持ち主がいます。こうした考えの持ち主は、多くの社員が日々のオペレーションを整斉と遂行する中にあっては、違和感を持って受け止められ、さらには人事評価等の面でも劣位にされがちです。

　企業がイノベーションを生み、ダイナミックな成長を続けるためには、社内に存在するこうした異端児を軽視して組織の片隅に追いやるのではなく、むしろ組織の中に潜在する異端児を発掘して、イノベーティブなプロジェクトに果敢にチャレンジする場を与えることが重要となります。

コラム	世界最初のデジカメを作った異端児

　1973年、1人のエンジニアがコダック社に入社しました。彼の名前は、スティーブ・サッソン。

　サッソンは、入社後しばらくして、コダック社が数年前に開発しながら実用化の目途が

立たないとして社内で無視されていたCCD（Charge Coupled Device、レンズから入る光を電気信号に変換するイメージセンサー）の研究プロジェクトを手掛ける仕事を与えられました。

しかし、このプロジェクトは社内ではまったく注目されないどころか、プロジェクトの存在自体がほとんど知られていませんでした。サッソンは、「コダック社が自分にこのようなプロジェクトを担当させたのは、ほっておくと何かしら会社に損害を与えるようなことをしでかしかねない奴だ、と思われていたからだ」と当時を述懐しています[3]。

しかし、この異端児は、入社2年後の1975年に世界で最初のデジカメの制作に成功したのです。

ところが、コダック社内は「誰も写真をモニター画面などでみようとは思わない。写真はプリントしてみるものだ」との既成観念で凝り固まっており、彼がマーケティング部門や技術部門の幹部、さらにはその上司にあたる役員に対してデモを行っても、デジカメの商品化に関心を寄せる者はいませんでした。

実際のところ、1978年にデジカメの特許を取得しても、コダック社はサッソンに対して、これを口外することもプロトタイプを社外にみせることも禁止しました。

これには、当時、コダック社はフィルムカメラ分野のビジネスで独占的ともいえる地位にあり、その分野から巨額の利益を得ていたことが影響していたことは言うまでもありません。

それでも、サッソンはコダック社の役員に対してムーアの法則（半導体の性能は1年半ごとに2倍になるとする経験則）を引用して、デジカメが15〜20年後にはフィルムカメラと互角に競争できるまでになる、と粘り強く主張しました。しかし、当時の役員は自分たちが退職していなくなっている将来の話などに耳を傾ける度量はありませんでした。

サッソンが発明したデジカメは、その後、日本のメーカーが技術進歩を重ねて大きく進化し、また、スマホの機能の飛躍的な向上により撮影したばかりの写真を世界中の人々に送信することができるようになったのです。

2009年、オバマ大統領は、ホワイトハウスで行われたセレモニーでスティーブ・サッソンに米国技術・イノベーション賞（National Medal of Technology and Innovation）を授与しました。

その3年後の2012年、コダック社は倒産しました。

スティーブ・サッソンが1975年に制作した最初のデジカメは、スミソニアンの国立アメリカ歴史博物館に展示されています。

4. 企業トップの役割

トヨタの豊田社長は、次のように述べています。

「私は、トヨタの変革にブレーキをかけるものがあるとすれば、それは過去の

自分たちの成功体験だと思っています。行動の指針は、前例踏襲ではなく、スピードと前例無視です。本気で未来のモビリティー社会をつくりたいと思うからこそ、従来の枠組みにとらわれることなく、100年に一度の大変革の時代を生き抜くため、私は自ら先頭に立って従業員と闘っていく所存です」[(4)]。

ビジネスが順調に推移している企業のトップにあっては、堅実経営を維持することが先決であり、イノベーションにより価値を創出するといったプロジェクトであっても、失敗するリスクがあるとみれば消極的になりがちです。

しかし、自分がトップにいる任期中だけは、これまでの軌道から外れないように身を低くして安全操業を維持することで何とか無難に乗り切ろう、といった保身的なマネジメントのメンタリティでは、企業の中長期的な成長など望むべくもありません。

むしろ、自分がいなくなった後もダイナミックに成長する企業にするためにはいま何をすればよいかを考えることこそがトップの仕事です。

それには、まずもってスタッフの間からイノベーションが生まれるような土壌を作ることが必要です。

イノベーションは、なにも一流大学の大学院で博士号を取得して企業の研究開発部門に所属するピカピカのスタッフだけではなく、社員全員がイノベーションのシーズを持っています。そのアイディアが勢いよく芽を出し見事な花を咲かせるまでの土壌を作ることこそが経営トップの仕事です。

そして、耕された土壌のなかから個々のスタッフより独自のアイディアの芽が生まれたら、それを議論の俎上に載せて、そのなかからどれを選択するか、自社の強みやリソースを総合勘案して決定します。

次に、それを個人の力ではなくチーム力によりベクトルを合わせてアイディアからイノベーションへ、そして新製品・サービスの開発、マーケティングへと結びつけるよう、個々人の能力とチーム力の双方が発揮されるよう、企業の人材開発・育成を行うことが重要となります。

コラム　VUCA 時代のリーダーシップ

VUCA（ブーカ）は、Volatility（変動性）、Uncertainty（不確実性）、Complexity（複雑性）、Ambiguity（曖昧性）の頭文字を並べたもので、もとは1990年代における米国の軍事用語の1つでしたが、近時は、企業を取り巻く環境変化を表すキーワードとして使われています。

変化が激しく、先行きの予測が困難な時代においては、現在、業界においてエスタブリッシュされたステータスを謳歌する企業も、パフォーマンスが急激に悪化するリスクがあります。

　こうした VUCA 時代に企業がイノベーションを追及して競争力を維持、拡大するためには、強力なリーダーシップが必要です。

　ここで、強力なリーダーシップといっても「グダグダいわずにとにかく黙って俺について来い」式のリーダーシップではありません。イノベーティブな企業に求められるリーダー像は、それとは真逆のリーダーシップです。

　VUCA 時代に求められるのは、VUCA をリスクと捉えて萎縮するのではなく、むしろチャンスと捉えて、そこからイノベーションを生み出す逞しい人材です。

　したがって、VUCA 時代の企業のリーダーの役割は、個々人が持っている能力が存分に発揮されて、それがアイディアから商品化されマーケットに供給されるまでの道筋を整備することこそが重要となります。

5. 社外リソースの活用をビジネスプランに組み入れる

　大企業ないし既存のエスタブリッシュされた企業からは、なかなかイノベーションは生まれない、といったことが言われています。

　しかし、そうした企業は、有能な人材、新鋭の機器類等のインフラ、ブランドを生かしたマーケティング力、厚い顧客層、資金力といったソフト、ハード両面に亘っての強みを持っています。

　そのような企業の潜在的な能力を顕在化してイノベーションを生むためには、外部からの刺激を与えることが重要となり、これが、企業とスタートアップとの協働による価値の共創を軸とするオープンイノベーションです。

　オープンイノベーションの本質は、企業や組織の垣根を超えて価値を創出することにあります。

　リーンな企業を指向することに経営のエネルギーを集中的に投入すると、十分に活用されていない社内のリソースをいかに活性化ないし削減するか、だけに目が向けられて、社外のリソースを社内のリソースと融合させることにより価値を共創する、というオープンイノベーションの大きなメリットを見逃すことになります。

　企業経営にあたっては、社内のリソースの活性化のために自社が持たない社外のリソースをいかに活用するかの視点を常に持ち、そのために日常的に社外に向かって幅広くネットワークを張っておくことが重要となります。

6. 組織の変革：新規事業部門の設置

　企業を取り巻く環境が大きく変化するなかで、企業がイノベーションを生み出すためには、既存の組織の変革が求められることもあります。その1つが新規事業部門の設置です。

　イノベーティブなアイディア、技術を持つ優秀なスタッフを擁する企業において、そうしたスタッフが既存の部門に属している状況下で、たとえ従来のビジネスとかけ離れたアイディアを事業化しようとしても、組織としての意思決定を得ることはハードルが高く、ましてやアイディアの事業化に必要となるリソースを得ることは困難となります。

　そこで、企業の既存の組織とは別に、新規事業部門を設置してそうしたスタッフを既存のビジネスのしがらみから解放してイノベーションを推進することが考えられます。

　もちろん、企業としては、こうした新規事業部門には、必要となるリソースを供給するといった配慮が必要となります。

　特に人事政策面では、社内の人事交流に配慮することが重要となります。イノベーションがさまざまな知識や経験を持つ人材の融合から生まれるものである以上、新規事業部門と既存部門との間の人事交流も、イノベーションオリエンティッドな観点から活発に行って人事の流動化を高める必要があります。

　また、新規事業部門における価値基準や仕事の進め方が、既存の部門とは大きく異なる点にも留意しなければなりません。

　すなわち、既存の部門ではしっかりとした事業計画を策定して、それを経営会議にかけて上層部の承認を得て予算を確保したうえで整斉と業務を進めることになります。

　しかし、イノベーションのプロセスは試行錯誤であり、イノベーションが果たしてビジネスとして成功するか、成功してもどこまでボトムラインに貢献するかは不透明です。したがって、既存の組織で行われてきたがっちりとした機関決定はなじまず、大筋を決めておいて極力、現場のフリーハンドに任せるというように、新規事業部門におけるビジネスの進め方に柔軟性を確保することが必要となります。

7. オープンイノベーションと社内改革

　企業を巡る環境が激しく変化する時代においては、既存のビジネスが順調に推移しているからといってこれを守ることに執着するというイノベーションのジレンマに陥って、新たなチャレンジに消極的な経営スタンスを取っているようでは、企業の存続すらも覚束なくなります。

　企業は、常に経営戦略やオペレーション、組織運営について、現状が最も適切なものか、社内の意識改革の必要はないかをレビューする必要があります。

　オープンイノベーションによる外部企業との協働による価値の共創は、大企業からイノベーションは生まれない、とする説に対する大企業の逆襲のドライバーとなり得るオポチュニティを提供してくれます。

　特に、オープンイノベーションは、社外と社内のリソースの融合を本質とすることから、外部との協働によってこれまで社内では常識と考えられてきたことの変革の必要性に気付きを得て、それを最大限に活用するチャンスでもあります。

　オープンイノベーションでは、既存企業とスタートアップとの協働が少なくありませんが、その際に、既存企業の経営層は、自社とスタートアップとの間に以下のようにさまざまな違いがあることを認識して、無用なフリクションを招くことなく両社が融合して価値共創を指向することが重要となります。

　たとえば、既存企業は、自社の競争力を維持、拡大するのに土台とするビジネスモデルを持っています。したがって、スタートアップと協働するにあたっては、それが既往のビジネスモデルを深化させ、さらにはビジネスモデルの変革による成長力の強化につながるものとする等、既往のビジネスモデルをレビューすることが必要です。

　また、変化が速い時代を生き抜くためには、意思決定の迅速性が重要なファクターとなります。スタッフの間からせっかく革新的なアイディアが生まれても、それを商品化してマーケットに出すまでに長い時間を費やすようでは、他の企業に追い抜かれることになりかねません。

　組織の意思決定プロセスでは、既存企業の意思決定は、担当者から課長、部長等という形で重層的に行われ、そのなかでも重要な案件は、役員会議、さらには取締役会での決議が必要となります。

　これに対して、スタートアップは、機動的な商品・サービスの開発を大きな特徴としており、この結果、既存企業とスタートアップが協働する際には、スピー

ド面で違和感が生じる恐れがあります。

　したがって、既存企業がスタートアップと協働する際にはスタートアップの持ち味である機動性をできるだけ生かすように、イノベーティブな案件については、既存企業の意思決定のプロセスをできる限り迅速化して、組織運営の効率化を図る等により、機動力を発揮することが重要となります。

8. 人材とイノベーション：ダイバーシティ＆インクルージョン

　イノベーションを生む源泉は、有能な人材にあります。

　企業にとって、日々の業務を着実に遂行するオペレーション面での有能な人材が必要なことはもちろんですが、それに加えて、ビジネスの発見力、新たなマーケットの開拓力を持つ人材を育成、登用することが重要です。

　変化の激しい時代に対応するためには、企業のスタッフが潜在的に持つイノベーティブなアイディアを武器にして、果敢にチャレンジする機会を提供していくことが必要です。

　それには、組織内に均質的な人材を揃えるのではなく、ダイバーシティを人事政策の1つの柱にすることが重要となります。

　価値観やスキル、キャリアはもとより、ジェンダー、年齢、国籍等、多種多様な人材の組み合わせから、革新的なアイディア、テクノロジーが生まれることが期待されます。

　このようにダイバーシティ＆インクルージョン（多様性を受容し活用すること）は、人事面からイノベーションを促進する重要な戦略となっています。

　少子高齢化が進むなかで、労働力不足への対応から女性の活躍がダイバーシティを象徴する施策として推進されてきました。しかし、ややもすればこうした施策は、女性が働きやすい職場とか、女性の幹部登用が多い職場といった形で社会に喧伝され、むしろ CSR（企業の社会的責任）等の側面に注目が集まってきた嫌いがあります。

　しかし、ダイバーシティが経営に真の価値を発揮するのは、多様性から生まれるイノベーションであり、それが企業の競争力の強化、さらには成長に寄与する点にあります。こうしたことから、従来のダイバーシティをダイバーシティ1.0、競争戦略としてのダイバーシティをダイバーシティ経営とかダイバーシティ2.0と呼んでいます[5]。

すなわち、ダイバーシティ経営は、多様な属性の違いを活用して、多様な人材がそれぞれの持つ潜在的な能力や特性を最大限引き出すことにより、イノベーションを生み出し、価値創造につなげている経営戦略を意味します。

企業が稼ぐ力を高める戦略としてダイバーシティ経営を推進するためには、経営戦略のなかに明確にダイバーシティ＆インクルージョンを組み込み、経営トップがリーダーシップを発揮してダイバーシティ推進体制を構築し、人事制度の見直しや管理職の意識改革等により、その実行に強力にコミットすることが必要です。

また、働き方改革では時短に焦点があたっていますが、ダイバーシティでは、人材面の多様化だけではなく、働き方の在り方についても多様化を図ることが重要となります。

コラム　ダイバーシティ経営とイノベーション

ダイバーシティ経営が、実際にイノベーションを促進して、企業業績の向上に資するかどうかについて、ボストンコンサルティンググループは、8カ国（米、仏、独、中、ブラジル、インド、スイス、オーストリア）の1,700社を対象とする実証研究を行っています[6]。

調査は、ダイバーシティについては、管理職の出身国、他業界で働いた経験、キャリアパス、性別、学歴、年齢の6要素で、また、イノベーションへの成果については、過去3年間に発売の新製品による利益が全体の利益に占める割合を代理変数としています。

それによると、ダイバーシティの6要素すべてで、イノベーションの成果との間に統計的に有意な相関がみられ、ダイバーシティの要素が多いほど、相関度はより高くなり、最もダイバーシティが進んでいる企業が、最もイノベーティブでもあるとの検証結果となった、としています。

第4章脚注

(1) R. McMillan, "Loosen the Reins, Says Google CEO," Info-World, 2005.5.19
(2) Bill George "The World's Most Innovative Company" Discover Your True North2015
(3) James Estrin "Kodak's First Digital Moment" The New York Times 2015.8.12
(4) 豊田章男「社長メッセージ」TOYOTA Annual Report 2018.10
(5) 経済産業省「競争戦略としてのダイバーシティ経営（ダイバーシティ2.0）の在り方に関する検討会報告書」2017.3
(6) Rocio Lorenzo, Martin Reeves "How and Where Diversity Drives Financial Performance" Harvard Business Review 2018.03.16

第5章
ビジネスエコシステム

1. ビジネスエコシステムとは?

1　生態系のエコシステム

　エコシステムは、自然界の生態系を意味します。

　生態系のエコシステムは、自然界のある地域に生息する植物、動物、微生物といったすべての生物群集とこれを取り巻く環境要因が相互に連関、作用しながら共生して、生命や物質の循環を作り出すシステムをいいます。

　動植物は、それぞれ種と呼ばれる社会を維持しています。しかし、一つの種だけで自立、存続することは不可能であり、種と種との間や環境とが相互に密接に関連、依存し合いながら全体として一つの系（システム）を形成します。

　生物群集における種の組み合わせは、捕食・被食、競争、共生、寄生等、さまざまな関係があります。こうした生態系のエコシステムは、生産者、消費者、分解者、非生物的（無機的）環境から構成されます。

　生産者である植物は、太陽の光をエネルギーとして無機物から有機物を生産し、これを1次消費者である植食動物が食料として消費し、植食動物を2次消費者である肉食動物が食料として消費します。そして、動物の死体や排泄物は分解者である細菌や菌類といった微生物により分解され無機的環境に還元されます。こうした一連の流れは、物質循環と呼ばれます。

　すなわち、生態系のエコシステムは、無機的環境→生産者→消費者→分解者→無機的環境→……という物質循環により営まれる機能系である、ということができます。

2　ビジネスエコシステム

　翻ってビジネスの世界をみると、1つのモノ、サービスを生み出すには、さまざまな業界に属する数多くの企業が関わっています。

　ある企業が、自社のビジネスが外部のどのような企業と結びついているかを注意深くみた場合、実に多くの企業と直接、間接に関係があることを改めて認識することになります。

　そして、さまざまな業界に属する企業がネットワークを形成して、相互の知識や技術、資本を生かしながら協働して商品・サービスの開発、創出やマーケティングを行うシステムないしネットワークを「ビジネスエコシステム」と呼んでいます。

　オープンイノベーションは、基本的にある企業が外部の企業と連携、協働するというように相対の関係に基づくイノベーションですが、エコシステムでは、さまざまな分野に属する複数の企業が相互に協働して、それに参加するプレイヤー全体が価値を共創するという形のイノベーションが構築されます。

　ビジネスエコシステムは、異なるアイディアや技術を持ったさまざまな企業等がパートナーシップを組んでネットワークを通じて協働して価値を共創することにより、企業の競争優位性を維持、強化するとともに、エンドユーザーに対して統合的な価値を提供する枠組みです。

　すなわち、ビジネスエコシステムは、一般的に企業の開発部門、IT企業、大学の研究センター、メーカー、販売会社、金融機関等から構成され、そうしたメンバーが相互に影響しあうなかで有機的に結合して共存共栄の関係で製品やサービスの開発、その商品化、流通を行って利益を共創するビジネスモデルです。

3　生態系のエコシステムとビジネスエコシステム[1]

　自然界のエコシステムは、さまざまな環境変化のなかで、持続的な共生を実現します。すなわち、各動植物は環境の変化に適応するために自身も変化することができます。そして、各動植物が変化しながら共生することにより、全体として持続的なエコシステムが形成されます。

　これと同様に、ビジネスエコシステムは、たとえ大きな外的ショックがあってもエコシステムのメンバーがネットワークを通じて協働しながら、持続的な成長を目指すことを可能とするモデルです。すなわち、ビジネスエコシステムの本質は、各企業等がめまぐるしく変化する環境に、共に適応し（co-adapt）、共に進化する（co-evolve）ことにより、共生（co-exist）することにあります[2]。

　このように、ビジネスエコシステムの言葉は、それが生態系のエコシステムと類似性があることに由来しています。

　ビジネスエコシステムは、ハーバードロースクールの上級研究員の経歴を持ち、社会と経済とが価値を共創しながら発展するシステムを研究するジェームス・ムーア（James F. Moore）が創り出した言葉です。

　そして、この言葉は、シリコンバレーのスタートアップを中心に、さまざまな企業とアライアンスを図りながら事業を立ち上げていく状況を自然界の生態系のエコシステムをなぞらえて使われるようになり、さらにシリコンバレーだけではなく、多種多様な企業の有機的な融合を表すコンセプトに発展、適用されるようになりました。

　すなわち、ビジネスエコシステムは、開発ベンチャー、メーカー、卸・小売業者、流通業者、顧客等が経済共同体を形成して相互に作用しながら商品・サービスの開発や機能向上を図りながら成長する有機体であり、まさしく生態系の進化のプロセスをビジネスネットワークに応用したコンセプトである、ということができます。たとえば、Amazon や Google、Microsoft は、顧客のニーズに応えるために、大規模なエコシステムを複数、運営して巨大企業に成長しています。

　以上のように、生態系であるエコシステムとビジネスエコシステムの両者には、きわめて類似した側面がありますが、ここで、生態学のエコシステムとビジネスエコシステムに共通する特徴を整理しておきましょう[3]。

❶多様性

　生態系であるエコシステムのなかで生物が生き残っていくための重要な要素は、多様性にあります。この地球上には、実にさまざまな動物、植物が生息していて、その数は知られているだけで175万種、未発見の種を含めると3,000万種を超すともいわれます。これを生物多様性と呼んでいますが、このように、多様な生物がいることによって、生態系は成立しています。

　一方、企業も、業種で分類され各々の業種に属する企業が数多く存在するように、また、同一の業種であってもそのビジネススタイルが各々の企業により異なるように、多様性が大きな特徴となっています。

　そして、ビジネスエコシステムは、異なる産業の境界が取り払われて、異業種の企業が融合することによって、多種多様な企業が協働と競争を繰り返す環境のなかで、価値を創造することを基本的なコンセプトとする仕組みです。

❷相互作用

　生態学でエコシステムに属するある種の生存や繁殖が、他の種との食物連鎖や共生関係により左右されるように、企業の安定性や競争優位性は、ビジネスエコシステムに参加する他企業との共生関係や自社のポジショニングによって大きく左右されることとなります。

　このように、生態学のエコシステムもビジネスエコシステムも、それぞれが直接、間接の相互作用でつながっています。

a. 直接的な関係

　生態系のエコシステムにおける直接的な関係は、食物連鎖を意味します。食物連鎖は、一直線で表される単純なものではなく、網目状に複雑に絡み合っていることから食物網とも呼ばれます。すべての生物は、食物連鎖のなかで独自の位置を占めています。そして、いかなる生物も単独で生きていくことはできず、別の種類の生物とさまざまな形で常に関わり合いながら、生きています。すなわち、食物連鎖が回るためには、エコシステムを構成するさまざまな生物がバランスを維持しながら生きていくことが必要となります。

　一方、ビジネスの世界においても、たとえば素材を提供する業者と、それを使って部品を作るメーカー、その組み立てを行って製品化するメーカー、それを消費者に売る商社は、相互に直接的な関係にあります。

　このように、ビジネスの世界では、バリューチェーンが直接的な関係となります。

b. 間接的な関係

　生態系のエコシステムにおける間接的な関係は、共生関係と呼ばれています。2つの種の間の共生関係には、一方は利益を受けるが他方には影響がない片利共生と、双方が利益を受ける相利共生がありますが、エコシステムの共生関係は、多くの場合、相互に利益を与える相利共生となります。

　相利共生の代表例には、アリとアブラムシの関係があります。アブラムシは、排泄物としてアリの好物である甘露（果糖やぶどう糖等を含む甘い蜜）を提供し、アリはその見返りにテントウムシの幼虫を追い払ってアブラムシを天敵から防衛します。

　一方、ビジネスの世界における間接的な関係は、ネットワーク効果といわ

れるものです。ネットワーク効果は、直接的な効果と間接的な効果があり、直接的な効果は、ネットワークに参加する人が多くなればなるほど、ネットワークの効用が高まる効果です。一方、間接的な効果は、ある財とそれを補完する財（補完財）が密接に関係している場合に、ある財の利用が多くなればなるほど、それに対応してさまざまな補完財が多く供給され、より効用が高まる効果です。間接的な効果の代表例としては、ハード機器のパソコンのユーザーが増えれば、その補完財のソフトウェアの開発が進んでさまざまなソフトが販売される、といった関係があります。

2. ビジネスエコシステムの特徴—異種交配

　ビジネスエコシステムは、異なるアイディアや技術を持ったさまざまな企業がネットワークを通じて異種交配的に協働して価値を共創することにより、企業の競争優位性を維持、強化するコンセプトを軸とする仕組みです。

　企業が厳しい競争に打ち勝って成長していくには、企業単独のノウハウや技術力だけでは困難な時代となりました。企業の製品やサービスがマーケットで競争力を維持、強化するためは、その企業と直接、間接に関係するさまざまな外部の企業と協働することが必要となります。

　ビジネスエコシステムの本質は、さまざまな企業が自己のノウハウ、技術を他企業が持つノウハウ、技術と融合させてイノベーションを生み出して、それにより製品・サービスを開発、商品化、流通させながら共存共栄していくネットワークです。

　すなわち、ビジネスエコシステムは、異なる産業の境界が融解することによって、多種多様な企業が協調と競争を繰り返す環境のなかで、各企業が協働、共生する仕組みです。このように、ビジネスエコシステムは、一般的に企業の開発部門、大学の研究センター、メーカー、サプライヤー、ユーザー等から構成され、そうしたメンバーが有機的に結合して共存共栄の関係で利益を生み出すビジネスモデルです。

　企業にとって、外部のイノベーションは自社のイノベーションと同様に、あるいはそれ以上に重要となっています。実際のところ、ビジネスエコシステムは、企業が外部のイノベーションを活用することにより自社のイノベーションが促進され、それがまた外部のイノベーションを推進する原動力となる、というように

好循環を形成して、産業界にライフラインを提供します。このように、ビジネスエコシステムの成功の鍵は、単に企業間でお互いの持ち味を交換するというだけではなく、企業間の協働による新たな価値の共創にあります。

そして、企業は、エコシステムを構築することで、自社が持つポテンシャルを大きく超えるパフォーマンスを発揮することができます。また、エコシステムは、一般的にいくつかの業種をまたがって形成されています。その結果、あるエコシステムが他のエコシステムとつながっていることもあります。

このように、ビジネスエコシステムは、多様性や相互作用といった生態系のエコシステムに共通する特徴に加えて、次のようなさまざまな特徴を持っています。

1 異業種の融合

ビジネスエコシステムの最も重要な特徴は、異なる産業の各企業が融合して協働する、というコンセプトです。

イノベーションには、革新的なアイディアや技術による新製品・サービスの開発、新たな生産方法や流通方法の開発がありますが、ビジネスエコシステムでは、それらに加えて、異分野に属する企業の融合によって生じる技術革新、経営革新がもたらす新たな価値の共創がイノベーションの最も重要な要素の1つとなります。

このように、ビジネスエコシステムは、異なる業界に属する企業が、各々の持ち味であるノウハウや技術、資本を生かしながら協働して商品・サービスの開発、創出やマーケテイングを行うことを大きな特徴とします。そして、ビジネスエコシステムでは、複数の企業がパートナーシップを組んでネットワークを形成することにより価値を共創してエコシステムメンバーへ利益を配分するとともに、最終ユーザーに対して統合的な価値を提供することを指向します。

2 ダイナミズム

ビジネスエコシステムは、エコシステムに参加するメンバーが状況次第で入れ替わる等、絶えずダイナミックに変化します。すなわち、ビジネスエコシステムのメンバーは固定的ではなく、パフォーマンスが悪いメンバーは退出して、それに代わって新進気鋭でイノベーティブなメンバーが参入することになります。そして、こうした新陳代謝によって、エコシステム全体の健全性とダイナミズムが

維持されます。

また、このように変化するエコシステム全体の動向に各メンバーは影響されることになります。

コラム　アップルのエコシステム

エコシステムは、企業が所属する経済圏の境界や構成メンバーが変化するにつれて、大きく変貌を遂げることになります。

これを、いまや世界を代表するエコシステムを構築しているアップルでみると、アップルとそれを取り巻くさまざまな企業が、ちょうど生態系のエコシステムのように、相互に関連、依存しながらダイナミックに変化していくビジネスエコシステムが展開されています。

すなわち、アップルは、当初はパソコンのOS（基本ソフト）とハードウェアのメーカーとして始まりました。しかし、その後の携帯型デジタル音楽プレーヤーのiPodとコンテンツ配信サービスのiTunesの開発によってAV機器メーカーとして躍進します[4]。

アップルの躍進はこれにとどまらず、次のステージとしてスマホiPhoneをマーケットに提供しました。そして、これをもとにさまざまなアプリが生み出されて、その補完製品やサービスの開発が加速度的に進展することになりました。

アップルのエコシステムを取り巻くさまざまなメーカーやアプリ開発者、コンテンツ製作者、サプライヤーを含むメンバーは固定的なものではなく、技術革新の進捗に伴ってダイナミックに変化しています。このように、ビジネスのエコシステムは、その構成メンバーが入れ代わりながら発展します。

また、ビジネスのエコシステムでは、エコシステムに参加するメンバー間の協働がきわめて重要となります。

すなわち、アップルが構築、提供したプラットフォームを使ってメーカーやアプリ開発者等がさまざまなハードの部品やソフトの製品を開発して、それをユーザーに提供することにより、はじめてエコシステムが価値を共創して競争力を維持、拡大しながら発展してきた、ということができるのです。

---

3 対等なパートナー

ビジネスエコシステムは、エコシステムに参加しているメンバーが他のメンバーを経営戦略上の対等なパートナーとして捉え、メンバー間で重層的にアイディアや技術、情報の相互交流を行い、連携するための枠組みです。その意味で、ビジネスエコシステムは、生態学的にいう寄生の概念ではなく「共生」をその本質とします。

　したがって、エコシステムは水平的に構築され、エコシステムの参加メンバーは、たとえば中小企業が大企業から受注生産をする場合でも、下請けというようなステータスではなく、また、企業が自社の都合だけを考えて外注して他社の資源を取り込むというような考えではなく、あくまでも対等の関係でビジネスを展開することになります。

4　貢献とリターン

　エコシステムに参加する企業や個人は、目的や価値をシェアすることにより結束していて、そのなかで各参加者が各々のエキスパータイズを駆使してイノベーションの実現に貢献し、また、各参加者はイノベーションの成功からリターンを獲得します。

　このように、貢献とリターンの獲得という2つの要素がエコシステムの持続的な展開を促進することになります。

5　運命共同体

　ビジネスエコシステムの各メンバーは、エコシステム全体の動向いかんに左右されることになります。

　ビジネスエコシステムを構成するメンバーは、各々が何らかの形で結びついていて他のメンバーのパフォーマンスに影響を受けることから、エコシステム全体が好調（不調）であれば、それに参加しているメンバーのパフォーマンスも好調（不調）となります。これは、ビジネスネットワークにおいて企業、製品、技術が相互の関係をますます緊密にしていることによるもので、インターネットバブルがはじけた時に多くの企業が破綻したことに端的に表われています。こうした関係は、エコシステムの一メンバーの力ではコントロールできない結果を生むことが少なくありません。

　そして、ビジネスエコシステムのメンバーの行動がうまく連鎖すれば、システム全体の質が維持、向上することになります。

　このように、ビジネスエコシステムに参加しているメンバーの動向がエコシステム全体のパフォーマンスに影響を及ぼし、それがまた自社にフィードバックされるというように、良きにつれ悪しきにつれビジネスエコシステムは運命共同体

である、ということができます⁽⁵⁾。

3. ビジネスエコシステムのメリット

　ビジネスエコシステムは、企業間の協働により価値を共創することによって、エンドユーザーに対してさまざまな価値をもたらします。

1 企業のメリット

❶既存ビジネスの延長でない非連続の商品・サービスの開発・販売

　ビジネスエコシステムは、さまざまな企業が自己のノウハウ、技術を他企業が持つノウハウ、技術と融合させてイノベーションを生み、それにより製品・サービスを開発、商品化、流通させながら共存共栄していくネットワークです。

　企業は、エコシステムのネットワークのメンバーとなることにより、自社が持つポテンシャルを大きく超えるパフォーマンスを発揮することが期待できます。

　特に、企業が既存のビジネス型の延長線上にはない非連続の革新的な商品・サービスをビジネスに取り込むとなると、自社の研究開発部門で対応することは困難であることが多く、さまざまな業種に属する企業と連携して他社のアイディア、技術を活用することが重要となります。

　このように、企業にとって、エコシステムのメリットは、自社内では出てこないようなアイディアを見出すことや、自社の商品・サービスの改善等のために外部の多種多様な企業が持つリソースを活用することにあります。

❷商品・サービスの開発、生産、流通の効率化

　スマホやタブレット端末をはじめとする ICT の普及から、ユーザーの好みはめまぐるしく変化して、それにマッチさせるために商品のライフサイクルは時を経るごとに短縮化してきています。

　こうした商品のライフサイクルの短期化には、ユーザーニーズを逸早く把握するための情報収集にしても、開発から生産、商品の流通プロセスの短縮化にしても、企業単独で対応するよりも他社との連携で対応する方が効率的です。

　また、自前主義によって自社の研究開発部門で固有の商品・サービスを開発するといっても、そのなかには自社が開発を目指しているのと同じような製品・サ

ービスの開発を、部分的にせよ他社が同様に開発している可能性があり、そうした場合には開発資源を重複して使用するといった無駄が生じることになります。

さらに、自社単独では、物的・人的開発資源も限られた範囲でしか使用できず、大規模開発を実施するには、自ずから限界があります。これに対して、さまざまな業種に属する多くのプレイヤーが参加するエコシステムでは、こうした開発資源の制約の天井が格段に高くなり、その結果、大規模開発も可能となるといった大きなメリットがあります。

❸データの有効活用

ビジネスエコシステムは、さまざまな企業が多種多様なサービスを提供するプロセスで得られるデータを統合する役割を果たします。

IoTをはじめとするICTの進歩、普及により、企業がビジネスを展開するプロセスで収集することができるデータは、量・質の両面に亘って飛躍的に拡大しています。

そして、各企業が保有するこうしたデータを個人情報の保護を図りながらビッグデータとして有効活用してビジネスチャンスに結びつけるためには、企業間の緊密な連携が必要となります。

ここでも、エコシステムが持つ威力が発揮されることとなります。

❹開発に関わるリスク分散効果

エスタブリッシュされた企業にとっては、先行き成否が不透明なビジネスを手掛けることへの抵抗が強い一方、スタートアップやベンチャー企業は、先進のテクノロジーを導入してこうした分野に果敢に挑戦することができる、という大きな強みを持っています。

このように、ビジネスエコシステムは、それに参画するメンバー間の特性の違いにより、イノベーションに付随するリスクを他企業等と分かち合うリスク分散効果を期待することができます。

❺人材の流動化、有効活用

ビジネスエコシステムの基盤となる重要な要素が、人的ネットワークの形成です。

こうした人的ネットワークを幅広く構築するためには、これを属人的に行うことは自ずから限界があり、組織的に構築されたネットワークを駆使することによ

り人的な交流を促進することが重要となります。

　ビジネスエコシステムでは、企業の内部や大学、研究機関のなかに開発に関わる優秀な人材を留めておくのではなく、業界の領域や組織間にある壁を取り払った人材の流動化により、分野や組織を越えた人材の活用が実現する、といったメリットが期待できます。

2 エンドユーザーのメリット

　エンドユーザーの選好の多様化、高度化、複雑化から、企業は、自社の領域に属するイノベーションだけではなく、他業種、他企業のノウハウや技術と融合したイノベーションが必要となっています。こうした状況下、既存企業は、異業種との融合で外部のリソースを活用することが成長のための重要な要素となり、この結果、ビジネスエコシステムのコンセプトが発展しました。

　このように、生産的でイノベーティブなビジネスエコシステムは、エンドユーザーのニーズをもとにして生まれたものであり、したがって、最終的にユーザーの利益に資するという形で繋がることとなります。

　たとえば、いくつかのサービスを受けるニーズを持つユーザーでも、ビジネスエコシステムの進展により、その各々のサービスを提供する会社に個別にアクセスすることなく1つのアクセスで済む、というゲートウエイ（入口）のサービスを享受することができます[6]。

　これをフェースブック・メッセンジャーの例でみると、ユーザーは、1つのインターフェイスで、買い物、ホテルへのチェックイン、友人へのメッセージの伝達、ニュースの閲覧、医者とのチャットのサービスを利用することができます。これにより、ユーザーはいくつかのポータルを渡り歩く必要はなく、また、各ポータルにログインするためにいくつかのIDやパスワードを管理する必要もありません。

　中国におけるネットサービスの大手であるテンセントのWeChatは、1つのインターフェイスでユーザーに、メッセージの伝達、支払い、投資、タクシーの手配、バスの乗車券の購入等のサービスを提供しています。このサービスのユーザーはいまや7億人を超えていて、その3分の1近くのユーザーがWeChatの支払いの機能を使用しています。一方、中国でテンセントに並ぶネットサービスの大手のアリババは、5億人近くのユーザーに対して、支払い、金融サービス、旅行

等のサービスを提供しています。また、もう1つの中国のエコシステムリーダーの Ping An は、投資や保険といった顧客の金融ニーズを汲み取るサービスを提供しています。

4. ビジネスエコシステムの構成メンバー

ビジネスエコシステムは、企業、スタートアップ、起業支援者、大学、研究機関、金融機関、公的機関等が全体として有機的に連携して共存共栄の関係で機能することによって、新たな価値を共創する仕組みです。ビジネスエコシステムは、特に異なる業種に属する企業が参加することに大きな特徴があります。

以下では、こうした複雑なネットワークから構成されるエコシステムで主役を演じるプレイヤーとそれを支えるプレイヤー群をみることにしましょう。

なお、イノベーションを生むスタートアップが活躍するエコシステムについては、次項の「5. イノベーションエコシステム」で述べることにします。

1 キーストーン

生態系であるエコシステムにしてもビジネスエコシステムにしても、エコシステムが順調に稼働するキーストーン（要石）が存在します。キーストーンは、一個でエコシステム全体の安定を支える重要な役割を担います。

なお、キーストーンは、西洋建築の石組みのアーチを安定させるためにアーチの天辺にはめ込まれるくさび形の石で、もしこれが外れた場合にはアーチ全体が崩壊する恐れがあるアーチの要となる石です。

このようにキーストーン種は、まさしくその名前が示すように、エコシステムのネットワークにおける多様性や安定性の要の役割を担っています。

❶ 生態系のキーストーン

キーストーン種は、多種多様な種から構成されるエコシステムの維持に欠かせない最も強力な種です[7]。生態系のエコシステムでは、キーストーン種がいなくなると生態系が激変することが生態観察で明らかになっています。

したがって、キーストーン種が衰えた場合にはその生態系のさまざまな種が絶滅の危機に陥る等、生態系の構造に大きな影響がもたらされ、エコシステムのバ

ランスに大きな作用を及ぼすことになります。

a. キーストーン種の代表例：ラッコ

海のエコシステムにおけるキーストーン種の代表例として有名なのが北米太平洋沿岸域に生息するラッコです[8]。

ラッコは、ウニをはじめハマグリ、カタツムリ、ヒトデ、イカ、タコ、アワビを主食としますが、ラッコはウニを主食とする唯一の動物である、といわれています[9]。そして、ラッコは、大量のウニを食べて太平洋岸北西部の沿岸のエコシステムが規則正しく稼働するよう調整する役割を担っています。

しかし、上質の毛皮として人気があるラッコが乱獲の対象となった結果、19世紀末には絶滅寸前にまで激減して、ラックの主食であるウニ等の魚介類が大繁殖する結果となりました。そして、ウニは、天敵のラッコがいなくなったことを良いことにして北米太平洋沿岸域に生息するケルプを食い荒らしました。

ここでの食物連鎖は、肉食動物（ラッコ、頂点（上位）捕食者）→草食動物（ウニ）→植物（ケルプ）という形になり、上位捕食者は下位の動物の数をコントロールするという重要な役目を担っています。

ケルプは50mにも及ぶことがある巨大なコンブで、さまざまな魚類や海に住む生物の避難所となっていて、ラッコが胴体の周りにケルプを巻き付けて体を休めることもあります。そして、それが群生して森のようになるのでケルプの森とか、海の熱帯雨林と呼ばれることもあります。

ケルプには、プランクトンやさまざまな種類の魚が集まって豊かな生態系を作っています。しかし、天敵のラッコがいなくなったことから海底はウニで覆われ、この結果、ケルプの森は壊滅的な打撃を受けて、そこに生息していたプランクトンやさまざまな種類の魚も姿を消しました。このようなウニによるケルプの森の荒廃は、ウニによる不毛とも呼ばれています。実際のところ、南カリフォルニアだけみても、ウニの繁殖によりケルプの森は、過去100年で80％減少しました[10]。

そして、食物連鎖で重要な役割を果たしていたラッコの減少によって、さまざまな魚やその他生物が住み家として依存していたケルプの森は破滅的な打撃を受けて、ほとんどの海洋生物が減少して多様性をなくした死の海に化したのです。このように、ケルプの森が荒廃すると、海洋生物が減少すると

いう連鎖反応が発生します。

　この結果、米北西部太平洋で魚が採れなくなるという事態に立ち入りました。

　また、近年では、ラッコにとって新たな天敵となったシャチがラッコを捕食することによりラッコの数が減少するという事態も発生しています。このように、食物連鎖で重要な役割を果たしていたラッコの減少が、生態系に深刻な影響を及ぼす事態となりました。

　その後、こうした状況を眺めてラッコの保護運動が高まり、絶滅危機にあったラッコの数は増加、その結果、ウニの数は抑制されてケルプの森の復元プログラムが成功して、多様な生物が住む海へと回復しました。

　このように、ラッコはエコシステムをバランスするキーストーン種の役割を果たしています。

コラム　キーストーンの名付け親、ペイン博士

　1966年、動物学者でワシントン大学の助教授だったロバート・トリート・ペイン博士は、カリフォルニアの岩礁に生息する生物を調査しました[11]。ペイン博士は、その調査でイガイ（カラス貝）等の貝類が生息するマッカウ湾の岩場で貝類の捕食者であるヒトデをすべて除去してみました。

　その結果、最初にヒトデの好物であったイガイが大繁殖して、数か月経過すると、今度はイガイがフジツボを追い立て、岩場は繁殖したイガイで占められることとなりました。また、そこに生えていた藻類の居場所も奪われて、藻類を食べていたヒザラガイやカサガイが減少しました。

　食物連鎖が回るためには、エコシステムを構成するさまざまな生物がバランスを維持しながら生きていくことが必要となりますが、ヒトデが捕食者（食べる動物）であり、フジツボ、ヒザラガイ、イガイといった貝類が被食者（食べられる動物、獲物）の連鎖が途切れることとなりました。そして、実験を開始した時に存在していた15種の生き物がどんどん退去して8種に減少してしまいました。

　ペイン博士は、このヒトデのように、少数のわずか1種といえども、多種多様な種から構成されるエコシステム全体の安定に欠かせない種が存在することを証明し、これをキーストーン種と名付けました。

---

b. キーストーン種の代表例：オオカミ

　キーストーン種についてもう1つ有名な例として、ワイオミング州北西部を中心とする巨大な自然保護区イエローストーン国立公園のオオカミをみま

しょう。オオカミは、ヘラジカ（オオジカ、ムース）を捕食することから、ヘラジカはそれから逃れるために移動しながら植物を食べます。このようにヘラジカは遊牧性動物ですが、ヘラジカの天敵であるオオカミは、狩りにより1930年代初頭には皆無に近い状況に至りました。このため、ヘラジカは移動して植物を食べる習慣が薄れて、1箇所に滞在したままその場所でポプラの木やヤナギをはじめとする植物をことごとく食べ尽くしてしまいました。この結果、そうした植物を食料としていたビーバーや小鳥が減少する事態となったのです。ビーバーが作るダムは洪水を防いでさまざまな種の生息地を維持させる働きをしますが、そのビーバーの数が減少した結果、川の流れも変わってしまいました。

　こうした事態を眺めて、政府は1995〜96年に、カナダから野生のオオカミを誘致して放ちました。この結果、オオカミの数は増え、植生が増え、公園内で絶滅状態であったビーバーの個体数も増える等、生物多様性のバランスが回復しました。

　このように、オオカミはイエローストーン国立公園のエコシステムにおいてキーストーン種という重要な役割を担っていることが明らかになりました。

❷ ビジネスエコシステムのキーストーン＝プラットフォーマー

a. キーストーンの役割の重要性

　ビジネスエコシステムは、多種多様なアイディアや技術を持ったさまざまな企業がネットワークを通じて協働して価値を共創することにより、企業の競争優位性を維持、強化することができる、とするコンセプトです。

　ビジネスエコシステムのキーストーンは、その名前が示すように、エコシステムにおけるダイバーシティや安定性、健全性を護る要の役割を担っています[12]。

　このように、ビジネスエコシステムにおいても、エコシステムが順調に稼働するためにキーストーンが中核的な役割を担います。具体的には、キーストーンはさまざまなアイディアや技術を持ったプレイヤーが参加するプラットフォームを構築、提供する役割を担います。このことから、ビジネスエコシステムにおけるキーストーンは、一般的にプラットフォーマーとかプラットフォーム企業、プラットフォームリーダーと呼ばれています[13]（プラットフォームについては第5章7参照）。

特に、ユーザーニーズが高度化、複雑化するとともに短期間のうちに大きく変化する状況にあって、キーストーンは、多様性、柔軟性を具備したエコシステム・プラットフォームを構築することが重要となります。

そして、プラットフォーマーは、ネットワークのパフォーマンスを向上させ、エコシステムの企業間の協働による価値共創を促進し、また、その結果、生まれた価値をプレイヤー間に分配する機能を担います。

このように、プラットフォーマーは、エコシステム全体で価値の創造と分配を行うことにより、エコシステム参加者の長期的な繁栄を指向するエコシステムのキーストーンの機能を担います。

b. プラットフォーマーの具体的な役割

エコシステムは、さまざまな企業が直接、間接に結びつきながら、価値を創出する一種の運命共同体を構築します。そのなかで、プラットフォーマーは具体的に次のような役割を担うことになります。

ⅰ）戦略の方向付けと役割分担

エコシステムのリーダーの役割を担うプラットフォーマーは、エコシステムの持続的な成長のために、基本的な構想とそれを実現するための具体的な戦略をメンバーに提示する必要があります。

そして、プラットフォーマーは、自社で担当する部分と、エコシステムに参加する他のメンバーが担当する部分を的確に切り分けを行っていくなかで、メンバー全員が利益を得られるように戦略を策定することが重要となります。

ⅱ）エコシステムのメンバーへのサポート

役割分担が決まれば、エコシステムの各々のメンバーは、自社のコンピテンシーを発揮してイノベーションを生み、それを部品やソフト、サービスの生産に結びつけることで、エコシステムに貢献します。

このプロセスにおいて、プラットフォーマーは、自社が保有する有形・無形の資産や自社が開発したテクノロジーでエコシステムのメンバーにとって有効なものを提供することにより、メンバーがその役割を存分に果たすことができるようにサポートする必要があります[14]。

　こうしたプラットフォーマーが提供するサポートによって、エコシステムに参加する各メンバーは、技術や事業の不確実性といったビジネスリスクを軽減しながらエコシステムが目指す価値の創出に向けて、自社の持ち味を遺憾なく発揮することが可能となります。

　このように、プラットフォーマーは、エコシステムに参加するメンバーが各々持つノウハウや技術を存分に生かしてイノベーションを実現、商品化に持込む調整役を担います。

iii）利益の共有

　エコシステムの中核に位置するプラットフォーマーは、単に自社の利益獲得だけのためにエコシステムのメンバーに対して支配的、独占的になるのではなく、エコシステムに参加して相互に依存している企業全体の利益に配慮して、参加メンバーから自律的、中長期的にイノベーションが生まれるような環境作りをすることが重要となります。

　もし、エコシステムのリーダーであるプラットフォーマーが、パートナーにも利益をもたらす共存共栄の関係を構築するのではなく自社の利益を優先するのであれば、それは外部のイノベーションを取り込んだ工場の意味しか持ち得ず、エコシステムとしては失敗の途を歩むことになるのは自明です[15]。

　たとえば、プラットフォーマーの代表的なステータスにあるアップルでは、アプリの開発者のためにやさしいプログラミング言語を使用したり、ソフトウェア制作のサポートを行う等、エコシステムのメンバーが各々が持てるコンピテンシーを発揮できるよう、注力しています。

　そして、アプリ開発者やコンテンツ製作者、プロバイダー等は、アップルのエコシステムを通じて金銭的な利益だけではなく、アップルのマーケティングによるブランドイメージの向上や、それによるマーケットにおける自己の評価の上昇といった利益を享受しています。

　こうしたアップルのエコシステムを運営する基本的なポリシーを映じてAppStore のためにアプリやゲームソフト、コンテンツを創作する忠実なデベロッパーがエコシステムに参加しているのです。

　また、アップルの製品やサービス、それにアップルが持つ企業文化を愛するユーザーもエコシステムに参加するメンバーであるということができます。

このように、エコシステムに参加するメンバーにビジネスと利益が行き渡り、エコシステムが成長するにつれて、エコシステムの参加メンバーも増え、また、エコシステムから提供される製品やサービスのユーザーも増え、この結果、プラットフォーマーの成長にもつながる、といった好循環が形成されることになります。

2　パートナー

エコシステムは、プラットフォーマーを取り巻く多くのパートナーによって支えられています。パートナーは、ニッチプレイヤーとか補完プレイヤーとも呼ばれます。こうしたパートナーは、エコシステムを構成する大多数を占めています。エコシステムのパートナーは、受注生産をする下請けというステータスではなく、エコシステムに参加する他のメンバーと対等の連携関係により自己のノウハウ、技術でイノベーションを創出することになります。

そして、このパートナーこそが、エコシステムにイノベーションを生み出し、価値を生み出す主役となります。

パートナーは、各々が持つ独自の技術、能力を活用することによりエコシステムの総合的な機能発揮に貢献します。こうした優れた技術を持つパートナーが他のメンバーと相互に影響し合い協働してアイディアや技術を駆使してイノベーションを創出し、さらには商品化してユーザーに提供します。

また、パートナーは、プラットフォーマーがエコシステムが生む機能、価値をさまざまな分野に適用することをサポートする補佐的な役割も担うことになります。

パートナーが数あるエコシステムのなかからどのエコシステムへ参画するかの選択にあたっては、自社の能力を一段と進化させて価値の創造に結びつけることができるようなエコシステムのメンバーとなることが重要です。これには、まずもって検討対象となるエコシステムがどのような目標を持ち、どのような戦略でその目標を達成しようとしているか、をしっかり把握することが必要となります。そして、そのような目標にパートナー自身が持っている IT 等のエキスパータイズが存分に活用できることを確認します。

また、プラットフォーマーがシステム全体をコントロールしながら、システムを構成するメンバー各々が持つ特性を十分発揮するような土壌を作ることに注力しているか、といった点が重要な検証ポイントとなります。

5. イノベーションエコシステム

1 ビジネスエコシステムとイノベーションエコシステム

　ICTの進展等を背景として、イノベーションは、単一ないし少数の個人の手や企業により成し遂げられるものではなく、多くの企業等がチームを組んで達成されるようになりました。

　ビジネスエコシステムの大きな特徴は、個々の企業ではできないようなイノベーションを、さまざまな業種に属する大企業、中小企業等が参加するコラボにより推進して、マーケットに新商品、サービスを提供することを可能とすることにあります。

　このように、協働で価値を共創する競争戦略として位置付けられるビジネスエコシステムのコンセプトのなかで占めるイノベーションの重要性を強調したモデルがイノベーションエコシステムです。

　イノベーションには、革新的なアイディアや技術による新製品・サービスの開発、新たな生産方法や流通方法の開発等がありますが、それに加えて、さまざまな企業等の融合によって生じる技術革新、経営革新がもたらす新たな価値の創出がイノベーションの重要な要素であり、その特性に焦点を当てたコンセプトがイノベーションエコシステムです。すなわち、イノベーションエコシステムは、さまざまな主体が融合して協働体を構成して、各々異なる役割を担ってイノベーションを開発することにより価値を共創して、それを相互に享受しながらビジネスの持続的な成長をサポートするビジネスモデルをいいます。

　このように、イノベーションエコシステムは、核となる企業（focal firm）としてのプラットフォーマーやそのプラットフォームに結びついたメーカーやサプライヤー、ユーザーが各々異なる役割を担ってイノベーションを開発することにより、価値を共創してそれを相互に享受するビジネスモデルをいいます。

2 イノベーションエコシステムの機能

　前述のとおり、イノベーションエコシステムは、イノベーションを生むという点に焦点を当てて、ビジネスエコシステムをみたものです。

　イノベーションは、あるアイディアが生まれることから始まり、それが商業的

ないし社会的に役に立つ商品・サービスに転化するまでのプロセスを意味します。このプロセスは、パートナー、サプライヤー、企業の専門家、大学の研究機関等のメンバーの協働のもとに進められます。そして、こうした協働により顧客の価値を創造するエコシステムが構築されます。

すなわち、イノベーションエコシステムの大きな特徴は、個々の企業ないしさまざまな業界に属する企業群が持つポテンシャルを、エコシステムによる協働と競争により統合してイノベーションとして実現することにあります。ここでのポイントは、エコシステムは、個々の企業にとって他の企業とのコラボによりイノベーションを実現する有力なコンセプトである、という点です。

このようなイノベーションエコシステムは、異なる組織からなる協働プロセスで発生する摩擦を最小限に抑えながらイノベーションを生むために、多様性、選別、持続性の3つの機能を持っています。

①多様性（variation）

イノベーションエコシステムは、それから多種多様なイノベーションが生まれる、という多様性を大きな特徴として持っています。

イノベーションエコシステムにおいては、特にこうした多様性を積極的に展開することが重要となります。

そして、イノベーションというドライバーによって多様性が実現され、商品・サービスの開発・改良、製造・輸送プロセスの開発・改良、さらには新マーケットの開発等が展開されることとなります。

②選別（selection）

イノベーションの成功確率を高めるために、さまざまなアイディア等から商品化が有望なものを選択します。このプロセスは、不適当なものを排除するというダーウインの適者生存的なアプローチか、適当なアイディアを取り上げてさらに高度化するラマルクの進化論的なアプローチのいずれかが取られることになります[16]。

③持続性（retention）

多くのノウハウ、技術により生み出されたイノベーションは、単発に終わることなく、幅広く社会に受け入れられることにより、持続性を具備することになります。

3 イノベーションエコシステムの特徴

イノベーションエコシステムは、現状を変革して新たなパラダイムを生み出すポテンシャルを持っています。

❶イノベーションへの果敢な挑戦

イノベーションエコシステムでは、複数の企業が連関しながらイノベーションを生み出して共存共栄を指向するビジネスモデルを展開します。

イノベーションエコシステムの典型的な成功例として良くあげられるケースは、地理的にはシリコンバレーやバンガロールであり、ICT プラットフォームでは iPhone、Android であり、新たな産業ではクラウドです[17]。

しかし、現在進行中のイノベーションエコシステムは、インターネット、モバイル、ICT システムプラットフォームや web2.0 を駆使して進展しているところに大きな特徴があります。

特に従来はエコシステムというと、アントレプレナー、開発部隊、IT技術者、大学の研究機関が一堂に会してアイディアを出し合い、それを商品・サービスに転化するという形で地理的要件が付きまとっていましたが、インターネットとモバイル等の進展によりそうした要件の重要性は後退して、バーチャルな形でエコシステムが構築されるケースが大半となっています。

❷リソースの有効活用

イノベーションエコシステムは、短期間のうちにアイディアをユーザーが実際に使うことができる商品、サービスの形にすることにより、時間、資金、労力等の貴重なリソースを節減して生産性の向上に資する効果を発揮します。

こうしたさまざまなリソースは、結局のところ、企業が厳しい環境のなかで競争力を維持、強化するには不可欠の要素であり、企業が限られたリソースのなかでマーケットの動向に敏感に反応して ICT を駆使して収益の向上を図っていくために、イノベーションエコシステムはきわめて重要な役割を果たすことになります。

❸商品とサービスの融合

現在のイノベーションエコシステムのもう1つの特徴は、商品とサービスの区別がはっきりしなくなっていることです。

これには、エコシステムによりエンドユーザーのニーズを商品、サービス共に取り込んで包括的なサービスを提供することができる、といった ICT の活用の進展によるところが大きく寄与しています。

4　イノベーションエコシステムが成功するポイント

イノベーションエコシステムが、その特徴を十分生かしながらダイナミックな展開を辿るためには、プロジェクトを推進するエコシステムのメンバー全員が、めまぐるしく変わる環境に絶え間なく適応しながらシナジー効果を発揮することが重要となります。

❶既存企業とスタートアップの関係

既存企業は、自社が持つエキスパータイズとスタートアップのテクノロジーの融合や、商品化に向けてのノウハウ、マーケット動向等の情報の共有というように、さまざまな角度からスタートアップをサポートする役割を担うことが期待されます。

また、既存企業にとってスタートアップと連携することにより、企業内の研究開発のモメンタムを後押しする効果が期待できます。

こうしたことから、イノベーションエコシステムはスタートアップを支援する側面とともに、既存企業にとって革新的なアイディア、技術を生み出す起爆剤となる側面がある、ということができます。

❷リーダーの資質

イノベーションエコシステムのリーダーに求められる資質は、イノベーションが持つ技術的な能力という以上に、適切なメンバーでイノベーションエコシステムを構成するマネジメントの能力が重要となります。

イノベーターは新しい商品・サービスを生み出すことに注力する一方、イノベーションエコシステムのリーダーは、そうしたイノベーターが価値ある商品・サービスを作り出すことを支援してそれを利益に結びつけるというマネジメントの責務を担います。

このように、イノベーションエコシステムのリーダーの役割は、エコシステムの組成、運営にあり、一旦エコシステムが走り出したら、エコシステムのパート

ナーを統治する中央管理組織になるというようなボス的な意識ではなく、パートナーと同じ目線で相互に連絡を密にして、イノベーションの成功に向けてエコシステムを進行させることが必要となります。

これはいわば、自己中心的な意識である天動説ではなく、自社もパートナーも同列であるという地動説的な意識でエコシステムを推進させることが重要であることを意味します。

❸メンバー間の意思疎通

イノベーションエコシステムが成功する要素は、なんといってもメンバー間の意思疎通が重要であり、そのためには相互のコミュニケーションが不可欠となります。

これを既存企業とスタートアップについてみると、スタートアップには、既存企業との協働により既存企業が持つ社風によりスタートアップの特質である決定力の速さ等の機動性、自由度、柔軟性が失われることになるのではないか、といった疑心暗鬼があることが少なくありません。したがって、既存企業のマネジメントは意識的にそうした危惧を除去するよう、スタートアップとの間で十分のコミュニケーションを取ることが必要です。

また、メンバー間相互の意思疎通を深めるためには、プロジェクトのトップを含む定期のミーティングを開催して問題点を洗い出して徹底的に議論を戦わせる等により、メンバー全体が一枚岩となってプロジェクトの推進を図ることが重要となります。

5 イノベーションエコシステムの実践

以下では、イノベーションエコシステムを手掛けてからそれが実際の成果につながるフェーズはどのように展開するのかをみましょう[18]。

まず、顧客のニーズを満たすためにはどのように対応するのが良いか、そのためにはどのようなパートナーと組むのが良いか、というようにイノベーションエコシステムの設計とその立ち上げが、エコシステムの出発点となります。

その後、イノベーションエコシステムの開発が軌道に乗って企業業績に好影響を及ぼすまでには、さまざまなステージを経ることとなります。すなわち、テクノロジーの発見からそのテクノロジーが商業化されてさまざまな分野の業界に活用されるまでの展開は、一直線ではなく紆余曲折を辿ることが少なくありません。

まず、新たなテクノロジーの発見とそのテストが開発のフェーズとなります。ここではエンジニアーが主役となります。また、それが大学や研究所のサポートを得ながら行われることも少なくありません。そして、開発されたテクノロジーを応用して実際に顧客に商品やサービスとして提供することができるかどうかのフィージビリティ・スタディのフェーズに移行します。また、その間に、顧客のニーズに真にフィットするように商品やサービスの手直しを行う必要も出てきます。

このプロセスにおいて、イノベーションエコシステムを構成するメンバー全員が、商品やサービスに対する顧客のニーズがどこにあるかの認識を共有することが重要となります。この共通の認識により、エコシステムのメンバー間で統一した目標が設定されます。そして、このフェーズでエコシステムのリーダーは、エコシステムのメンバーが共通の目標に向かって顧客に価値ある商品やサービスの創出をするために協働するよう誘導するとともに、主要な顧客層と緊密な関係を構築する中心的な役割を演じることとなります。

次のフェーズでは、イノベーションエコシステムにより開発した商品やサービスをマーケットに流通させることになりますが、ここでは、別のエコシステムが同じような商品やサービスを開発して商品化するケースがあります。

この結果、マーケットで競争状態になりますが、イノベーションエコシステムのコアプレイヤーであるエコシステムリーダーが顧客やサプライヤーとの間で培った強い絆を礎とする販売力を活用することに加えて、エコシステムに参画しているプレイヤーが販売をサポートするといった形で、ここでも全員が一枚岩となって商品やサービスの顧客への普及、浸透に注力する必要があります。このように、商品やサービスの開発面だけではなく、販売面においても総合力を発揮したエコシステムが勝利を収めることになります。

そして、最後は、イノベーションエコシステムが成熟したところで、別に形成された新たなエコシステムが脅威となるというフェーズが出現します。既存のエコシステムがこれを迎え撃って生き残るためには、新たな環境に対応するために機動的、弾力的にその中身を時代に即応するものに変革しなければなりません。

6. エコシステムとIT

エコシステムでは、数多くのプレイヤーが協働することになりますが、企業にとってこうしたエコシステムの重要度が高まってきた背景には、ITの発展、と

りわけインターネットの普及があります。

　従来の自前主義では、企業が抱える研究者が顧客から距離を置いたところで自由に研究をして、そこから新たな製品・サービスが開発、商品化され、また、社内で生まれた知的財産の社外流出は回避する、といったビジネスモデルでした。

　しかし、インターネットをはじめとするテクノロジーの進展・普及で、ビジネスモデルは、大きな変革を迫られることになりました。

　まさに、グーグル、アマゾン、マイクロソフト、アップル等は、経営戦略としてインターネットを軸にエコシステムを展開しています。

　以下では、ビジネスエコシステムの構造とそれを支える各種の IT について概観することにします。

1 ビジネスエコシステムを支える IT

　エコシステムが重要視されるようになった背景には、テクノロジーの大きな進展があります。インターネットとソーシャルメディアは、企業と顧客との関係のあり方を大きく変えてビジネスモデルの改革を迫っています。

　特に、現在、デジタル世代と呼ばれるテクノロジーのエキスパータイズを持った世代から続々と起業家が誕生して、こうした動きをさらに加速させています。

　そして、経済のデジタル化の状況下で、インターネットの発展、普及を主なドライバーとして、さまざまな企業がネットワークを介してノウハウや技術をやりとりし、またそのなかでイノベーションが生まれ、新たな製品やサービスの開発、流通につながるというように、機能的な系（システム）がダイナミックに形成されています。

　エコシステムは、業界の壁を越えて企業同士が相互に補完し合う経済の枠組みを構築し、エコシステムへの参加企業は、デジタルでつながるネットワークを構築・活用して、従来は困難であった高度のコラボを推進して互いに協働して成長することを目指しています。

　このように、エコシステムは IT の発展が主な原動力となっていることから、デジタル・エコシステムとも呼ばれています。デジタル・エコシステムは、生態系と同様、多様性をその特性として進化しています。

　ビジネスエコシステムを支えるシステムは、図表4-1のような階層で構成されています。

【図表4-1】システムの階層

ユーザー	アプリを活用する企業や個人顧客

⇕

アプリ	多種多様なユーザーニーズを満たすためのソフトウエア （例）企業使用：経費精算、販売管理等 　　　　個人使用：家計管理ソフト、音楽再生ソフト、ゲームソフト 　　　　両者共通：ワープロソフト、表計算ソフト等

⇕

API	企業が保有するデータやソフトウェアをアプリの開発者等外部に提供して使用することができるようにするためのインターフェイス（接続仕様） （例）バンキング API、WebAPI、WindowsAPI 等

⇕

プラットフォーム	アプリの開発や実行に共通して活用されるソフトウェア （例）開発支援ツール 　　　　OS（PC：Windows、Mac OSX、スマホ：Android、iOS 等） 　　　　運用管理、データベース管理等

⇕

インフラ	ソフトウェアを稼働させるためのハードウェア （例）サーバー、ストレージ（データを保管する装置）、ネットワーク機器等

⇕

各種データ	IoT 等により収集される多種多様な情報 （例）温度、湿度、風雨量、光、音、位置、距離、速度等

（出所）筆者作成

以下では、どのような IT がビジネスエコシステムに活用されているかをみることにしましょう。

2 インターネット

インターネットは、ビジネスエコシステムに欠かすことのできない重要なツールです。

インターネットの普及によって、企業は外部とのアクセスが容易に可能となり、外部の企業、研究機関等が持っているアイディアやノウハウ、テクノロジーがど

のようなものであるかを、さしたる時間、コスト、エネルギーを使うことなく把握することができるようになりました。

　そして、エコシステムのメンバーは、次に述べるプラットフォームを駆使して、スタートアップや企業、研究機関等が持つこうしたさまざまなリソースをインターネットを通してやりとりをするなかからイノベーションを生み出すことになります。

3　プラットフォーム

　エコシステムは、ネットワークにより多数のメンバーを参加者とすることを特徴としますが、その中核に位置するインフラがプラットフォームです。このプラットフォームが文字どおりエコシステムの基盤となって、効率的にエコシステム全体の動きをコントロールする役割を果たします。

　すなわち、ビジネスエコシステムは、参加メンバーの相互の交流からノウハウや技術を融合してシナジー効果を発揮することにより、単独企業では生むことができない価値を共創することを本質としますが、プラットフォームは、そうしたエコシステムの本質を発揮するための構造となっています（プラットフォームについては第5章7で詳述）。

　エコシステムの基盤となるプラットフォームは、さまざまなアプリを動かすために使われる共通機能を提供するソフトウェアから構成されています。その中心となるのがオペレーティングシステム（OS）です。OS は、ハードウェアとアプリとの間の情報のやりとりを仲介し、コントロールする機能を担います。

　また、プラットフォームは、OS のほかに、データを体系的に管理するためのデータ管理システムや、システムの稼働を監視するためのシステム運用管理システム、プログラムの開発を容易にするためのプログラム開発支援システム等、ミドルウェアと呼ばれるソフトウェアで構築されます。なお、ミドルウェアの呼称は、こうしたソフトウェアがアプリと OS の中間（ミドル）に位置することから付けられたものです。

4　IoT

❶IoTとインターネット

　世の中には多種多様な情報が豊富に存在して、まさに情報社会の様相を呈して

いますが、エコシステムに重要なデータの発生源は、エンドユーザーです。

　エコシステムでは、エンドユーザーが使用するさまざまなツールが発信する多種多様なデータが幅広く収集されて、それがプラットフォームに蓄積されます。そして、エコシステムのメンバーは相互に連携を図りながらその利活用を行うことによりノウハウや技術を開発して、エンドユーザーのニーズにマッチする商品やサービスを提供することが可能となります。

　ここで活躍する IT が IoT（Internet of Things、モノのインターネット）です。IoT の普及、浸透により、量・質の両面に亘ってデータの収集が飛躍的に伸長しています。

　IoT は、さまざまな物体（モノ）にセンサーや制御装置等の通信機能を持たせて、インターネットに接続して通信する技術をいいます。IoT のモノには、家電、自動車、エレベータ、自動販売機、ウェアラブルデバイス等、さまざまなモノが含まれます。

　伝統的なインターネットの活用では、パソコン、タブレット端末、スマホ等をインターネットに接続します。これに対して、IoT によるインターネットの活用は、さまざまなモノにICタグやセンサー、送受信装置等を付けてインターネットに接続します。また、伝統的なインターネットの活用では、インターネットの操作は、パソコンやスマホ等でみられるように、「ヒト」が IT 機器を操作することによりインターネットに信号を発信するのに対して、IoT によるインターネットの活用では、ヒトを介さず「モノ」自体がインターネットに信号を発信します。

　そして、IoT により収集されるデータの分析、活用により、自動認識、自動制御、遠隔計測等を行うことが可能となり、新たな次元のネットワークが実現し、新たな価値が生み出される仕組みが構築されています。

❷ IoTとイノベーション

　IoT の進展には、なんといってもイノベーションによりセンサーの技術が飛躍的に高度化したことが大きく寄与しています。すなわち、センサーの通信能力の向上とともに超小型化が可能となり、たとえモノが小さくても高い性能を持つセンサーを簡単に組み込めることができるようになりました。

　また、インターネットは、国内の隅々のエリアに至るまで高速回線の利用が可能で、利用料も低コスト化が進展しています。

　さらに、IoT により収集された情報を処理するコンピューターも、ビッグデータの技術とクラウド技術が相俟って進展して、大量で複雑、多様なデータをスピ

ーディかつ低コストで分析、処理することが可能となっています。

❸IoTの情報処理

IoT は、次の流れで情報を処理します。

a. IoT デバイスと呼ばれるモノに付けられているセンサーがモノの状態、動き
を把握してそれをデータにします。そして、そのデータが通信モジュールに
よってインターネットに流されます。通信モジュールは、小型、軽量の通信
端末で、これを産業機器、車載機器、自動販売機、検針器、セキュリティー
デバイス等、さまざまな機器に組み込むことによって、製品の稼働状況や在
庫、配送の管理、位置情報の把握、機器の遠隔操作を行う等、業務の効率化、
機動的な管理に活用することができます。

b. 通信モジュールから流されるデータは、ネットワークを通して、企業のコン
ピューターに送信されます。IoT は、必ずしもインターネットの活用に限ら
れず、社内などの限定された場所で相互通信するイントラネットで行うケー
スもみられています。

c. コンピューターによって、モノが発信したデータを分析、処理して、必要な
場合にはそれに対する措置をモノに送信します。

❹IoTの機能

IoT は、次のような機能を持っています。

a. 業務の効率化

　　たとえば、天候予測の精緻化、ソーシャルデータ（消費者が Twitter やブログ
でネット上に書き込んだ情報）の分析等により、需要予測を高度化して、調達・
製造・販売・在庫の効率化を促進することができます。

b. リスク管理の向上

　　たとえば、機器の稼働状況のモニタリングにより、機器の故障リスクを事
前に検知して、リスクが顕現化した場合に必要となる部品の手当てを行う等、
リスク管理の向上に資することができます。

c. マーケティング効果の向上

　　たとえば、モノが発する大量のデータから顧客の嗜好の変化、新たなトレ
ンド等を逸早く把握、分析して、それを新製品、新サービスの開発・販売や
新規ビジネスの開拓につなげることができます。

❺ IoTの具体的活用

IoT は、具体的に次のような目的で活用されています。

a. 環境の把握

デバイス設置の周辺の環境を把握して、温度、湿度、気圧、照度等のデータを採取します。

エアコンの電源のオン・オフ、照明の明るさのコントロール等に活用されます。

b. 動きの把握

デバイス設置の周辺の動きを察知して、振動、衝撃、転倒、落下等のデータを採取します。

電力使用量の把握、工場やオフィスビル等の安全性確認、産業・OA・建設機械等の動作確認、故障個所の把握、遠隔保守等に活用されます。また、ドアや窓、戸棚、引き出し等の開閉や施錠の異常を把握、防犯等に活用されます。

c. 位置の把握

デバイス設置で位置を把握して、存在、通過、近接のデータを採取します。

自動車の盗難等の犯罪防止、道路の渋滞状況、子供や老人の存在位置把握等に活用されます。

5 人工知能

❶ 人工知能とは?

人工知能（Artificial Intelligence、AI）は、知的なコンピュータープログラムを作る科学技術です。AI では「機械学習」と呼ばれる技術が活用されることが一般的です。機械学習では、大量のデータをもとにしてコンピューターに学習を行わせます。そしてコンピューターは、そのデータのなかから一定の法則を見出して、その法則を活用することにより、データの分類や予測を行います。

AI によって人間が行う各種問題のソリューションを見出す作業や、翻訳作業、画像・音声の認識等の知的作業を行うソフトウェアを作り出すことができます。

❷ AIとディープラーニング

AI は、ディープラーニング（深層学習）と呼ばれる技術革新により、その活用が大きく進展しました。ディープラーニングは、機械学習の一種で、データの分析を繰り返して行うことにより、高次の分析を可能とする AI です。

ディープラーニングでは、これまで人間が手作業で行ってきた特徴量（対象物の面積、幅、長さ、明暗等の特徴のデータ）の抽出を AI が行い、また、抽出したデータの分析を AI が繰り返し行うことにより誤差が極小化される、というように、これまで人間が行っていたことをすべて AI が行います。そして、こうしたディープラーニングの機能発揮により AI の活用範囲が、音声認識等にまで拡大することが可能となりました。

❸ 技術的特異点とは?

技術的特異点（Technological Singularity）は、IT の発達により AI が人間の知能を超えると予想される時点をいい、特異点を意味する「シンギュラリティ」と略称することもあります。なお、特異点は数学や物理学の用語で、ある変数が無限大になるという概念です。レイ・カーツワイル（Raymond Kurzweil）は、技術的特異点の用語を広めた米国の AI 研究の世界的権威者であり実業家です。

この技術的特異点は、半導体の集積密度は1年半で倍増する等、コンピューター技術の加速度的な進歩や関連コストの劇的低下を予測したゴードン・ムーア（Gordon E.Moore）が提起した「ムーアの法則」の流れを継ぐものです。

カーツワイルによれば、AI が自らを動かしているプログラムを自らが改良するというように、ムーアの法則で考えられた速度を上回る指数関数的な進化を遂げて、2040年代前半には AI が人間の総和としての知能を超えてそれ以降の展開は人間が予測不可能となる、としています。これは「2045年問題」として知られるところです。

コラム　人間中心の AI 社会原則

政府は、2019年3月、統合イノベーション戦略推進会議で「人間中心のAI 社会原則」を決定したことを公表しました[19]。これは「AI-Ready な社会」において、社会全体、さらには多国間の枠組みで実現されるべき社会的枠組みに関する原則です。

この原則には、次のような内容が含まれています。

① プライバシー確保の原則

パーソナルデータを利用した AI 及びその AI を活用したサービス・ソリューションにおいては、個人の自由、尊厳、平等が侵害されないようにすべきである。

AI の使用が個人に害を及ぼすリスクを高める可能性がある場合には、そのような状況に対処するための技術的仕組みや非技術的枠組みを整備すべきである。パーソ

ナルデータは、その重要性・要配慮性に応じて適切な保護がなされなければならない。

②公正競争確保の原則

新たなビジネス、サービスを創出し、持続的な経済成長の維持と社会課題の解決策が提示されるよう、公正な競争環境が維持されなければならない。

特定の企業に AI に関する資源が集中した場合においても、その支配的な地位を利用した不当なデータの収集や不公正な競争が行われる社会であってはならない。

③公平性、説明責任及び透明性の原則

AI を利用しているという事実、AI に利用されるデータの取得方法や使用方法、AI の動作結果の適切性を担保する仕組みなど、用途や状況に応じた適切な説明が得られなければならない。

6　ビッグデータ

❶ビッグデータとは?

ビッグデータは、大容量、多様のデータを意味するとともに、そうしたデータを分析してビジネスに有効活用する仕組みを意味します。

インターネットやスマホ等のデジタル端末の活用、Facebook, LINE、Linkedln 等の SNS の普及、さらには IoT の活用から大容量かつ多様なデータを収集することが可能となり、また収集したデータの解析が、AI によりスピーディかつ正確に可能となったことにより、さまざまなビジネスへの活用が図られています。

このようにビッグデータを活用することによって、従来は困難であった膨大で複雑なデータをコンピューターによって解析することができ、この結果、有益な情報を見出してビジネスに役立てることができます。

具体的には、企業によるビッグデータの分析、活用によって、ユーザーのニーズにきめ細かに対応できるサービスの提供、業務効率化、新分野のビジネス創出等のポテンシャルが高まっています。

ビッグデータは、次の3V で定義されます。

a. 大容量性（volume）

事象を個々の要素に分解することができるデータです。たとえば、単に年齢が○代の男性のデータというのではなく、特定の個人のデータであること

を識別できるような詳細さを持ったデータです。

b. 多様性（variety）

　　数値のみではなく、映像・音声データ等を含む多種多様なデータです。

c. リアルタイム性（velocity）

　　取得・生成頻度の時間的な解像度が高いデータです。たとえば、1年間とか1か月に1回計測されているというのではなく、リアルタイムと認識できるほどに計測頻度が多いデータです。

❷ビッグデータの種類

　ビッグデータを構成する代表的なデータは、図表4-2のように分類することができます。

【図表4-2】ビッグデータの種類

ビッグデータの種類	ビッグデータの代表的な内容
ソーシャルメディアデータ	ソーシャルメディアにおいて参加者が書き込むプロフィール、コメント等
マルチメディアデータ	ウェブ上の配信サイトにおいて提供される音声、動画等
ウェブサイトデータ	EC サイトやブログにおいて蓄積される購入履歴、ブログエントリー等
カスタマーデータ	CRM システムにおいて管理される DM 等販促データ、会員カードデータ等
センサーデータ	GPS（位置情報システム）、IC カードや RFID において検知等される位置、乗車履歴、温度、加速度等 ここで RFID（radio frequency identification）とは、IC とアンテナが組み込まれたタグやカード等の媒体から無線でさまざまな情報を自動的に認識する仕組み
オフィスデータ	オフィスのパソコンにおいて作成されるオフィス文書、e メール等
ログデータ	ウェブサーバーにおいて自動的に生成されるアクセスログ、エラーログ等
オペレーションデータ	販売管理の業務システムにおいて生成される POS データ、取引明細データ等

（出所）筆者作成

❸ビッグデータ活用の費用対効果分析と個人情報保護

　企業がビッグデータを活用する場合には、そのベネフィットがコストを上回っているか、また、個人情報保護に問題を引き起こすリスクはないか等を検討する

必要があります。

すなわち、従来から人手によりデータ分析を行い、その蓄積の上に立って業務面で期待される効果を得てきたような分野では、新たにコストをかけてビッグデータの解析を手掛けてもコストとの兼ね合いでそれを上回る効果は得られない恐れがあります。一方、まったく新たなビジネスモデルを構築する際には、ビッグデータの解析、活用を前提として設計することが効果的であるということができます。

また、個人情報をビッグデータの解析対象とする場合には、個人の同意をもとにデータの収集、分析を行っているか等、それが個人情報保護へ抵触することはないか、十二分に注意を払うことが必要となります。

7 API

❶ APIとは?

前述のとおり、エコシステムにはプラットフォームが不可欠となりますが、プラットフォームでは、ネットワークを活用した API による相互接続がきわめて重要な役割を担っています。

エコシステムにおいては、自社がどのような領域に関心があるのかを選定して、次に自社と外部を効率的に繋ぐことができる環境の整備を図ることが重要です。その接続のインフラに、APT が絶大な威力を発揮することになります。

API（Application Programming Interface）は、企業が保有するデータやソフトウェアを外部のスタートアップ等に提供して使用することができるようにするための接続テクノロジーです。すなわち、オペレーションシステム（OS）とアプリは API というインターフェイスで結ばれます。そして、API によりアプリデベロッパーはデータを共有することができるようになります。

これによりスタートアップは、APIで供給されたデータ等を活用してイノベーティブなアプリ等を効率的に開発することができます。

企業は、保有するデータを有効に活用して多種多様なユーザーニーズを汲み取って、ビジネスを展開することが一段と重要になっています。そのためには潜在的なユーザーニーズにマッチするアプリを低コストでスピーディに開発する必要があります。

こうしたことから、企業は自社開発ではなく、APIの活用によりスタートアップに自社のデータ、IT 機能のコンポーネントの一部を提供して、スタートアッ

プが機動的にアプリを開発することができる環境を形成しています。これにより
スタートアップは、APIで供給されたデータ等を活用してイノベーティブなアプ
リを効率的に開発することができます。

　このように、APIの活用により、データ等を保有する企業とスタートアップが
連携、協働して、新たなビジネスの創出、ビジネスの規模の拡大、収益の向上に
つなげる展開を「APIエコノミー」と呼んでいます。

❷ APIのメリットと留意点

a. API のメリット

　　APIは、データ保有企業にとってもスタートアップ等にとっても大きなメ
リットをもたらすポテンシャルを持っています。

　　すなわち、APIにより、企業はデータやソフトウェア等のIT機能の一部
をスタートアップに提供して、新たなアプリを効率的に開発する環境を形成
することができます。

　　一方、スタートアップは、アプリを白紙から個々に開発、作成することは
時間も労力も要することから、APIにより企業がすでに保有している機能を
呼び出して、これをベースに新たなアプリを効率的に制作することが可能と
なります。

　　具体的には、アプリの開発者（アプリデベロッパー）としてのスタートアップ
は、APIが規定する手続きに沿ってプログラムを記述すれば、一からプログ
ラミングすることなくその機能を利用したアプリを作成することができます。

　　このように、APIを活用することにより、エコシステムのメンバーは自己
のポテンシャルの何倍ものパワーを獲得、発揮することができます。

b. API 導入の留意点

　　企業がAPIを導入するにあたっては、そのためのシステムの開発コスト、
サポートコスト、情報管理のコスト等を要することになります。したがって、
API導入の目的、そのコスト・ベネフィットの分析をさまざまな側面から行
う必要があります。

❸ APIの種類

APIは、APIのインターフェイスの対象となるアプリの開発者の範囲をどうす

るかにより、プライベート API とオープン API に分類されます。

a. プライベート API

プライベート API は、ある企業が保有するデータやアプリの機能の一部を、その企業の一部となっているスタートアップか、企業と契約を交わしているスタートアップに限定して提供する、というものです。スタートアップがプライベート API を使って新たに開発したアプリは、一般に公開することができますが、企業とのインターフェイスはあくまでも当該スタートアップに限定されます。

したがって、企業がプライベート API を導入するにあたっては、自社のデータや IT 機能の一部を最大限活用して新たな価値を創造するスタートアップを見出すことが重要であり、企業が優秀なスタートアップを選出するため、ハッカソンと呼ばれるイベントを主催することも行われています。

スタートアップがプライベート API により新しくアプリを制作するにあたっては、さまざまなユーザーニーズのどれを優先的に吸い上げてそれをアプリに取り込んでいくか、について企業との緊密な協働により決定することが重要となります。

b. オープン API

オープン API は、スタートアップが望めば、その適格性やデータ管理の面で特に問題がある場合を除いて、企業が保有するデータやアプリの機能の一部を提供する、というものです。

オープン API は、さらに、登録したスタートアップであれば誰でもアクセスができるパブリック API と、一定の資格要件等が定められたグループに所属する会員だけがアクセスすることが可能なメンバー API に分類されます。

企業がオープン API を採用する背景には、さまざまなスタートアップがオープン API から提供される情報等に刺激を受けてイノベーティブなアイディアをベースにしたアプリを制作してユーザーに提供することにより、企業のコアビジネスの発展に結びつける、という目的があります。

したがって、企業がオープン API を導入するにあたっては、それがスタートアップにとって魅力的なものであり、それによりスタートアップに対し

て、多くのユーザーの潜在的なニーズを満たすようなアプリの制作を刺激するようなものであることが必要となります。

❹APIマネジメント

APIエコノミーを実現させるためには、データ等の保有企業とスタートアップとの間のインターフェイスを円滑に行い、スタートアップがそれによって得たデータ等を個人情報の保護を確保しながら、最大限、有効に活用できるよう、企業がサポートしていくAPIマネジメントが重要となります。

また、APIの導入は、セキュリティの面で十二分の注意を払う必要があります。特に、企業のデータやソフトウェアの一部を不特定のスタートアップに提供するオープンAPIは、多数のユーザーがアプリを使用することにより企業のITの機能に悪影響を及ぼすとか、ハッカーの攻撃対象になる、といったリスクの存在を認識して、それに対する万全の防止策を講じる必要があります。

8 クラウド

ビジネスエコシステム推進のためには、APIや、データ管理プラットフォームを構築して、データ分析をクラウドコンピューティングで行う、といったテクノロジーが活用されています。

❶クラウドコンピューティングとは?

クラウドコンピューティングは、ユーザーがサービスの提供者から情報処理の機器や機能の提供を受けますが、ユーザーがどの施設から、またどの機器からサービスの提供を受けているかを意識する必要がない方式です。なお、クラウドコンピューティングは、単に「クラウド」(cloud) ということが一般的となっています。このシステムをクラウドと呼ぶのは、システムの構成を示す場合にネットワークの向こう側を雲（クラウド）のマークで表す慣行があることによります。

クラウドは、サービス提供者（ベンダー）がデータセンターに多数のサーバー等のIT機器を設置して、それが仮想化技術により1台のコンピューターのように稼働する仕組みとなっています。こうした技術によって負荷がかかっても複数の機器にそれが分散され、ユーザーニーズに弾力的に対応することが可能となります。

エンドユーザーは、インターネットを通じてオンディマンドでサーバーにアクセスして、サーバーに保管してある種々のソフトウェアやデータ等を利用するサービスを得ることができます。

このように、クラウドを利用するエンドユーザーは、どのサーバーにアクセスしているかを意識する必要はなく、利用しているハードウェアやソフトウェアは、文字どおり雲の向こう側にあるということができます。

クラウドが活発化している背景には、インターネット利用の発展とブロードバンドの整備があります。すなわち、クラウドの本質は、組織が持つ IT 資産の一部をオフバランス化して経営の効率化に資することにありますが、それが実現するためには、インターネットの利用が必要不可欠なものとなります。ユーザーは、クラウドによりネットワークを活用して、いつでもどこからでも必要とする IT 資産にアクセス可能なユビキタスの環境を享受することができます。

❷ SaaS、PaaS、IaaS

クラウドは、それが提供するサービスによって次のように分類されます。

a. SaaS

ソフトウェアを提供するサービス。ユーザーは、プロバイダーの提供するソフトウェアを利用することができます。

b. PaaS

プラットフォームを提供するサービス。ユーザーは PaaS の活用によって、即座に OS、データベースやアプリ等のミドルウェアがセットアップされた環境を利用することができます。

c. IaaS

インフラを提供するサービス。ユーザーは IaaS の導入によって、自身でこうしたインフラを持つことなく、ユーザーニーズに沿ったシステムを構築、利用することができます。

❸ パブリッククラウドとプライベートクラウド

クラウドは、パブリッククラウドとプライベートクラウドの2種類に大別されます。

a. パブリッククラウド

誰でもインターネットから利用できるタイプです。

b. プライベートクラウド

クラウドのシステムを閉鎖的ネットワークで構築するタイプです。プライベートクラウドは、単一の企業向けのクラウドで、大企業により採用されることが多いタイプです。

❹ クラウドのメリットと留意点

クラウドのメリットと留意点は、次のように整理することができます。

a. スケールメリット

クラウドでは、データセンターに多くのサーバーを設置して多くのユーザーにさまざまなサービスを提供する、といったスケールメリットが発揮されることにより、サービスを提供するコストが低下し、またユーザーの多種多様なリクエストに対して弾力的に応じることが可能となります。

また、自社専用のサーバーを使用しているユーザーは、ピーク時対応ができる容量のサーバーを持つ必要がありますが、クラウドでは、閑散期でニーズが低調な時にはクラウドからのサービスを少なくして、繁忙期にはサービスの供給を増やすといった形で、その時々のニーズに応じたサービスを受けることができます。

b. 持たざる経営

クラウドのユーザーは、クラウドのインフラ、ソフトウェア、プラットフォームを所有することはなく、回線の設置・維持やネットワークの構築・管理をデータセンターにアウトソーシングすることになり、システム構築・維持の手間と時間とコストを節減することができます。

また、自社でシステムを構築する必要がなく管理も容易なことから、自社内でITに対する専門知識を有するスタッフを多く抱える必要がなくなります。しかし、この裏腹の問題として、自社内でITリテラシーの蓄積が進捗しないといった恐れがあります。クラウドのサービスを利用するといっても、自社内でも一定のITリテラシーが必要であり、この点、ITマネジメントの運用面で留意する必要があります。

c. ユビキタス

ユーザーは、パソコン、携帯、スマホ、タブレット端末等、さまざまな端末から、いつでもどこからでもネットワークにアクセスして、サービスの提供を受けることが可能です。たとえば、ユーザーが複数の端末を所有している場合に、どの端末を使ってもシームレスに同一のサービスを受けられるとか、自己のデータにアクセスすることができるといったサービスが、クラウドにより実現することができます。こうしたことから、クラウドは、企業の規模の大小を問わず、幅広い層に利用されています。

一方、クラウドは、多くのユーザーがサーバーを共同で使用することから、他のユーザーが何らかの影響を受けた場合、それが自社にも波及する可能性があり、特に回線を多く使用するユーザーは、他からの影響を受けやすい点に留意する必要があります。

また、クラウドではさまざまなセキュリティ対策が講じられていますが、自社で専有サーバーを持つ場合に比べるとセキュリティの点で劣る可能性があり、クラウド導入にあたってはこの点を十分チェックする必要があります。

7. エコシステムとプラットフォーム

1 プラットフォームとは？

❶ プラットフォームを軸としたエコシステム

プラットフォームは、異なる主体が相互に出合い、研究開発や製品・サービスのやりとりを行う「場」を意味します。

前述のとおり、ビジネスの世界では単独企業での生き残りは難しく、複数の企業等との連携と相互作用でシナジー効果が生まれて価値を共創していくビジネスエコシステムが経営上の重要な戦略となっています。

こうしたエコシステムの中心には、各主体の活動を有機的に結びつけてビジネスの展開を機能的、効率的に行うことを可能とするプラットフォームが位置しています。そして、プラットフォームの構築、運営主体となるプレーヤーをプラットフォーマー、それを利用するプラットフォーム参加者を補完者とかニッチプレイヤー等といいます。

また、プラットフォームを活用することにより価値を共創するビジネスモデル

は、「プラットフォームエコシステム」とか「プラットフォームビジネス」と呼ばれています。

　すなわち、プラットフォームエコシステムは、複数のメンバーがプラットフォームを介して、各自が持つ技術等を授受することによりシナジー効果が発揮されるエコシステムを基礎にして価値が共創されるビジネスモデルをいいます[20]。

　APIやクラウドを駆使したプラットフォームを通じて、さまざまなプレイヤーのアイディアや技術が業界の垣根を越えて共有され、そこから革新的なイノベーションが生まれることになります。

　プラットフォームは、企業が展開するビジネスをより効率的にしたり、顧客からのアクセスを増やす効果があります。たとえば、Google のプラットフォームを使って広告を出すことにより、企業は一般に広告を出すのに比べて大幅なコスト減で、多くの顧客に宣伝することができます。

　また、プラットフォームは、企業が抱える課題に対してスタートアップをはじめとする外部の企業がさまざまなアプリを構築してソリューションを提供するベースとなります。さらに企業は、プラットフォームにより、ユーザーニーズを把握するための膨大なデータの収集や、外部からのアイディアや技術の導入を効率的に行うことが可能となります。

　そして、ビジネスエコシステムのメンバーは、このプラットフォームを活用することによりユーザーの利便性を高めると共に、自己のパフォーマンスを向上させることができます。具体的には、プラットフォームはアプリの構築・展開をスピーディに実現して、ユーザーに多くのベネフィットをもたらしています。

　このように、エコシステムは、プラットフォームを軸として、自社単独のアイディアや技術のみに依存するのではなく、外部の力を自社の力に融合することにより新たな価値を共創することができます。

❷ プラットフォームのタイプ

　プラットフォームは、基盤型と媒介型に分類されます[21]。

a. 基盤型プラットフォーム

　　基盤型プラットフォームは、補完製品の存在を前提とするプラットフォームです。

　　たとえば、ビデオゲームでは、ゲーム機がプラットフォームとなり、ゲー

ムソフトが補完製品となります。

基盤型プラットフォームでは、プラットフォームと補完製品を一緒に利用することにより、期待された機能が発揮されることになります。

b. 媒介型プラットフォーム

媒介型プラットフォームは、製品・サービスの提供者とユーザーとの間や、ユーザーとユーザーとの間の取引や情報交換の媒介の機能を果たすプラットフォームです。

たとえば、Airbnbはサービスの提供者とユーザーとの間のマッチングを、また、SNSはユーザー間のコミュニケーションの機能を持つプラットフォームです。

IT系プラットフォーマーは、媒介型プラットフォームを通じて行われる取引や情報交換により、膨大な情報を収集することができます。

そして、そうしたデータをAI等により活用して、プラットフォームのさらなるサービスの改善のみならず、新規ビジネスをプラットフォームに乗せるといった「範囲の経済」の効果を高めることができます[22]。

コラム　GAFA、FANG、MANT、BATJ ……

代表的なプラットフォーマーには、米国で最も強力なIT企業であるGoogle、Apple、Facebook、Amazonがあり、この4社の頭文字をとってGAFA（ガーファ）と呼んでいます。

このうち、Googleは検索エンジンの提供、Appleはソフトウェアの提供、FacebookはSNSの提供、AmazonはEC（電子商取引）の運営を主なビジネスとしています。

また、Facebook、Amazon、Netflix、Googleの4社の頭文字をとってFANG（ファング）と呼んでいます。このうち、Netflixはネット上でオンディマンドにより映画やDVDを提供するサービスをビジネスとしています。なお、FANGにAppleを加えてFAANGということもあります。

さらに、有力なIT企業であるMicrosoft、Apple、Nvidia、Tesraの4社をMANTと呼んでいます。このうち、Microsoftはいうまでもなくソフトウェアの開発と販売を、また、Nvidia（エヌビディア）は、コンピューターの画像処理装置であるGPUの開発と販売、Tesraは電気自動車やソーラーパネル等の開発と販売を手掛ける企業です。

GAFAやFANG等はいずれもIT系のプラットフォーマーですが、そのほかに新たなタイプのプラットフォーマーが出現しています。その代表例が、シェアリングエコノミーのUber（ウーバー）やAirbnb（エアビーアンドビー）です。

　また、中国ではアリババやテンセント、バイドゥ、JD.com が強力なプラットフォーマーで、これを BATJ（バットジェイ）と呼んでいます。

　IT 系のプラットフォーマーは、インターネットを通じて個人の検索内容、情報の交信、ショッピング等についての膨大な情報を収集して、それをビジネスに活用しています。

　特に、GAFA は、いずれも大量のデータを持つデータ型プラットフォーマーで、各々の分野でドミナントな力を発揮、世界の時価総額ランキングの上位を占めて、事実上1人勝ち（WTA、Winner Takes All）の状況を呈しています。

　こうしたプラットフォーム化の進展は、主として次の要因によりもたらされるものと考えられます[23]。

1. 早い者勝ち

　早く始めた方が、多くの顧客から構成される基盤を獲得でき、顧客からの反応も逸早く得られ、また、ブランドを確立しやすい等のメリットがあります。

2. 規模の経済

　ネットビジネスやソフトウェアでは、そのコストの大半が開発費で、したがって、販売が増加すればするほど開発費の回収は早く進み、あとは利益の増加となって現れることとなります。

3. ネットワーク効果

　ネットビジネスやソフトウェアでは、ユーザーが増えれが増えるほどユーザーの利便性が高まるというネットワーク効果が働きやすいことから、一旦ある程度のユーザーを獲得して数的優位となれば、あとはどんどんユーザーが増えることとなります。

　実際のところ、大手デジタルプラットフォーマーのプレゼンスは高まっており、マーケットの公正な競争を阻害する恐れがあるほか、プラットフォームを通じる膨大なデータの収集に関連して個人情報保護の観点からのリスクが存在する、として各国で規制強化ないしその検討が行われています。この点、公正取引委員会の杉本委員長は、「不当にデータを囲い込んだり収集したりする行為は問題がある。……国内で支配的地位の濫用にあたる行為がないかを監視し、牽制していく」と述べています[24]。

❷ マルチサイドプラットフォーム

a. マルチサイドプラットフォームとは？

　プラットフォームには、2つのグループを繋ぐツーサイドプラットフォームと多数のグループを繋ぐマルチサイドプラットフォームがあります。

　以下では、デジタルプラットフォームの主流であるマルチサイドプラットフォームを中心に話を進めることにします。

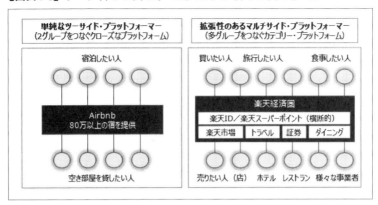

【図表4-3】 ツーサイドプラットフォームとマルチサイドプラットフォーム

（出所）内山悟志「デジタル時代のプラットフォーム戦略」ダイヤモンド IT ＆ビジネス 2016.10.7
（原典）ITR

　マルチサイドプラットフォームは、複数のサイドのマーケットを持つプラットフォームです。

　すなわちマルチサイドプラットフォームでは、複数の異なるタイプの顧客グループ、または参加企業のグループが直接交流することにより価値が共創されるテクノロジーや商品、サービスが取引されます。

　このように、マルチサイドプラットフォームは、異なるセグメントに属する顧客が、複数のマーケットに存在して各々のマーケットにとって互いの存在が必要である場合に、その顧客同士を結びつける商品やサービスを提供することにより付加価値を生む機能を果たします。

　マルチサイドプラットフォーム戦略のコンセプトはかなり前からありましたが、これがすべての企業にとって重要であるとして一躍注目を浴びるようになったのは、インターネットとそれに関連するテクノロジーの進展、普及が背景にあり、こうした IT の発達がデジタルプラットフォームの構築を促進することになりました。

　実際のところ、コンピューター業界では、さまざまなマルチサイドプラットフォームが存在しています。その代表的なものには、パソコンのウインドウズ、MacOS、リナックス、携帯のｉモード、au があります。

　ユーザーは、パソコン、スマホ、タブレット端末等のハードウェアを使ってワード、エクセル、動画、ゲーム、GPS 等のコンテンツ、アプリで各種

サービスを利用しますが、これを動かしているのがプラットフォームです。

マルチサイドプラットフォームは、探索コスト（取引の相手方を探すことに要するコスト）や取引コストの削減に大きな威力を持つという特徴から、企業は、新たなグループを相手対象にすることが期待できます。

b. マルチサイドプラットフォーマーの典型例[25]

マルチサイドプラットフォームは、コンピューターゲームやIT、インターネットをベースとする業界、メディア、モバイル機器、その他の情報産業、決済システム等、主要な産業の中心に位置します。

そして、マルチサイドプラットフォーマーの代表例には、図表4-4のようなケースがあります。

【図表4-4】 マルチサイドプラットフォームの機能と代表例

プラットフォームの機能	代表的なケース
さまざまな商品・サービスの買い手と売り手をつなげる	楽天、アリババ、eBay
視聴者と広告主をつなげる	Google、ユーチューブ
ユーザー、広告主、サードパーティーのゲームやコンテンツの開発者とそれと提携しているサードパーティーのサイトaffiliated third-party sites をつなげる	Facebook
アプリの開発者とユーザーをつなげる	Apple の iOS
携帯のメーカー、アプリの開発者とユーザーをつなげる	Google の Android の OS、au
ゲームの開発者とミドルウエアのプロバイダー、ユーザーをつなげる	ソニーのプレイステーション、マイクロソフトの Xbox ゲームコンソール
業者と消費者をつなげる	アメリカンエキスプレス、PayPal 、Square
小売り業者と消費者をつなげる	ショッピングモール
映画と消費者をつなげる	Fandango
イベント会場と消費者をつなげる	Ticketmaster
職業人のユーザーとリクルーター、広告主をつなげる	LinkedIn

（出所）筆者作成

❸鶏が先か卵が先か?

　消費者の観点からすれば、より多くの業者が e- コマースのマルチサイドプラットフォームに参加すれば、プラットフォームから多くの商品が提供されて魅力のあるものとなります。

　そして、より多くの消費者がそのプラットフォームを使って商品・サービスを購入するようになり、この結果、プラットフォームに参加している業者からみれば、当該プラットフォームは、より魅力のあるものとなります。

　このように、マルチサイドプラットフォームには、多くの顧客グループがプラットフォームに参加すれば、ますますそのプラットフォームが成功することになり、逆に参加者が少なければプラットフォームとして成り立たなくなるという、鶏（業者）が先か卵（消費者）が先かのチキンエッグの問題がありますが、いずれにせよ、一旦、良い方でのサイクルが回りだすと、そのマルチサイドプラットフォームは大成功を収めることになります。

❹勝者独り勝ち（winner-takes-all, WTA）

　マルチサイドプラットフォームには、一般的に規模の経済が働きます。すなわち、顧客の数が多いほど、また取引件数が多いほど、1件あたりの取引コストは低くなります。

　これは、プラットフォームを構築する際に多額のアップフロントコストを要する反面、プラットフォームが立ち上がった後の運用面では、顧客が増えても追加コストはゼロに近いことによるもので、多くのマルチサイドプラットフォームに共通する特徴です。

　マルチサイドプラットフォーマーには、GAFA に代表されるように大成功を収めたケースがいくつかあります。これには、マルチサイドプラットフォームにより、参加者が探索コストや取引自体にかかるコストを削減するという大きな価値の創造に成功したことにより、ますます多くの顧客を吸引することができたネットワーク効果によります。

　この結果、先行してネットワーク効果で成功したマルチサイドプラットフォーマーは、同じ業界で圧倒的に優位なポジションを獲得して、他の業者が参入することが困難な状態を創り出すことができるのです。

2 マルチサイドプラットフォームの構築、運用

　eBay や Facebook のようなマルチサイドプラットフォームは、複数の顧客グループの間での交流により価値を創造することにより成功を収めています。

　しかし、このようにプラットフォームを成功裡に構築、運用することは、机上で論じるほど容易なことではありません[26]。

　以下では、マルチサイドプラットフォームの構築、運用にあたっての主要なポイントをみることにします。

❶マルチサイドプラットフォームへの参加グループ数

　マルチサイドプラットフォームの構築、運営に際して、参加グループの数をどのくらいにするかは、そのプラットフォームがどのような業界に属して、どのような内容の取引が行われるか、により異なります。

　たとえば、eBay などは、買い手と売り手のグループをプラットフォームに乗せればよいということで、この点は簡単に判断できます。

　しかし、時には、どのようなグループを参加させるか、またグループ数が多い方が良いのか絞った方が良いのかの選択が容易ではないケースもあります[27]。

　パソコン業界では、マイクロソフトの Android が、ユーザーと Adobe や Intuit といったサードパーティーアプリ開発者、それに Dell や Hewlett-Packard といった OEM のサードパーティーハードウェア開発者の3サイドの Android プラットフォームを運営しています[28]。

　これに対して、アップルは、ハードウェアは自社で製造して、ユーザーとアプリ開発者2サイドの iOS プラットフォームとしています。

　そして、マイクロソフトの戦略は、アップルやマッキントッシュのエコシステムを凌駕して巨大なものとなっています。

　マルチサイドプラットフォームといっても多くのサイドを持つか、少ないサイドを持つかは、一長一短です。すなわち、ウインドウのように多くのサイドを持つ場合には、ネットワーク効果をより大きく得ることができ、また収益源もより多面的なものとなります。

　しかし、多くのサイドを持つとプラットフォームの構造はより複雑になり、サイド間で利益相反が発生する恐れがあります。また、多くのサイドのニーズを共通に満たすような商品・サービスを提供することとなりますので、マルチサイド

プラットフォームが画期的な新商品・サービスを提供するといった能力を制約する恐れもあります[29]。

❷プラットフォームのデザイン

マルチサイドプラットフォームは、以下のようにいくつかの機能を持っています[30]。

a. 探索コストの低減
例：サンフランシスコを拠点とする Airbnb は、ウェブ上で自宅の空き部屋を貸したい人（ホスト）と部屋を借りたい旅行客（ゲスト）をつなぐサービスを提供。

b. 取引コストの低減
例：eBay は PayPal を使用することで買い手と売り手の取引決済コストを低減。

c. 製品開発コストの低減
例：ソニーは PlayStation 3 のゲームソフトの開発を促進するために API と開発キットを提供。この結果、PlayStation3 は、プラットフォームのメンバーとしてナムコやセガ、コナミ等のサードパーティーとユーザーが参加する典型的なエコシステムを形成しています。

プラットフォームをデザインするにあたって、どのような機能をマルチサイドプラットフォームに組み込むかは、いつにかかってコストベネフィット分析によります。すなわち、機能を組み込むことにより得られる価値が機能を組み込むことに要するコストよりも大きいとみる場合には、こうした機能を組み込むことが適当であるといえます。

もっとも、マルチサイドプラットフォームから生まれるベネフィットが、あるサイドには大きな利益をもたらす一方、他のサイドにはさしたる利益をもたらさないとか、かえって不利益になるといったケースもあり、そうした場合には、マルチサイドプラットフォームの構築をいかにするか、難しい判断に迫られることになります[31]。

このようなケースに直面した場合には、マルチサイドプラットフォームが目先きの利益にとらわれることなく、中長期的にみてどのサイドが持続的な利益を生むか、の予測のうえに立ってプラットフォームの構築を進めることが適切である、と考えられます。

❸価格の構造

マルチサイドプラットフォームは、複数のタイプの顧客を持つことから、複数のソースから収益をあげることができます。しかし、実際のところ、大半のマルチサイドプラットフォームでは、少なくとも1つのサイドの顧客に対しては無料ないし料金を補助する形でサービスを提供して、他のサイドの顧客からの収益でその分を補填するという形をとっています。

マルチサイドプラットフォームの各々のサイドにどのような価格を課するかという価格構造は、マルチサイドプラットフォームの戦略面で第1にあげられる重要な問題です。

その基本となる原則は、次のとおりです[32]。

a. 価格感応度が低いグループには、高い料金を課する。

価格感応度は、当該商品・サービスについて代替するものがあるかどうかや、マルチサイドプラットフォームの当該グループに対する価格交渉力がどの程度強いか、等により推計します。

b. サイド間で取引が行われる場合には、他のサイドが存在することにより、大きな利益を受けるサイドに対して高い料金を課すことになります。

❹ガバナンス

マルチサイドプラットフォームがサードパーティー間の交流（interaction）を促進することにより利益を生む以上、プラットフォームの戦略の1つとしてサードパーティーの行動に対する何らかの規則を制定する必要があります。こうした規則の内容をどのようにするかは、マルチサイドプラットフォームを軸とするエコシステムの価値に影響を及ぼすことになります。

マルチサイドプラットフォームの規則には、主として2つの内容から構成されます[33]。

a. プラットフォームへの参加の可否をどのように決めるか。

b. プラットフォーム上の交流をどのように規制するか。

このいずれも、マルチサイドプラットフォームによって厳しい規制のケースもあれば、緩い規制のケースもみられるといった具合にさまざまなガバナンスになっています。

これをガバナンス構造がまったく異なるアップルとグーグルのスマホの例でみ

ると、アップルは、iOS のツーサイドプラットフォームのサードパーティー開発者に対して相対的に厳しい制約を課しています。これに対して、グーグルは、アンドロイドのスリーサイドプラットフォームのサードパーティー開発者に対して緩い規制を課するにとどめています[34]。

たとえば、グーグルは、アンドロイドのアプリ開発者がさまざまなサードパーティーツールを活用することを容認し、そして制作された新たなアプリの大半を受け入れているのに対して、アップルの iOS のアプリ開発者は、アップルが提供するツールのみを使うように制限されています。また、アップルが iPhone にうまく適合しないとみたアプリは受け入れられません。

3 マルチサイドプラットフォームの実践

マルチサイドプラットフォームが、探索コストや取引コストの削減に大きな威力を持つという特徴から、企業は、マルチサイドプラットフォームの活用によって大きなベネフィットを得ることができます。

すなわち、異なる顧客によって構成されるマーケットが複数存在して、これらのマーケットが相互の存在を必要とする補完関係にある場合に、マルチサイドプラットフォームは、インターネットの活用によってその顧客同士をつなげることで付加価値を生む機能を担います。したがって、プラットフォーム戦略によりエコシステムを構築するにあたっては、どの補完製品を受け入れ、どのサービスを補完するかの範囲を明確にすることが重要となります。

そして、マルチサイドプラットフォームの活用によって、異なるセグメントの顧客に対して働きかけて、より大きなビジネスチャンスの獲得を狙うことができます。

企業は、マルチサイドプラットフォームの活用によりこのようなベネフィットを期待することができますが、一方、その活用にあたっては次の諸点を考慮する必要があります[35]。

a.既存のマルチサイドプラットフォームに参加するか、自社がマルチサイドプラットフォームを構築するか？

既存のマルチサイドプラットフォームに参加することにより、企業のコストが節減できる見通しがあり、また、より多くの顧客を獲得することができ

る見通しがあれば、それへの参加を選択することが考えられます。

　また、企業が既存のマルチサイドプラットフォームに参加するか否かを決定する時には、マルチサイドプラットフォーマーが持つ目的、狙いをしっかりと認識することが重要となります。この場合には、同じプラットフォームに参加している他企業に比べて自社の商品・サービスをいかに差別化して顧客に提供できるかの検討がカギとなります。

　マルチサイドプラットフォームが成長してくると、プラットフォーマーがその持てる力を利用してパートナーの利益よりも自己の利益を優先する、といった恐れもあり、この点、留意する必要があります。

　たとえば、e-コマースにおいてプラットフォーマーが多くのパートナーを参加させることにより、これまでパートナーが抱えていた顧客をプラットフォーマーが奪ってしまう、といったケースがこれにあたります。したがって、プラットフォームに参加する場合には、マルチサイドプラットフォームの戦略が、常に変化することに注意すべきです。

　一方、自社がマルチサイドプラットフォームを構築してプラットフォーマーとなる場合には、プラットフォームの構築コストがかかることとなります。したがって、自社が戦略的なプレイヤーとしてマーケットで大きな力を持っていて、プラットフォーマーとして他の多くの企業をパートナーに誘引してプラットフォームの運営をコントロールできるとの展望があれば、そうしたコストをかけてでも自前でマルチサイドプラットフォームを構築する価値があると考えられます。

コラム　**トイザらスとアマゾンの訴訟事件**[36]

　トイザらスは、e-コマースマーケットの急速な拡大をみて、自社もe-コマースを開始しようと、自前でプラットフォームを構築することを試みましたが、これが予想以上に難航しました。

　そこで、自前で時間も手間もかけてプラットフォームを構築するよりも、すでに順調に運用されているアマゾンのプラットフォームを使った方が、低コストで自社製品のオンライン販売ができることになり、これこそがトイザらスにとってe-コマースの完璧なソリューションである、と判断しました。

　2000年、トイザらスはアマゾンとの間に10年間の排他的（独占）契約を締結しました。この契約により、アマゾンがe-コマースのサイトにトイザらスのバーチャルストアを構

築・運営する対価として、トイザらスは毎年、多額の手数料等をアマゾンに支払うこととなりました。トイザらスの経営者はこれでトイザらスが e- コマースの世界でおもちゃ業界を席巻できると確信しました。

ところが、実際にアマゾンでトイザらスの商品が販売され始めてからわずか 4 年足らずでトイザらスの商品は売れ行き不振となり、この結果、トイザらスは、巨額の損失を被ることになりました。そして、トイザらスはアマゾンに対して 2 億ドルの損害賠償を求める訴訟を起こしました。

トイザらスが、最善の策と考えたアマゾンとの契約がどうしてこのようなことになったのか？

その後、アマゾンは、トイザらスとの契約とは別に中小の玩具やゲームの販売業者を勧誘していて、そうした業者が、アマゾンのサイトを使って e- コマースを始めていたのです。

2 年間に亘る係争で、トイザらスは、アマゾンが独占契約に違反して他業者の玩具やゲームの販売を行ったことで損害を被ったと訴えた一方、アマゾンは、トイザらスが提供できなかった、もしくは提供しようとしなかった玩具やゲームを他業者が販売する便宜を図ることにより、顧客のニーズを満たすようにしただけだ、と反論しました。

結局、裁判所は、アマゾンが独占契約に違反したとして、両社の提携関係を解消することを認める一方、トイザらスの損害賠償請求は却下しました。こうしたトイザらスの問題は、他のプラットフォームやそれに参加する企業でも起こり得ることです。

ここでの問題の本質は、アマゾンがプラットフォームを運営する狙いと、トイザらスがアマゾンのプラットフォームを活用する狙いとが完全に合致していなかったところにあります。

すなわち、アマゾンのプラットフォームは、すべてのカテゴリーについてどのような商品でも提供することにより、消費者が持つ多種多様なニーズをすべて満たすことに重点を置いています。これに対して、トイザらスは、消費者から注目されて特にニーズが強いおもちゃに焦点を当てて提供することをビジネスとする企業です。

企業は、プラットフォームへの参加を検討する場合には、当該プラットフォームが自社の目指す戦略に合致していることを明確に認識することが重要であり、そうでないとトイザらスの例にみられるように、企業はプラットフォームへの参加によりかえって顧客に対するコントロールを失ってしまう恐れがあります。

b. マルチサイドプラットフォームのパートナーとなる場合に、単一のプラットフォームにだけ参加するか、複数のプラットフォームに参加するか？

プラットフォームに参加することにより自社に利益があるプラットフォームであれば、単一のプラットフォームに限ることはなく、複数のプラットフォームに参加することも考えられます。

c. マルチサイドプラットフォームが持つどの機能を活用するか？

　マルチサイドプラットフォームに参加するにあたっては、同一のプラットフォームに参加している他社との差別化を図ることが必要です。そのためには、参加するプラットフォームが持つさまざまな機能のなかから自社の強みを増幅させるような機能を選択して活用することが重要となります。

4 ネットワーク外部性

　マルチサイドプラットフォームの活用によって、ネットワークで結ばれた複数のマーケットに参加する顧客が相互に依存することとなり、この結果、単独のマーケットでは生み出すことができないような価値を創造する効果が期待できます。

　このように、ある商品やサービスの利用者の数が増えるほど、ユーザーの利便性が高まり、それに伴って商品やサービスの価値が上がりそれを提供する側の利益も増加する効果を「ネットワーク外部性」とか「ネットワーク効果」と呼んでいます。

　すなわち、ネットワーク外部性は需要側の規模の経済性を表した概念であり、ネットワーク産業にみられる大きな特徴となっています。

　たとえば、携帯・スマホ等の通信サービスでは、ネットワークへの加入者数が多くなればなるほどサービスの質が向上するというように、ネットワークへの加入者が質に影響を与えることになります。また、eBay の売り手は、買い手が多ければそれだけ利益を得ることができます。

　このように、ネットワーク外部性は、マルチサイドプラットフォームで繋がっている各々のマーケットが抱える顧客が多くなるほど、大きな効果を発揮することを特質とします。

　ネットワーク外部性によって利用者への普及率が高まれば利用価値が高まって、その結果は、さらに利用者が増えて普及率が高まるといったフィードバックが生じます。すなわち、ネットワーク外部性は、利用者が増えることで、ますます利用者が増えるという現象が発生する傾向があり、特に利用者が一定の数に達して閾値を超えると爆発的にその商品・サービスが普及するというクリティカルマスの状態に到達します。

5　バリューチェーンモデルからとプラットフォームモデルへ

　バリューチェーンは、研究開発→原材料購入→製品設計→製造→物流→販売という一連の業務活動を低コストで高付加価値を生むよう、効率的に連結するビジネスモデルです。

　このバリューチェーンのビジネスモデルでは、企業のビジネスを原材料の仕入れから生産、販売、アフターサービスまでの流れのなかで把握したうえで、自社の優位性が自社が抱えるリソースのどこから生まれているかを分析、検討することになります。そして、上流から下流までの一連のバリューチェーンで基本的に自社の優位性が確保できるところは自社内で行い、そうでない部分は提携等によって外部企業の力を借りて補完することとなります。

　これに対して、プラットフォームのビジネスモデルは、基本的にプラットフォームに参加するさまざまなプレイヤーが活動するなかから付加価値を生むというコンセプトをベースとします。

　バリューチェーンモデルとプラットフォームモデルの異なる点は、バリューチェーンモデルでは、あくまでも自社が主体となり外部企業はそれを補完する下請的な役割を果たすのに対して、プラットフォームモデルでは、参加するすべてのプレイヤーは対等な関係であることが基本となります。

　これをごく身近な例でみると、アマゾンマーケットプレイスのプラットフォームは、アマゾン自体が販売するプラットフォームであるとともに、他社（サードパーティー）がアマゾンが販売する商品と同じものを売ることができるプラットフォームです。この結果、実におびただしい商品のメニューとなっていて、ユーザーは事実上、アマゾンマーケットプレイスで何でも買うことができるまでとなっています。

　また、バリューチェーンモデルでは、エンドユーザーに働きかけるのは川下の販売部門となりますが、プラットフォームモデルでは、川上から川下までのすべてのプレイヤーがユーザーに働きかける形を取ることが少なくありません[37]。

　こうしたプラットフォームは、エコシステムの中心的な役割を果たすことになります。たとえば、インターネットでさまざまなコンテンツを提供するようなケースでは、各種コンテンツの制作者と多くのユーザーがプラットフォームのプレイヤーとして参加することになります。

　そして、プラットフォームの成否は、いかに多くの参加者がプラットフォーム

プレイヤーになるか、にかかっています。これを、ネットによるコンテンツ提供の
プラットフォームの例でみると、魅力ある各種のコンテンツがプラットフォームに
より提供されれば、多くのユーザーがそれを使い、それによりさらにさまざまなコ
ンテンツが新たに提供される、という好循環が形成されることになります。

6 垂直型モデルから水平型モデルへ

コンピューター業界における垂直型モデルから水平型モデルへの移行について
は、インテルの CEO のアンディ・グローブが描いた図表が有名です（図表4-5、ア
ンディ・グローブについてはコラム参照）。

【図表4-5】コンピューター産業の垂直型から水平型への移行

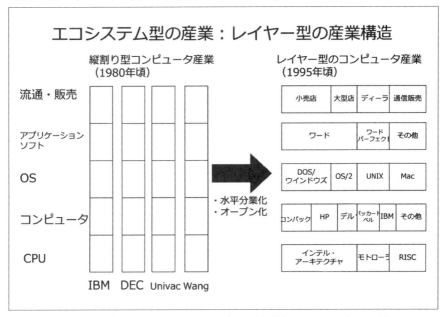

（出所）立元博文「第4次産業革命とIoTエコシステム」東洋経済新報社カンファレンス「Hello! CONNECTED
WORLD」2018.3.27 （原典）Andrew S. Grove "Only the Paranoid Survive" Doubleday Business 1996.
10.11

この図表の左側は、IBM や DEC、ユニバック等の大企業が一気通貫で、チッ
プ、コンピューター、OS、アプリの製造、流通・販売の各レイヤーを実施する垂
直型（縦割り、サイロ）のモデルです。

　これに対して、右側の水平型モデル（レイヤー型）では、各レイヤーの部品等を生産する企業が異なります。そして、製品のモジュラー化が進展して、ユーザーは、各レイヤーで好みの部品をピックアップしてそれを組み合わせることにより製品にすることができます。そうした組み合わせは、ユーザーに代わって企業が行うことになります。

　プラットフォームを中心として構築されるビジネスエコシステムは、このような水平型の産業構造を特徴とします。エコシステムでは、各企業はモジュールを生産して、それが全体として水平型の産業構造を形成します。すなわち、コアとなるプラットフォームにモジュラー化された部品が供給され、それが組み合わされてエコシステムが形成されることとなります。

　このように、モジュールのアーキテクチャーをベースとするエコシステムでは、多くの企業が異なる機能を持つ部品を生産してそれが組み合わされることにより、製品化されていきます。

　こうした産業構造がエコシステムの形を取ったのは、コンピューター業界を嚆矢とします。このような構造は、なにもいま始まったわけではなく、電力部門や鉄道部門等で古くからみられるところです。ただ、現在、これがデジタル技術をはじめとする IT により推進されていることに大きな特徴があります。

　この結果、消費者のみならず産業界にも大きな価値をもたらしました。

　そして、その後、こうした垂直型から水平型への産業構造の移行は、薬品業界をはじめ各業界に広がりをみています。

コラム　さらば、アンディ・グローブ

　アンドリュー（アンディ）・ステファン・グローブ（Andrew Stephen Grove、1936-2016）は、半導体メーカーのインテルの創業時から関わり、その後、社長に昇格してビジネスモデルを大きく変革することにより、インテルを大企業へと発展させた伝説の経営者です[(38)]。

　インテルは、半導体集積回路（IC）の開発者で「シリコンバレーの主」とまで呼ばれたロバート・ノイスと、半導体の性能と集積は１年半で２倍になるとする「ムーアの法則」で有名なゴードン・ムーアにより設立されましたが、この２人の創設者がインテルのスタッフとして最初に雇った人物が他ならぬアンディ・グローブでした。

　グローブがインテルの社長に就任した時期は、企業がユーザーとなる大型ホストコンピューターに搭載される半導体メモリー、DRAM がインテルの花形商品でした。しかし、それが日本製品の低価格で高性能の半導体メモリーに押される状況になりました。これをみて、グローブは主力であった DRAM 事業からの撤退という思い切った決断をし

ます。

　そして、グローブは、当時、急速な普及をみせていたパソコンのどのような機種にも掲載されるマイクロプロセッサー、CPU の事業の拡大を図りますが、これが事前の想定をはるかに超える大成功を収めることとなりました。というのも、当時、パソコン分野への進出を図っていた IBM が自社製のパソコンにインテルのマイクロプロセッサーとマイクロソフトの OS、MS-DOS を採用したのです。そして、マイクロソフトが Windows を開発、発売する頃には、インテルは市場でドミナントな地位を確立して、両者の組み合わせはウィンテル（Wintel）と呼ばれるまでになりました。

　このように、グローブは、インテルのコアビジネスを半導体メモリーからマイクロプロセッサーへシフトさせるという大胆な決断をしたことにより、コンピューターのユーザーが企業に限られていた時代から、消費者が主力のユーザーになるパソコン時代への転換の中心的な役割を演じたということができます。ちなみに、グローブの社長時代にインテルの売上高は実に 13 倍という驚異的な伸びを示しています。

　グローブは、シリコンバレーで最も頭脳明晰な経営者の1人であるとの評価を得ていました。彼は、インテルの経営にあたるだけではなく、シリコンバレーの後進への指導にもきわめて熱心で、アップルのスティーブ・ジョブズも、彼にアドバイスを仰いだ1人です。

　グローブは、2016 年 3 月に 79 歳で死去しましたが、ベンチャーキャピタリストのベン・ホロウィッツは次のように述べています。

　「今夜、私のヒーローであり、最高の CEO であり、最高の教師であったあなたの死を知って、涙しています。さようなら、わが愛するアンディ。」[39]。

8. シェアリングエコノミーとプラットフォーム

　モノからコト（経験）へと、人々のニーズが大きくシフトしています。このことは、モノを所有することに価値を求めるのではなく、モノを利用することに価値を求める、という所有から利用へのシフトが生じていることを意味します。

　そして、こうした流れはシェアリングエコノミーという形で現れています。

1 　シェアリングエコノミーとは？

　シェアリングエコノミーは、個人、企業、公共組織等が保有する余剰な、または遊休のモノ、乗り物、スペース、スキル、時間、資金等をインターネット上のマッチングプラットフォームを介して他の個人、企業、公共組織等の利用に供する形でシェアする経済活動を総称したものです。

　このように、シェアリングエコノミーは、プラットフォームを活用したビジネスで、駐車スペースや衣服のシェア、家事代行、育児代行、ペットの世話代行、イラスト作成のマッチング、各種レッスン等、多種多様な分野へと拡大をみています。また、たとえば、スペースを利用したシェアリングビジネスでは、マンションやオフィスビルの共用部分の空きスペースであるエレベーター内を広告メディアとして活用するとか、コインロッカーの代わりに喫茶店や小売店の店舗で荷物を預かる例もみられています。

　使わなくなったモノの貸与や空き時間を使ったサービスの提供は、従来からレンタルとかリース等の形で行われてきました。しかし、シェアリングエコノミーは、パソコンやスマホ、タブレット端末を使用したインターネットによるシェアリングプラットフォームを活用して、遊休の有形、無形資産を保有している供給者とそれを活用するニーズを保有しているユーザーとを効率的、機動的に結びつけることができる点が大きな特徴となっています。

　特に、幅広い個人の間にスマホが普及したことがシェアリングエコノミーを促進する重要な要素として働いており、スマホのユーザーである個人がモノやサービスの売り買いを行った場合の仲介・決済機能を提供するプラットフォームがシェアリングエコノミーを支えるインフラとなっています。

2　シェアリングエコノミーの機能

❶限りある資源の有効活用

　インターネットを介するマッチングプラットフォームを活用したシェアリングエコノミーは、新規投資をすることなく既存の遊休資産の有効活用によって新たな付加価値や利便性を生み出すことができ、有限のリソースを無駄なく活用して、さまざまな社会的な課題を解決することに大きく寄与するポテンシャルを持っていると考えられます。

　以下では、その代表例をいくつかみることにしましょう。

　▶ライドシェア（車の相乗り）やカーシェア（車の共同利用）の活用は、車の輸送効率を高めるとともに車の保有台数を抑えることが可能となり、二酸化炭素の排出減による環境負荷の軽減や慢性的な交通渋滞の軽減、さらには駐車場スペースの削減により都市空間の有効活用に資することになります。

　また、フリマでの不用品の売買は、廃棄物の減少につながる等、限りある資源を有効活用して環境に配慮するサステイナブルな社会の実現に寄与することが期待できます。

▶空いている時間をシェアすることにより高齢者の買い物代行を行うことができます。また、主婦が日常の食料品等の買い物のついでに近隣住民の買い物の要望を聞いて商品を届ける買い物代行サービスも登場しています。これは、高齢化や交通の便の悪化等から増加している買い物難民問題の1つのソリューションとしての地域シェアリングエコノミーサービスである、ということができます。

　さらに、シェアリングにはコミュニティーにおける結びつきを強めることによる社会的包摂に寄与するメリットも期待することができます。

▶地方経済の活性化としては、空き部屋をシェアする民泊や、さまざまな農漁業の体験イベントにより内外の観光客を呼び込むとか、病院が少ない過疎地帯で助けを必要とする高齢者の通院にライドシェアを活用する等のシェアリングサービスが考えられます。

▶災害時に被災者に対して宿泊場所の無償提供する、といった宿泊シェアリングで社会貢献をするケースもみられています。

❷BtoC、CtoCからBtoBまで

　シェアリングサービスは、BtoC（B2C）やCtoC（C2C）といった形で始まりました。しかし、その分野は急速に拡大してBtoB（B2B）の領域でもさまざまなシェアリングサービスが開発、運用されており、業種の枠を越えてビジネスの可能性が広がっています。

　たとえば、ビルのフロアや会議室、映画館の空き時間を提供するとか、企業と各種業界の専門家をマッチングして短時間のコンサルティングを行うシェアリングや、海外では工場の機器のシェアリングとか、医療では医療機器や検査機器のシェアリングが行われています。

　また、技術・ノウハウを持った人材を有効活用するスタッフィングシェアリングにより、人手不足のなかで生産性の向上を図ることができます。

一方、米国を走る全トラックの4分の1は荷台が空いており、また、製造施設の稼働率は低水準の状況にあり、これを有効活用するシェアリングビジネスも考えられています[(40)]。

このように、シェアリングビジネスは、コアビジネスからそれに関連する周辺のビジネスへと裾野を広げながら、ユーザーに多種多様な価値を提供する形で発展しています。

3　シェアリングエコノミーのプラットフォーム

シェアリングエコノミーでは、さまざまなシェアリングサービスを機動的に連携、構築することができるシェアリングプラットフォームが果たす役割が一段と重要になっています。

ネットショッピングでは、サービス提供者が企業であるB2Cとなりますが、シェアリングエコノミーでは、スマホ、SNS等の活用からC2Cが中心となっています。

そして、シェアリング事業者がインターネット上にシェアリングプラットフォームを構築して、サービス提供者とユーザーとの間をマッチングする機能を提供することになります。

このプラットフォームは、主として次の3つの機能を担うことになります。

①マッチング管理機能

　商品、サービスの登録や検索、予約、購入等の機能

②ユーザー管理機能

　ユーザーのプロフィール情報やログイン認証等のアカウント管理、購入・閲覧履歴、商品・サービスの評価等、ユーザーを管理するための機能

③シェアリングサービス管理機能

　シェアリングビジネスに伴う支払・振込等の決済情報管理、商品・サービス数、ユーザー数の集計機能

この3つの機能のなかでも、特にマッチング管理機能がシェアリングプラットフォームにとっての主要な機能となります。これまでも、仲介業者を通じて人々の間でモノやサービスをやりとりすることはありましたが、プラットフォームが持つマッチング機能が提供するデジタルサービスによって、需要と供給を正確に

把握したうえで、これをタイムリーにマッチさせるシェアリングビジネスが展開できるようになりました。

このように、シェアリングビジネスはコアビジネスからその周辺のビジネスへと裾野を広げる等、多種多様な付加価値を提供する形で発展しており、さまざまなシェアリングサービスを機動的に連携、構築することができるシェアリングプラットフォームが果たす役割が一段と重要になっています。

【図表4-6】シェアリング・エコノミーのイメージ図

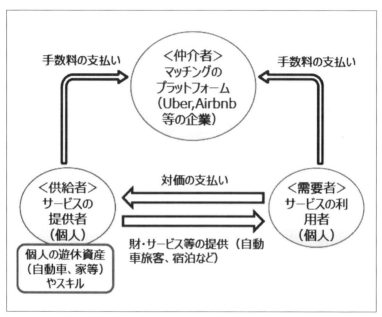

（出所）内閣府「シェアリング・エコノミー等新分野の経済活動の計測に関する調査研究報告書」2018.7 （原典）三菱総合研究所「サービス統計再構築に関する調査研究報告書」総務省委託研究2017

4 政府等の取り組み

❶未来投資戦略

政府は、2016年の日本再興戦略に続いて、未来投資戦略2017でシェアリングエコノミーを重点施策の1つに位置付けています。

すなわち、中長期的な成長を実現していく鍵として、IoT、ビッグデータ、人工知能（AI）、ロボットとともにシェアリングエコノミーを例に挙げて、「あらゆ

る世代の意欲ある人々が技術革新を味方につけ、眠っているさまざまな知恵・情報・技術・人材をつなげ、イノベーションと社会課題の解決をもたらす仕組みを世界に先駆けて構築できれば、経済活動の最適化・高付加価値化と活力ある経済社会を実現できる。それは、老若男女、大企業と中小企業、都市と地方を問わず、あらゆる人々や産業にチャンスを与えるものである」としています。

　そして、シェアリングエコノミーは、一億総活躍社会の実現や地方創生の実現等、少子高齢化社会を抱える日本の課題の解決に資するポテンシャルがあるとして、内閣官房 IT 総合戦略室内に「シェアリングエコノミー促進室」を設置して、この推進に注力しています。

❷ 民泊法とシェアリングエコノミー認証制度

a. 民泊法

　　民泊の新しいルールを定めた民泊新法が2018年6月に施行されました。

　　民泊新法の制定以前は、住宅を宿泊所として有料で提供する民泊も、旅館業法に基づく営業許可の取得が必要でしたが、一般住宅が旅館業の許可を取得することは容易ではなく、無許可の民泊が横行しました。

　　この結果、近隣住民から見知らぬ外国人が頻繁に入れ替わりマンションの部屋に出入りするため不安、といったセキュリティへの不安や、騒音、分別しないゴミ出し等の苦情が数多く寄せられて社会問題になりました。また、宿泊施設の衛生管理や消防設備が不十分なケースもあり、こうしたさまざまな苦情を貸主に言うにしても連絡先が分からないという始末でした。

　　こうした状況から、違法な民泊を無くして一定のルールに基づいた健全な民泊サービスを広げることを目的として、2018年6月、住宅宿泊事業法（民泊新法）が施行されました。

　　民泊新法では、衛生確保・騒音防止、標識の掲示等が義務付けられていますが、旅館業法の営業許可等は不要で、都道府県への届け出により営業することができます。また、営業日数は原則として年間180日以内と定められています。

　　一方、民泊の仲介サービスを行う事業者（住宅宿泊仲介業者）には、観光庁長官の登録を受けることが義務付けられました。

b. シェアリングエコノミー認証制度

　　シェアリングエコノミー協会は、2017年より、シェアリングエコノミー

業界の標準となる自主ルールを策定して、それに適合することを認証するシェアリングエコノミー認証制度を運用しています。

　この認証制度は、事業者が安全性及び信頼性の確保に真摯に取り組んでいるプラットフォーム事業者であることを認証することによってユーザーの不安を取り除き、シェアリングエコノミーが健全に発展することを指向しています。また、事業者は認証マークを取得することにより、保険料の割引が適用される等のメリットが得られます。

5　シェアリングエコノミーの具体例―所有から利用へ

　シェアリングエコノミーは、IT が社会の隅々まで浸透するにつれて多様な分野でみられるようになっています（図表4-7）。

　また、前述のとおりシェアリングエコノミーは、フリマや民泊等の C2C や B2C の分野だけでなく、企業が会議室や映画館、球場等の空き時間をレンタルスペースとして提供したり機器を売買、貸借する等、B2B や B2C で活用されるケースも増加しています。たとえば、米国では、医薬品大手のメルクは Medimmune の製造施設を共有するための契約を締結しています。これによって、

【図表4-7】シェアリングビジネスのカテゴリー

カテゴリー	内容	具体例
シェア×モノ	フリマ・レンタルサービス	個人間で利用していないモノを共有するサービス
シェア×空間 （スペース）	ホームシェア・農地・駐車場・会議室・イベントスペース	・個人の所有する住宅の空き部屋等を宿泊場所として貸し出す民泊サービス ・個人の所有する場所を駐車場として利用できるサービス
シェア×スキル、 知識、経験	家事代行・介護・育児・知識・料理・知識	個人に家事等の仕事・労働を依頼できるサービス
シェア×移動	カーシェア・ライドシェア・コストシェア	個人の所有する自家用車に乗って目的地まで移動できるサービス
シェア×資金	クラウドファンディング	個人があるプロジェクトに金銭を貸し出すサービス

（出所）筆者作成

メルクは Medimmune に同社の余剰能力を活用させる一方、メルクは必要に応じて製造施設を利用できるようになりました[41]。

こうしたシェアリングビジネスは、モノ、空間、スキル、移動、お金と5つの分野に大別することができます[42]。なお、このうちスキルは、労働力をシェアするものであり、このように空き時間をシェアすることを音楽の短いセッションを意味するギグという言葉を使ってギグエコノミーということもあります。

6 Uber と Airbnb

❶ Uber

ライドシェアの代表例に、Uber（ウーバー）があります。Uber は、2009年創業の米国を拠点とする企業で、スマホを使って一般個人のドライバーが運転する車を呼び、目的地まで行くことができるオンライン配車サービスを提供する企業です。

ユーザーがスマホで Uber のアプリを使って配車を依頼すると、スマホのGPS 機能からユーザー利用者の位置情報が割り出されて、その付近を走行している提携車を呼び出す仕組みとなっています。

Uber は、世界65カ国600都市で3百万人のドライバーと提携していて、1日平均15百万回にのぼる頻度で利用されています。

このように、世界のユーザーを対象とするサービスを提供することができる背景には、Android と iPhone 用のアプリを作れば、グローバル規模でスマホのユーザーに同じサービスを届けることができる、というアプリの開発効果が働いています。

Uber は、専属のドライバーではなく一般のドライバーとユーザーとをマッチングするシェアリングプラットフォームを提供するコアビジネスから、その後、食事や日用品を届けるサービスも手掛けています。これにより、Uber は、コアビジネスである配車サービスで収集したデータを活用してビジネスのスコープの拡大を図っています。

❷ Airbnb

Airbnb（エアビーアンドビー）は、2008年創業の米国を拠点とする企業で、空き部屋や不動産等の宿泊施設の賃借をマッチングするサービスを提供しています。Airbnb は、191カ国、8万1千都市で5百万を超える宿泊施設を提供するシェア

リングビジネスを展開、日本でも民泊サービスの名で有名となりました。

　なお、Airbnb で部屋を提供する主体（ホスト）は、個人が中心ですが、その他、旅館や企業もホストになる例も増えています。

　さらに Airbnb は、宿泊施設の賃借だけではなく、さまざまな体験を行うマッチングを世界の1千都市で行っています。そうしたアクティビティには、教室・ワークショップや、ライブ・コンサート、歴史、スポーツ、健康・フィットネス、社会貢献、自然体験等があります。

コラム　シェアリングエコノミーと相互評価システム

　シェアリングエコノミーは、利便性の向上とコスト節減に大きく寄与することが期待されます。しかし、最終的にシェアリングエコノミーのビジネスモデルを支える要素は、信頼です。

　すなわち、シェアリングエコノミーは、プラットフォームを通じて行われることから、相互の信頼関係がシェアリングビジネスのベースとなります。

　たとえば、空き部屋を貸し借りする場合、ユーザーは、快適に過ごすことができる部屋を借りたい一方、サービス提供者は、マナーが悪く乱暴な使い方をするユーザーには貸したくありません。

　こうした相互の信頼関係を明確にして、将来のサービス提供の授受の材料とするためにシェアリングビジネスでは、一般的に相互評価システムが導入されています。シェアリングビジネスで行われているこうした相互評価も、シェアリングプラットフォームを通じて行われることとなります。

　たとえば、Airbnb では、宿泊客であるゲストがスマホを使って部屋の提供者であるホストに対するレビュー（評価）をする機会が提供されます。レビューでは、物件自体の評価や交通の便、周辺の環境のほかにゲストに対するホストの対応やコミュニケーション等が書き込まれます。こうしたレビューは、記憶があいまいにならない2週間以内に投稿することが可能となっています。

　また、文章での評価以外に、清潔さ、ロケーション、プライシング等の個別項目や総合評価を1〜5個の星の数で行うこともできます。そして、優良な評価を獲得して、ゲストからの質問に対する返信が良好で、宿泊の受入れ実績が一定の水準に達している等の条件を満たしたホストは、Airbnb からスーパーホストの称号を与えられて、これを自分のウェブサイトに表示する等の特典を得ることができます。

　このように、より良いサービスを提供するホストの評価が上がり、つれてプラットフォーム内での競争が促進されるという効果もあります。

　一方、部屋の提供者であるホストが宿泊客であるゲストを評価をする機会も提供さ

れます。

　たとえば、ゲストが家具を傷つけたり部屋の備品を持ち帰ったりするとか、部屋で騒いで近隣に迷惑をかける等の行為をした場合には、レビューにその旨を書き込み、低評価を下します。これにより、ホストは事前に悪質なゲストの依頼を識別でき、そのゲストは、次の機会に部屋を貸してくれるホストを探すのに苦労することになります。

　このように、シェアリングサービス提供者はユーザーの信頼性を確認する工夫を凝らしていますが、先行き、シェアリングエコノミーが拡大するためには、ユーザーの本人確認の方法をしっかりと確立することが必要になると考えられます。

　この点、ITベンチャー企業では、ブロックチェーンをシェアリングエコノミー分野で応用する実証実験を行っているケースもみられます[(43)]。

　ブロックチェーンは、集中型ではなく分権型なアーキテクチャーを特徴としますが、シェアリングエコノミーも共有（分散）の経済を内容とします。こうした両者の親和性が高いことに着目して、高度な暗号化・セキュリティ技術が含まれているブロックチェーンの活用により、シェアリングサービス提供企業間で共有のIDを発行することにより、全体としての本人確認業務の件数を減らし、一般利用者、プラットフォーム提供側双方の手間を軽減させるという試みが行われています。

9. 知的財産とエコシステム

1 知的財産と知的財産権とは？

　知的財産基本法第二条により、知的財産と知的財産権は、次のように定義されています。

知的財産：

　発明、考案、植物の新品種、意匠、著作物その他の人間の創造的活動により生み出されるもの（発見又は解明がされた自然の法則又は現象であって、産業上の利用可能性があるものを含む。）、商標、商号その他事業活動に用いられる商品又は役務を表示するもの及び営業秘密その他の事業活動に有用な技術上又は営業上の情報

知的財産権：

　特許権、実用新案権、育成者権、意匠権、著作権、商標権その他の知的財産に関して法令により定められた権利又は法律上保護される利益に係る権利

　このように、知的財産基本法は、知的財産は、特許権等、権利化された知的財産権だけでなく、権利化されていない「営業秘密その他の事業活動に有用な技術上又は営業上の情報」を含めた広義の概念であるとしています。

　また、それ自体価値を持つ情報のみならず、一つ一つでは価値を持たないデータであっても、大量に集積、処理をすることによって有用な技術上または営業上の情報としての新たな価値を持つ可能性があることから、知的財産をより広い視点から捉えていくことが必要となっています[(44)]。

2　知財マネジメントとは？

　知財マネジメントは、特許権をはじめ実用新案権、意匠権、商標権等の知的財産権だけではなく、権利化されていない技術等を含む知的財産を、競争力の確保のための戦略的なリソースとして最適に管理、活用する戦略を意味します。

　知財マネジメントを実践するにあたっては、自社が持つ知的財産のどれをオープンにして、どれをクローズにするかの線引きが重要となります。

　すなわち、知財マネジメントの基本は、企業が保有する知的財産のどの部分を秘匿または特許等により独占的排他権を保有するか、どの部分を他社に公開またはライセンスするかを、自社の利益維持・拡大のために検討・選択することにあります[(45)]。

　IoT（モノのインターネット）、ビッグデータ等の技術革新によって収集・分析される情報は、爆発的ともいえる量の増加と質の多様化、複雑化の様相を呈しています。そして、人工知能（AI）により、そうした情報が付加価値を持つビッグデータに加工されて、多くの企業等に活用されています。こうしたことから、知財マネジメントの対象となる知的財産の対象もそのスコープが拡大するとともに、質的にも一段と高度なものとなっています。

　また、知的財産権というと特許権がまず筆頭に来ますが、しかし、消費者の嗜好の多様化から製品のデザインやブランドへの感受性が一段と高まるとともに、意匠権や商標権の認識も強くなっており、知財マネジメントは、こうしたさまざまな知的財産権を管理して自社が保有する知的財産の価値の維持・増大を図ることが重要となっています。

　このように、知的マネジメントは、知的財産の量的、質的変化にマッチするよう、一段と高度化する必要があります。

3　知財マネジメントとエコシステム

❶ エコシステムにおけるオープン性

エコシステムが所期の機能を発揮するためには、オープン性が最も重要な要素となります。すなわち、エコシステムでは、エコシステムの参加者との連携ないし絆を強固なものとするために、自己が持つ知的財産を相手に明らかにする必要があります。仮にエコシステムのオープン性が大きく欠けるようであれば、エコシステムの参加者間の相互連関はなくなり、エコシステムを順調に進展させることが困難となるばかりか、エコシステムの存続自体が危うくなります。

しかし、企業は自社のリソースを投入してせっかく手にした知的財産を相手にディスクローズすることを躊躇するケースが少なくないと考えられます[46]。特に、エレクトロニクス分野に属する企業では、知財マネジメントの観点からブラックボックス戦略を取って社内研究開発を優先するケースがみられています。

そうした背景には、エコシステムには協働と競争の両要素が存在して、知的財産のディスクローズは競争の側面で自己に不利になるという意識が働く、という理由があります。

こうしたことから従来、多くの企業は、とにかく同業他社との競争に打ち勝つために、自社の研究開発の成果を特許権等の形に権利化して競合に対して参入障壁を形成したり、自社の知的財産を完全に秘匿することによるイノベーションの収益化を主眼とする知財マネジメントを採用してきました。

しかし、知的財産のディスクローズは、それによるリターンの獲得とのバランスで考える必要があります。すなわち、知的財産のディスクローズにより他の参加者が問題解決に向けての新たなソリューションを見出してそれが価値の創造に結びつくことが期待できます。

エコシステムに参加することにより、自社のアイディアや技術等のリソースの一部を外部にディスクローズするという犠牲を払っても、中長期的にみればおよそ自社から生まれないようなさまざまなアイディアや技術等を外部から取り込むメリットの方が大きいことが少なくありません。

エコシステムにおいては、パートナーとの協働から価値を共創することを目的として、自社の知的財産をライセンスしてパートナーに提供するとか、逆にパートナーの知的財産を活用する、といった知的財産の双方向でのやりとりにより、業界における競争優位性を維持、向上させる、といった知財マネジメントが求め

られます。

すなわち、エコシステムは、知財マネジメントによる知的財産の活用によって、自社のアイディア、技術だけでは実現できないような新製品・サービスを開発してマーケットに供給するとか、生産プロセスの改善等を指向することができます。

このように、エコシステムの本質は、参加するメンバーが自己のノウハウや技術を他のメンバーのノウハウや技術と融合させることによりソリューションを見い出し、それが価値の共創に結びついて、最終的にメンバー全員にリターンがもたらされることにあります。

❷エコシステムにおけるオープン性のタイプ

エコシステムにおけるオープン性には、いくつかのパターンがあります。

すなわち、誰でも参加できるオープンタイプのエコシステムがある一方、選定されたメンバーだけが参加できるクローズドタイプのエコシステムがあります。このうち、クローズドタイプであれば、知的財産のディスクローズのリスクは限定されたものとなります。

また、たとえ誰でも参加できるオープンタイプのエコシステムでも、自社の持つ知的財産を重要度に応じて分類して、さして重要と考えられない知的財産に限ってディスクローズして、重要度の高い知的財産は自社内に留保するといった方法も考えられます。

さらに、エコシステムによるイノベーションの開発当初は重要度の低い知的財産をディスクローズして、イノベーションの開発が軌道に乗り参加者の結束が強固なものとなったことが確認できたところで重要度の高い知的財産をディスクローズする、というようにイノベーションの開発プロセスによりディスクローズする知的財産を選択する、という方法も考えられます。

❸クロスライセンスとパテントプール

電気製品や自動車等は、1つの製品に対して数多くの特許権が使用されることになり、したがって、それぞれの部品の製造において優れた技術を持っている企業が、クロスライセンスやパテントプール等で持てる技術を出し合うことにより、他社技術を活用して製品化しています。

a. クロスライセンス

クロスライセンスは、企業と企業がそれぞれ保有する個別の特許権について、両社が相手方企業に実施許諾をすることをいいます。

また、個別の特許権についての実施許諾ではなく、企業単位や事業単位が持つ特許権を包括的に実施許諾することもあり、これを包括クロスライセンスと呼んでいます。

b. パテントプール

パテントプールは、特定の技術について数多くの企業や研究機関等の特許権者が所有する特許または当該権利をライセンスする権限を共同使用に供するために特定の組織に集めた（プール）うえで、その組織が公平、合理的な対価で広く第三者にライセンスの使用許諾をする仕組みです[47]。

特定の組織は、多くの場合、特許を所有する企業等による共同出資で設立した会社で、パテントプール管理会社と呼ばれます。

ユーザーニーズが高度化、複雑化するにつれて、情報通信技術を中心としてさまざまな技術を組み合せて初めて製品化することができるケースが増えています。そうした場合に、ライセンスの使用許諾を与える特許権者（ライセンサー）とライセンスの使用許諾を受ける使用権者（ライセンシー）とがバイラテラルで交渉を行っていたのでは、多くの時間とエネルギーを要することとなります。

また、ライセンシーが特許を保有するすべてのライセンサーと個別交渉をした場合、個々の交渉では合理的な特許権使用料（ロイヤリティ）を決めたと思っても、それを合計すると過大な支払いとなってしまう恐れがあります。

そこで、複数のライセンサーが所有する特許を、1回の契約で一括してライセンシーに使用許諾することにより双方の利便性を図る、といった目的でパテントプールが運用されています。

パテントプールは、主としてエレクトロニクスやネットワークの分野で活用されていますが、その他、医療や環境、農業等の分野でもみられています。

4　垂直分業モデル、水平分業分業モデルにおける知財マネジメント

垂直分業モデルでは、材料の調達から部品の製造、部品の組み立てによる商品

化、そして、顧客への販売と、グループ企業で系列取引をすることにより、知的財産が系列企業間のやりとりに限られ、ライバル企業には渡らない、という特徴があります。

しかし、すさまじい速度で進展するITと、それに伴うユーザーニーズの転々とする変化や多様化、複雑化から、グループ企業で生むことができるアイディア、技術でそれに対応することは困難になっています。こうした自前主義の行き詰まりから、系列外である企業とも連携して協働する水平分業モデルの採用が必要となっています。

この水平分業モデルにおいては、他社との連携による新しいビジネスと新しいマーケットへの対応が必要となり、どの知的財産をオープンにするか、クローズにするかのオープン・クローズ戦略がきわめて重要となります。そして、自社が開発した技術を他社との間でライセンス契約（実施許諾契約）を締結することによりオープン化するか、または秘匿化したり特許権等を行使することによりクローズ化するかを、知財マネジメントにより的確に判断する必要があります。

5 研究開発戦略、事業戦略、知財戦略の三位一体

マーケットニーズの多様化、高度化に対応するオープンイノベーションやエコシステムの機能をフルに活用するためには、研究開発戦略、事業戦略、それに知財戦略の三位一体で取り組むことがきわめて重要です[48]。

すなわち、自社開発か、他社から技術を導入するか、自社保有の技術を他社に実施許諾するか、等の検討は、研究開発部門と事業部門、それに知財部門の知見を結集して三位一体で行うことが重要なポイントとなります。

具体的には、研究開発と事業分野において、重複研究や重複投資、重複特許出願を排除して、効果的な選択と集中を行います。そして、知財戦略は、企業の競争優位と企業価値を高める観点から、研究開発戦略や事業戦略と一体化することが必要となります。

また、オープンイノベーションやエコシステムでは、その目的であるシナジー効果の方に主たる関心が向けられることになりますが、その一方で、連携する企業とのライセンスに関わる権利関係の整理や、プロジェクトが順調に遂行しなかった場合のリスク管理等の分野において、知財部門が果たす役割はきわめて重要となります。

10. ビジネスエコシステムと企業経営

　企業経営を遂行するにあたっては、厳しい環境下で他社に打ち勝つ競争力の維持、強化がきわめて重要であり、そのためには自社の組織内で効率性の向上を図ることが必要となります。

　しかし、その一方で、ユーザーのさまざまなニーズにきめ細かく対応して持続的な成長を指向するには、外部の力を借りることが必要不可欠となっています。

　特に、ユーザーニーズが高度化、複雑化して、また、その変化のスピードが加速している状況にあっては、自社が持つ既存の技術、インフラでは十分に対応することができず、フットワークが軽い他社のノウハウを活用することが、企業経営を行っていくうえで得策となります。

　そして、こうした企業間のつながりと協働が、企業間における価値の共創のドライバーとなり、さまざまな業種に属する多くの企業から構成されるネットワークが構築されて、それが顧客を含むトータルシステムとして成長していくビジネスエコシステムの形成につながることとなります。

　こうしてみると、ビジネスエコシステムは、単に企業と企業、それにユーザーがプラットフォームを使って商品・サービスを提供するなかから価値を共創するというだけではなく、企業の経営戦略のなかでコアとなるコンセプトである、ということができます[49]。

　すなわち、ビジネスエコシステムにおける経営戦略は、産業の枠を超えた他企業との協働によるイノベーションの促進を中心軸にして策定することになります。

　以下では、まずシリコンバレーのエコシステムを概観した後、ビジネスエコシステムによる経営戦略の変革を述べることにします。

1　シリコンバレーのエコシステム

❶シリコンバレーのメンバー

　グローバルにみたエコシステムの代表格は、いうまでもなくシリコンバレーのエコシステムです。

　シリコンバレーのエコシステムは、スタートアップ、起業家、ベンチャーキャピタル、エンジェル投資家、メンター、アドバイザー、研究機関、大学、政府、企業、商工会議所、インキュベーター、アクセラレーター、成功を収めた先輩格

のスタートアップやベンチャー企業等のプレイヤーから構成されています。

【図表4-8】シリコンバレーのエコシステム

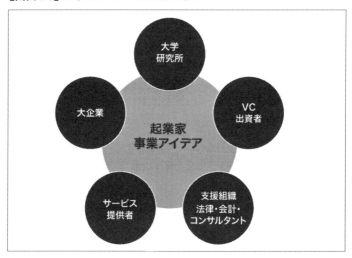

（出所）椙山泰生「ビジネスエコシステムとは何か：エコシステムの概念が生まれた背景」
ビジネスエコシステム、日本ユニシス 2016.9.29

　すなわち、シリコンバレーには、ICTの大手企業やスタートアップをはじめとして、おびただしい数の企業等が集まっており、スタートアップに対して資金供給をするベンチャーキャピタルやエンジェル投資家も数多くみられています。また、有名な大学や研究機関も集中しており、そうした大学や研究機関を目指して国の内外から優秀な学生や研究生がシリコンバレーに集まっています。

　そして、大学や研究機関と企業との間は強固な絆で結ばれており、そうした緊密な連携から多くのイノベーションが生まれています。

❷ シリコンバレーのエコシステムの特徴

a. 失敗の許容

　他地域のエコシステムと比べてシリコンバレーのエコシステムに際立ってみられる特徴は、リスクや失敗を許容するカルチャーがしっかりと根付いていることです[(50)]。

　すでにエスタブリッシュされているビジネスに比べると、イノベーションを生み出そうとしているスタートアップの活動の成功確率ははるかに低いこ

とは否めません。しかし、ベンチャーキャピタルやエンジェル投資家は、成功した場合の高いリターンを求めて有望とみたスタートアップに果敢に投資します。

そして、たとえ、イノベーションを生む試みが失敗に終わったとしても、それにチャレンジしたスタートアップの潜在能力が高いとみれば、資金面でのサポートを続けていま一度チャンスを与える、というように、失敗を許容するカルチャーがシリコンバレーのエコシステムの土壌に根付いています。

b. 人材交流

シリコンバレーには世界中から優秀な人材が集まってきます。そして、大企業からスタートアップまでそうした人材の獲得競争を展開します。このような状況下で、シリコンバレーのエコシステムを構成する組織の間で人材の交流が盛んに行われることになります。

前述のとおり、イノベーションの本質は高度で複雑なユーザーの潜在的なニーズを汲み取ることを目的に、さまざまなノウハウ、技術を融合して価値を共創することにあります。そのためには、一口に優秀な人材といっても金太郎飴のように皆が同じような能力を持っているのではなく、多種多様な能力を持つ人材が必要となります。このような人材構成の多様性がシリコンバレーのエコシステムの人材交流を活発にしている大きな要因となっています。

また、そうした人材交流には、大企業がスタートアップのスタッフを大量にヘッドハントして、企業のなかに新たなカルチャーを醸成させるといったことを狙ったケースもみられています。

2　ビジネスエコシステムと経営戦略

❶競争優位性を確保するための経営戦略の転換

生態系において、エコシステムに属するある種の生存や繁殖が、他の種との食物連鎖や共生関係により左右されるように、企業の競争優位性や安定性は、ビジネスエコシステムにおける他企業との共生関係や自社のポジショニングによって大きく左右されることとなります。

従来、企業の競争優位性は、その企業が属する産業内における既存企業間の競争を中心に論じられていましたが、こうした経営戦略は、産業構造が固定的であ

ることを前提としています。

　しかし、インターネットをはじめとする IT の進展、普及により、産業間の融合が進んで従来の固定的な産業構造モデルは、成り立たなくなっています[51]。すなわち、企業同士の業務提携や新事業の開始等、柔軟な産業構造への転換が進捗して、企業が異業種に参入する壁が低くなりました。

　ビジネスエコシステムは、イノベーションはごく少数の精鋭メンバーの手で生み出されるというより、異なるアイディアや技術を持ったさまざまな企業がネットワークを通じて協働して価値を共創することにより、企業の競争優位性の維持、強化を指向する実践的なコンセプトをベースとしたビジネスモデルです。

　企業がいよいよ厳しさを増す競争環境に打ち勝っていくための要素は、企業が単独で商品・サービスを顧客に提供するのではなく、多種多様な企業が業界の垣根を乗り越えて直接、間接に参画、連携するエコシステム全体の総合力へと変革しました。

　実際のところ、エコシステムの本質は、企業の競争力は、その企業が属している業種のなかでの他企業に比しての技術やマーケティング等の優位性ではなく、その企業が属しているエコシステム全体の競争力に依存するところにあります。

　この結果、ビジネスエコシステムにおける経営戦略を策定するにあたっては、従来の企業単位、事業単体で構築していた戦略から、産業の枠を超えた他企業との協働によるエコシステムをベースに構築する戦略に転換していくことが必要となります。

　現在では、数多くの企業が自社が属する業種を超えたエコシステムのメンバーの一員となっています。そして、競争は同じ業界に属する企業間ではなく、業界を超えたメンバーで構成されるエコシステム間での競争が生じつつあります。

　こうした業種を超えたエコシステムの形成により、ユーザーは１つのチャネルにアクセスするだけでさまざまなサービスを受けることが可能となります。そして、参加メンバーの持ち味を融合した協働、共創による利益の参加メンバーへの配分、テクノロジー等の外部への提供、イノベーションのスピーディな商品化が行われることになります。

❷エコシステムは水平型ビジネスモデル

　ビジネスエコシステムでは、ちょうど生態系のエコシステムのようにエコシステムを構成するプレイヤーが有機的に連携を強めながら、時代の流れとともに進

化していくビジネスモデルを構築することになります。

　インターネットの普及等により、ユーザーは自己のニーズに合致する商品・サービスを世界中のマーケットから選択できるというように、マーケットがグローバル規模でつながるようになってきた状況にあって、企業はそれにマッチしたビジネスモデルへと転換する必要があります。

　すなわち、ビジネスエコシステムは、企業や系列の壁を超えて、さまざまなプレイヤーが重層的にアイディアや技術、情報の相互交流を行うことにより外部との連携を強固にする横断的で水平型のビジネスモデルです。

　また、企業経営に関わる課題が一段と複雑となり、厳しい予算制約や人的リソースの制限のなかで企業が独力で行う効率化では問題の抜本的な解決になかなかつながらない、といったケースが増えています、こうした環境下において、エコシステムは、企業経営におけるインナーな課題のソリューションを提供する新たなビジネスモデルとして強力な威力を発揮することが期待されます。

❸ バリューチェーンからバリューエコシステムへ

　従来、バリューチェーンと呼ばれたコンセプトは、バリューエコシステムに移行しているといわれています[52]。

　バリューチェーンのコンセプトは、IT やスマホの業界でさまざまなプレイヤーがどのように価値を創造するか、といった分析によく使われてきました。このバリューチェーンのチェーンは、商品やサービスがアイディアから商品化されて市場で出るまでの一連（チェーン）のプロセスのなかで、各々のプレイヤーがそれぞれ異なる価値を付加していくことを言い表したものです。

　しかし、ユーザーニーズの多様化、複雑化を背景にして商品やサービスが高度化するにしたがって、こうした一連のプロセスではなく、さまざまなネットワークを通じて価値を創造することが求められるようになりました。そこで、デジタル化した経済においては、バリューチェーンというよりもバリューエコシステムとか、バリューネットワークといったコンセプトの方が時代の流れによりよくフィットするという見方が強まっています。

3 　ハッカソンとアクセラレータープログラム

　ビジネスエコシステムを推進する有力な手法にハッカソンとアクセラレーター

プログラムがあります。

❶ ハッカソン

ハッカソン（hackathon）は、ハック（hack、プログラミングを行う）とマラソンの合成語で、プログラマーやデザイナー、プロジェクトマネージャー等が与えられた時間内でプログラミングを行い、その成果を競い合うイベントです。

ハッカソンは、社外の有力なスタートアップとの共同の糸口を見出すためにスタートアップに対して新商品・サービスの開発を促進するような環境を提供する手法です。

ハッカソンの参加者に与えられる時間は、1日であることもあれば1週間に亘ることもあり、一般的に企業や団体、公的機関、教育機関が主催します。

ユーザーの多様化、複雑化するニーズを的確に把握して、それを先進のITを活用することによりスピーディに商品、サービスの開発、提供という形に持ち込むためには、企業とスタートアップやITで優れたノウハウを持つ個人等との間でのコミュニケーションを深化させることがきわめて重要となります。

こうした観点から、ハッカソンは企業が自社内で各種の複雑な課題を解決するために多大のエネルギーを使うというより、積極的に外部の知恵を活用してソフトウェア技術のスピーディな開発や技術革新等により、顧客、企業、サプライヤーのために新たな価値共創を実現するエコシステムの構築の手段として活用されています。

スタートアップは、研究開発設備や、マーケティングの知識・能力、法律や会計の専門知識、資金等の経営資源やノウハウが不足しているケースが大半です。そのために、スタートアップが自立するまで、適切なサポートを行うことが必要となります。

スタートアップの育成というと、ややもすれば資金面での支援に重点が置かれがちですが、スタートアップのライフサイクルの各局面において必要となる要素を提供することで、スタートアップの成長を後押しする必要があります。

このように、事業会社等が、社外とのつながりのきっかけを創り出す「場」を設けて、スタートアップと協働で各種プロジェクトに取り組むための手法の1つがハッカソンです。

ハッカソンには、自動車ハッカソンからバイオハッカソン、ヘルスケアハッカソン等、さまざまな種類がみられています。また、ハッカソン開催が目的とする領域は、幅広いスタートアップの育成、環境問題等の社会的課題、人材育成等、

まちづくりによる地域活性化等、多種多様化しています。

　そして、これにつれて参加者の顔ぶれも、プログラマーやプロジェクトマネジャー等といったシステムエンジニアから、デザイナー、プロジューサー、デベロッパー、アナリスト、コンサルタント、学生、一般社会人等へと幅広い層に亘っています。

　なお、ハッカソンに似たものとしてハッカソンを行う準備段階として行われるアイディアソンがあります。これは、アイディアとマラソンの合成語で、さまざまなメンバーが与えられた時間内でアイディアを出し合い、それをビジネスモデル等の形にして、その成果を競い合うイベントです。

❷ アクセラレータープログラム

　アクセラレータープログラムは、スタートアップに対して短期集中の育成プログラムを実施したうえで、ベンチャーキャピタルやエンジェル投資家に対するデモンストレーションを実施して開発を進めるためのファイナンスを募る、といったプログラムです。

a. メンター

　アクセラレータープログラムの大きな特徴は、スタートアップに対する短期育成プログラムにおいて、メンターと呼ばれる指導者が専門的なアドバイスを行うことにあります。

　メンターは、IT開発とITユーザーの両面からの企業や、先輩格のスタートアップ、コンサルタント、学界、法曹界等の専門家があたります。このうち、成功を遂げたスタートアップのメンターは、自己が直面した課題とその解決等の体験を通じて、後輩のスタートアップに対して、実践的なアドバイスを行います。また、コンサルタントは、スタートアップのビジネスを成功に導く戦略面からのアドバイスを、さらに法曹界からは、スタートアップが法規制を遵守しながら事業を展開していくためのリーガル面からのアドバイスを行います。

b. アクセラレーター

　アクセラレータープログラムにおけるアクセラレーターは、スタートアップに対する投資家をいいます。アクセラレーターの投資額は、ベンチャーキ

ャピタルに比べるとはるかに少額であり、資金提供自体を目的にするというよりも、むしろ指導やシェアオフィスの提供等によりスタートアップをさまざまな側面からサポートすることを特徴としています。このことは、アクセラレータープログラムが、資金面からのサポートよりも、メンターからのアドバイスによるサポートの方に重点を置いていることを示しています。

なお、アクセラレーターに似たものに、インキュベーターがありますが、インキュベーターはアイディアからイノベーションを生み出す一方、アクセラレーターはすでに具体的なイノベーションが存在していて、それをビジネスとして独り立ちできるまで育成することを加速（アクセラレート）する、との違いがあります。

11. エコシステムとSDGs、EGS投資

1 SDGs とは？

企業は、ビジネスを展開する局面において、環境や社会に対して多種多様な影響を与えることになります。こうしたことから、企業はこれまでCSR（企業の社会的責任）やサステイナビリティ等を標榜してさまざまな活動を行ってきました。

しかし、こうした企業の活動は、各企業が独自に設定したテーマ領域は目標に沿っているものの、多くの企業の活動が総体として社会が抱える課題のソリューションとして大きなインパクトを及ぼすには至っていない状況にありました[53]。

こうしたことから、経済が持続的な発展を遂げるための努力は、企業が単独で行うのではなく、グルーバルな規模で取り組む必要があるとの認識が強まりました。

2015年、国連において193カ国の合意のもとに、持続可能な社会に向けたこれまでの世界各国の考えを集大成して、2030年までに経済、環境、社会のあらゆる側面について達成すべき17の目標（図表4-9）と169のターゲット、230の指標という広範な施策から構成される「SDGs（Sustainable Development Goals、持続可能な開発目標）」が採択され、グローバル規模で、その達成に向けて注力することになりました。

CSRは、企業が社会貢献活動ないし慈善活動の一環として行うとのニュアンスがあり、このため企業活動とは関係のない分野での活動を行うこともありましたが、SDGsは、企業の本業を通じて社会が抱える諸課題の解決に向けて活動す

る、との内容となっており、企業の中長期的な成長戦略の重要な柱の1つとして位置付けられています。

コラム　マイケル・ポーターの CSV

CSV（Creating Shared Value、共通価値の創造）は、米国の経営学者であるマイケル・ポーターが中心となって提唱したコンセプトです。

マイケル・ポーターは、社会的課題を解決する努力が企業にとって負担になるというのではなく、企業が持つ強みを発揮することでさまざまな社会的課題を解決し、またそのプロセスで企業の競争力が強まり、延いては企業の持続的な成長へとつながる差別化戦略となる、としています[54]。

このように、マイケル・ポーターは、社会的な課題はビジネスチャンスを提供するものであり、CSV は、その解決に向かって企業が取り組むことで社会的価値を創造すると同時に、経済的価値が創造される共通価値の戦略である、と主張しています。

企業の社会的責任を意味する CSR は、企業の本業との間に直接的な相関性が希薄な社会貢献（フィランソロピー）や芸術支援（メセナ）、チャリティ等を行うことを通じて自社のイメージ向上を図る活動を主体とするもので、企業が稼いだ利益を社会に還元することによって企業としての責務を果たす、というコンセプトです。

これに対して、CSV は社会的価値の追求と経済的価値の追及がトレードオフの関係にあるのではなく、営利を目的とする企業が、その本業を通じて社会的な問題の解決と企業利益の追求を共に実現する経営戦略的なアプローチである、ということができます。

こうした CSV のコンセプトは、たとえば企業が生産活動のプロセスで排出する汚染物質が公害問題となり、そのソリューションとして環境技術のイノベーションを生み出し、それが業界のコアビジネスの1つになったことや、最近では、地球温暖化の原因となる排気ガスの削減に向けて自動車業界が競って電気自動車の開発に注力し、これが先行きガソリン車に代わる自動車産業の大きな市場になるとみられている、というように、さまざまな業界に浸透していくことが予想されます。

2005年から2015年まで行われた MDGs（Millennium Development Goals：ミレニアム開発目標）は途上国開発を主眼とする目標でしたが、ポスト MDGs ともいうべき SDGs はすべての国や企業、NGO 等の達成目標として国際的な共通言語となっており、日本もその達成にコミットしています。

すなわち、日本政府は、SDGs を推進するため、2016年5月に総理大臣を本部長、官房長官、外務大臣を副本部長とし、他のすべての国務大臣を本部員とする持続可能な開発目標（SDGs）推進本部を設置しました。

【図表4-9】SDGs が掲げる17の目標

	SDGs の目標
1	貧困の撲滅
2	飢餓撲滅、食料安全保障
3	健康・福祉
4	万人への質の高い教育、生涯学習
5	ジェンダー平等
6	水・衛生の利用可能性
7	エネルギーへのアクセス
8	包摂的で持続可能な経済成長、雇用
9	強靱なインフラ、工業化・イノベーション
10	国内と国家間の不平等の是正
11	持続可能な都市
12	持続可能な消費と生産
13	気候変動への対処
14	海洋と海洋資源の保全・持続可能な利用
15	陸域生態系、森林管理、砂漠化への対処、生物多様性
16	平和で包摂的な社会の促進
17	実施手段の強化と持続可能な開発のためのグローバル・パートナーシップの活性化

（出所）環境省地球環境局国際連携課「持続可能な開発のための2030アジェンダ /SDGs」2017.11.17

　そして、推進本部の下に、行政、NGO、NPO、有識者、民間セクター、国際機関、各種団体等の広範な関係者が意見交換を行う SDGs 推進円卓会議が設置され、2016年12月に持続可能な開発目標（SDGs）実施指針が決定されました。

　この SDGs 実施指針では、「SDGs の達成のためには、公的セクターのみならず、民間セクターが公的課題の解決に貢献することが決定的に重要であり、民間企業（個人事業者も含む）が有する資金や技術を社会課題の解決に効果的に役立てていくことは SDGs 達成の鍵でもある」と明記されています。

　こうした状況下、経団連では、社会全体を最適化した未来社会「Society 5.0」の実現を通じた SDGs の達成を柱として、2017年に企業行動憲章を改定しました[55]。

　この改定は、憲章のサブタイトルの「持続可能な社会の実現のために」に端的

に表されているように、企業倫理や社会的責任に十分配慮しつつ、それらを超え
てイノベーションを活用して持続可能な経済成長と社会的課題の解決が両立する
ことを指向するものです。

　そして、民間セクターには資金提供のみならず、実際のビジネスを通じて
SDGsの達成に積極的に参加、寄与することが期待されています。

　また、東京オリンピック・パラリンピック競技大会組織委員会は2020年に開催
の東京大会を持続可能性に配慮した大会とするため、SDGsを考慮した運営計画
や調達コードを策定しています。

2　エコシステムとSDGs

　前述のとおり、SDGsでは、17の目標と169のターゲットが設定されています。
そして、17の目標を達成するために次のポイントが重要である、としています[56]。

①**普遍性**：先進国と途上国の双方が行動。
②**包摂性**：すべての人間の安全保障の理念を反映し、誰一人取り残さない。
③**参画性**：目標達成のために政府、企業、NGO、有識者等のすべてのステー
　　　　　　クホルダーが全員参加型でそれぞれの役割を担う。
④**統合性**：社会・経済・環境の3分野で統合的な解決に取り組む。
⑤**透明性**：定期的に取り組み、その内容を評価・公表する説明責任を担う。

　このうち③で、SDGsの目標達成に向けて、すべてのステークホルダーが関
与して多種多様な取り組みを行うことが必要となる参画性が強調されています。
このようなSDGsの特徴から、まさしくエコシステムが発揮する機能がSDGs
達成に向けての格好の要素になると考えられます。

　すなわち、エコシステムは、さまざまな企業等が持つノウハウ、テクノロジー
を融合することにより新たな価値を創造する、といった特徴を持っていますが、
この特徴を生かして、エコシステムを、貧困や飢餓の撲滅、教育、気候変動、少
子高齢化、エネルギー等の世界の社会問題のソリューションとして活用すること
が期待されます。

　日本では、2016年7月に、イノベーションによるSDGs達成のためのエコシス
テム構築を目指すプラットフォームとして、一般社団法人Japan Innovation

Network と国連開発計画（UNDP）が、日本の民間企業や各国の政府、開発援助機関、金融機関、NGO、留学生コミュニティー、大学、メディア等と共に SDGs Holistic Innovation Platform（SHIP）を設立しました。

SHIP は、SDGs の達成をイノベーションの機会として捉え、企業のノウハウやテクノロジーで世界中の課題の解決を目指すデジタルプラットフォームです。

SHIP では、イノベーションの原点は顧客の潜在的なニーズであり、したがって現場の生情報がきわめて重要であるとの認識の下、世界中の課題の生情報を SHIP デジタルプラットフォームを介して集めます。

そして、そうした情報にマクロ情報を加えて、SHIP エコシステムのノウハウとリソースを活用して SDGs を達成するイノベーションの機会を探索する日本企業を対象としたプログラムを提供しています。

具体的には、SHIP では、「SDGs ×イノベーション＝未踏の市場・産業の創造」として、課題発見からコンセプト化、事業モデル化までの事業創造ステージに重点を置いており、企業のビジネス検討フェーズに応じたさまざまなプログラムを提供して、日本企業による解決方法の検討をサポートしています。

【図表4-10】 SHIP エコシステムのメンバーのカテゴリー

（出所）SHIP 資料

このように、デジタルプラットフォームを活用して、世界中の課題の生情報を収集することにより、世界中の課題・ニーズとSHIPエコシステム参加者の技術・ノウハウを結びつけ相互に作用し合うことで、エコシステムを通じて持続可能な社会を実現するビジネスモデルを作り出すことを目指しています。

こうしたSHIPエコシステムは、国内外の多様なステークホルダーが参加して形成されています（図表4-10）。

3 SDGsの実践の具体例

各企業がSDGsが掲げるすべての課題に取り組むことは不可能であり、各企業が持つノウハウ、技術、さらには課題達成に必要となる人的、物的リソースに応じて、さまざまな創意工夫により多種多様な取り組みが考えられますが、そのなかでいくつか具体例をみることにしましょう。

❶NTTデータとJapan Innovation Networkの協業

2018年、NTTデータとJapan Innovation Networkは、SDGsグローバルスタートアッププログラム事業で協業することに合意しました[57]。なお、Japan Innovation Networkは前述のSHIPの運営に携わっている一般社団法人です。

この協業は、Japan Innovation NetworkとNTTデータが、世界中のイノベーターのさまざまな知恵やソリューションを組み合わせるオープンイノベーションでさまざまな課題を解決することを指向して、世界中のスタートアップ企業との連携を主軸にしたプログラム事業を提供する、というものです。

Japan Innovation NetworkとNTTデータは、この協業により、企業がSDGsを軸に取り組むイノベーションの課題設定やオープンイノベーションによるソリューション開発、ビジネス化を策定することを支援する、としています。

具体的には、Japan Innovation Networkが保有するSDGs解決手法や各国のイノベーション関連機関とのネットワークと、NTTデータが保有する世界中のベンチャー企業と各国エコシスムパートナーや社会インフラ等のシステムソリューションを連携させることで、次の2つのサービスを提供することにより、日本発信のSDGs達成に向けて協業する方針です。

a. SDGs ビジネス化個別支援プログラムの提供

このプログラムでは、SDGs 達成に取り組む、または SDGs を起点とした新たなイノベーションを創発したい企業や地方公共団体に対して、オープンイノベーションによる具体的な事業化を支援します。

すなわち、Japan Innovation Network は、SDGs をイノベーションにつなげるための具体的な手法や世界150カ国に及ぶスタートアップ企業や官民イノベーションエコシステムとのネットワークを提供する一方、NTT データは、世界210都市からの社会インフラ等のソリューションやオープンイノベーション活動で培った先進的なスタートアップとのソリューションの活用、および世界15都市のエコシステムパートナーとのネットワークやオープンイノベーションコンテストおよびアクセラレーション手法を提供します。

b. SDGs ビジネス化企画型プログラムの展開

Japan Innovation Network と NTT データがプロジェクトを共同で企画運営することにより、SDGs への関心を高め、取り組みを促進するプログラムをグローバルに展開します。

❷ 金沢工業大学のSDGsベンチャーエコシステム

金沢工業大学経営情報学科平本研究室は、ビジネスを通じた SDGs 達成の促進を目的にした SDGs イノベーションラボを設置しています。このラボでは、担当教員・学生が政府・企業・NGO 等と連携して SDGs ビジネスの調査・研究等を行っています。

その一環として、金沢工業大学平本研究室と一般社団法人 BoP Global Network Japan は、日本中から企業による SDGs ビジネスの先行事例を選出し、そのなかで特に優れた取り組みを表彰することを通じて、その取り組みに関する情報を世界に発信しています。なお、BoP Global Network Japan は、BoP（Base of the Economic Pyramid）ビジネスを含めた SDGs ビジネスに関するネットワーク強化、ビジネス立ち上げ支援、啓発活動を中心的な活動とする一般社団法人です。

そして、2017年、5社が選定され表彰されました。同年、平本研究室は、5社のなかで大賞を受賞したフロムファーイースト株式会社と連携して、SDGs ビジネスの創造と推進を促すベンチャーエコシステムの形成を目指す SDGs Business Leaders Network in Kansai（SDGs Leaders Kansai）を設立しました[58]。

このネットワークに所属する経営者は、SDGsビジネスの創造、実践を行い、また、ネットワークの中からSDGsビジネスの推進を目指す経営者を厳選し、ネットワークへの参加を促し、彼らの活動を支援することで、SDGsベンチャーエコシステムの継続的な拡大を指向する、としています。

❸横浜市の「水素社会」実現に向けての取り組み

内閣府は、持続可能な経済社会システムを実現する都市・地域づくりを目指す環境未来都市構想を推進しています。そして、持続可能な価値を創造するモデル都市の1つに横浜市が選定されています。

横浜市では、水素社会の実現により環境負荷の低減に注力しています[59]。

具体的には、2020年までに燃料電池自動車普及台数を2000台に、水素ステーションの整備数10か所を目標に推進を行っていて、実際にも公用車に水素で作った電気で走るトヨタのMIRAIを導入しています。

また、よこはま水素エネルギー協議会を設置して、横浜国立大学の研究者を中心として、企業、自治体とネットワークを形成して、水素エネルギーに対する安心・安全性の有用性に関する研究成果を社会に還元して、安心の水素エネルギーのためのかながわモデルの構築を目指しています。

4 EGS投資とは？

❶国連の責任投資原則（PRI）

2006年、国連は、持続可能な社会の形成のために、投資判断に以下の3要素を内容とするESGを組み込むことを重視する責任投資原則（PRI：Principles for Responsible Investment）を提唱しました。

そして、これを契機として、PRIへ署名する機関投資家等の数が急増し、現在、世界中で2千を超えるまでとなっています（日本は約70）。また、ESG投資も拡大基調にあります。

▶環境（Environmental）
地球温暖化、水資源や生物多様性、化学物質、廃棄物の管理等、企業を取り巻く自然環境改善への取り組み

▶**社会（Social）**

従業員の労務、女性の活躍、製品・サービスの安全、人権、顧客、地域社会
への取り組み

▶**コーポレートガバナンス（Corporate Governance）**

企業経営の体制、社外取締役の独立性、コンプライアンス、汚職防止、情報
開示、公正な競争等への取り組み

2014年、金融庁は、機関投資家の行動規範を「日本版スチュワードシップ・コ
ード」として公表して、そのなかで機関投資家が把握すべき投資先企業の情報と
して、ガバナンスや社会・環境問題に関連するリスクへの対応を挙げています。
このコードには数多くの機関投資家が賛同し、受け入れを表明しています。

❷SRIとESG投資

投資行動によって社会の持続可能性に貢献する投資原則をSRI（Socially Re-
sponsible Investment、社会的責任投資）と呼んでいますが、SRIのなかで企業価値
との関連性が高いと考えられるESGというの3つの非財務情報をもとに優れた
経営を行っている企業に焦点を当てた投資が、ESG投資です。

すなわち、ESG投資は、企業がESGに関わる課題に積極的に対応し、投資家
がそうした企業に投資することにより、ESGに向けてのソリューションを促進
することを目的としています。

このように、ESG投資はSRIの1つとみることができますが、SRIとESG
投資の違いをみると、SRIは、投資によるリターンに加えて、投資が社会の持
続可能性に与える影響を考慮するとの倫理的な価値観を勘案する投資であるのに
対し、ESG投資は、ESG情報を考慮した投資が中長期的な企業価値の最大化に
寄与して、その結果、投資パフォーマンスの持続的、中長期的な向上につながる
投資である、ということができます。

すなわち、投資家が中長期的な投資リターンを追及するにあたっては、投資対
象となる企業が環境問題や社会問題を極小化して持続可能な成長を指向すること
が重要であり、こうした観点から、ESGという非財務情報が重要な関心事とな
ります。

❸ ESGの投資手法

ESGの投資手法にはさまざまなものがありますが、その主要な手法には、特定のビジネスに関わる企業を投資対象から除外する「ネガティブ・スクリーニング」や、財務分析において環境・社会・ガバナンスの3つの要因を明確に考慮する「ESGインテグレーション」があります（図表4-11）。

【図表4-11】ESGの主な投資手法の分類

主な投資手法	内　容
ネガティブ・スクリーニング	ESGの観点から問題のある特定のセクターや企業を投資対象から除外する。
ポジティブ・スクリーニング	ESGの観点から評価される特定のセクターや企業を投資対象とする。
ESGインテグレーション	投資マネジャーが財務分析を行うにあたってESGの3要素を明確に組み込む。
サスティナビリティ投資	再生エネ等、社会の持続可能性に資する分野を投資対象とする。
コーポレートエンゲージメントと株主行動	企業の経営者との対話や株主提案、議決権行使等を通じて企業にESGへの取り組みを促す。

（出所）The Global Sustainable Investment Alliance（GSIA）"2016 Global Sustainable Investment Review"2017.4をもとに筆者作成

❹ GPIFのESG投資

2015年、世界最大の機関投資家である年金積立金管理運用独立行政法人（GPIF）は国連の責任投資原則（PRI）に署名し、ESG投資の推進を明確化しました。GPIFは、投資先企業におけるESGを適切に考慮することは、中長期的な投資リターンの拡大を図るための基礎となる企業価値の向上や持続的成長に資するとして、ESG投資に取り組んでいます。

具体的には、GPIFは直接に株式を保有せず、外部の運用会社を通じて投資していることから、GPIFからの受託金融機関に対してESGを考慮して投資するよう求めています。

また、GPIFでは、企業の公開情報をもとにして、ESG要素を加味して銘柄を組み入れる株価指数を5つ採用し、指数連動するパッシブ運用を行っています（図表4-12）。

さらに2017年、GPIFは投資原則を改定して株式だけではなく、債券を含めたすべての資産でESGの要素を考慮した投資を促進していきます。

こうしたGPIFの動きのほかに、日本の機関投資家においても、ESG投資への広がりがみられています。

【図表4-12】 GPIFが採用しているESG指数

指数の名称	FTSE Blossom Japan Index	MSCI ジャパン ESG セレクト・リーダーズ指数	MSCI 日本株 女性活躍指数（WIN, Women's index）	S&P/JPX カーボン・エフィシェント指数	S&P グローバル 大中型株 カーボン・エフィシェント指数
タイプ	総合型	総合型	テーマ型	テーマ型	
内容	FTSE の ESG 総合型指数	MSCI の ESG 総合型指数	各業種から性別多様性の高い企業を選別して指数を構築	温室効果ガス排出量 / 売上高が低い企業、温室効果ガス排出の情報開示を行っている企業の投資ウエイトを高めた指数	
対象	国内株	国内株	国内株	国内株	外国株
指数組入候補（親指数）	FTSE JAPAN INDEX 約500銘柄	MSCI ジャパン IMI のうち 500銘柄	MSCI ジャパン IMI のうち 500銘柄	TOPIX 2103 銘柄	S&P Global LargeMid Index (exJP) 2584銘柄

（出所）年金積立金管理運用独立行政法人（GPIF）の資料をもとに筆者作成

第5章脚注

(1) Marco Iansiti,Roy Levien "Strategy as Ecology" Harvard Business Review 2004.3

(2) Kayano Fukuda and Chihiro Watanabe "Innovation Ecosystem for Sustainable Development- Policy and Urban Development - Tourism, Life Science, Management and Environment" Prof. Chaouki Ghenai Ed.InTech2012

(3) 立本博文「第4次産業革命とIoTエコシステム」東洋経済新報社カンファレンス Hello! CONNECTED WORLD2018.4.18等

(4) 椙山泰生「競争戦略論を再考する」日経ビジネスオンライン2012.4.23

(5) Ibid.at (1)

(6) Miklos Dietz, Somesh Khanna, Marie-Claude Nadeau, Daniel Stephens, and Eleonora Sharef "Financial Ecosystems: The Next Horizon for U.S. Banks" McKinsey & Company Financial Services Practice2017.6

(7) Paine, R. T. "A Note on Trophic Complexity and Community Stability". The American Naturalist. 1969

(8) Edward O. Wilson "The Diversity of Life" W. W. Norton, 1999, Marco Iansiti,Roy Levien "Strategy as Ecology" Harvard Business Review 2004.3, James A. Estes, Tim Tinker, James I .BodkIN "Sea

Otters and Kelp Forests in the Aleutian Archipelago" Society for Conservation Biology 2009.8.25

(9) James A. Estes, Tim Tinker, James I .BodkIN "Sea Otters and Kelp Forests in the Aleutian Archipelago" Society for Conservation Biology 2009.8.25

(10) Nanette Kelley "What Happens to Kelp Forests When Sea Urchins Are Not Present in the Ecosystem?" Sciencing.com2017.4.25

(11) Ibid. at (7)

(12) Marco Iansiti and Roy Levien "The Keystone Advantage" Harvard Business School Press2004、杉本幸太郎訳「キーストーン戦略」翔泳社、2007Marco Iansiti and Roy Levien "Strategy as Ecology" Harvard Business Review ,2004.3

(13) Ozgur Dedehayir, Marko Seppänen "Birth and Expansion of Innovation Ecosystems: A Case Study of Copper Production" J. Technol. Manag. Innov. 2015, Volume 10, Issue 2 2015.6.17

(14) 前出 (4)

(15) Michael Schrage "How Innovation Ecosystems Turn Outsiders into Collaborators" Harvard Business Review 2014.4.30

(16) Jan-Peter Ferdinand、Uli Meyer "The social dynamics of heterogeneous innovation ecosystems" International Journal of Engineering Business ManagementVolume 9: pp1-16 2017.3.31

(17) Jørn Bang Andersen "What Are Innovation Ecosystems and How To Build and Use Them"

(18) Ozgur Dedehayir, Marko Seppänen "Birth and Expansion of Innovation Ecosystems: A Case Study of Copper Production" J. Technol. Manag. Innov. 2015, Volume 10, Issue 2 2015.6.17

(19) 内閣官房「人間中心の AI 社会原則」統合イノベーション戦略推進会議決定 2019.3.29

(20) 平野敦士カール、アンドレイ・ハギウ「プラットフォーム戦略」東洋経済新報社

(21) 根来龍之「プラットフォームの教科書」日経BP社、三枝元「プラットフォームビジネス」2018

(22) 高橋浩「プラットフォームエコシステム理論の新潮流」B-frontier 研究所 2016.5.9

(23) 三枝元「プラットフォームビジネス」2018

(24) 日本経済新聞 2018.11.15 朝刊 p5

(25) Andrei Hagiu "Strategy, Innovation, Business Model Innovation, Business Models, Partnerships & Alliances" MIT Sloan Management Review2014 Winter

(26)〜(34) Andrei Hagiu "Strategy, Innovation, Business Model Innovation, Business Models, Partnerships & Alliances" MIT Sloan Management Review2014 Winter

(35) Andrei Hagiu, David B. Yoffie "What's Your Google Strategy?" Harvard Business Review 2009.4

(36) Ibid.

(37) 前出 (20)

(38) 冨田秀継「亡命から起業へ、伝説の経営者アンディ・グローブ死去」GQJapan2016.3.22

(39) USA TODAY "Intel's Andy Grove remembered as a great leader, teacher" 2016.3.22

(40) 矢矧晴彦、白石隼人「シェアリングエコノミー」PwC2016.2

(41) 同前

(42) 内閣官房第1回 シェアリングエコノミー検討会議（2016年7月8日）一般社団法人シェアリングエコノミー協会 提出資料シェアリングエコノミー協会資料

(43) 株式会社ガイアックス「ブロックチェーンを活用した本人確認サービスの実証実験を開始 〜ブロックチェーンのシェアリングエコノミー分野での応用を目指す〜」プレスリリース 2016.4.27

(44) 首相官邸「知的財産推進計画 2016」知的財産戦略本部決定 2016.5.9

(45) 経済産業省、厚生労働省、文部科学省「2013年版ものづくり白書」2013.6.7

(46) Andrew Swart, Andrew Cheatle & Carl Weatherell" Business Ecosystems in Exploration" MONITOR DELOITTE, PDAC, CANADA MINING INNOVATION COUNCIL MINING EDITION 2016

(47) 公正取引委員会は、パテントプールを次のように定義しています（公正取引委員会「知的財産の利用に関する独占禁止法上の指針」2007.9.28）。「パテントプールは、ある技術に権利を有する複数の者が、それぞれが有する権利又は当該権利についてライセンスをする権利を一定の企業体や組織体（その組織の形態には様々なものがあり、また、その組織を新たに設立する場合や既存の組織が利用される場合があり得る。）に集中し、当該企業体や組織体を通じてパテントプールの構成員等が必要なライセンスを受けるものをいう。」

(48) 経済産業省、特許庁「戦略的な知的財産管理に向けて－知財戦略事例集」2007.4

第5章 ビジネスエコシステム

⑷ 前出（3）
⑸ オープンイノベーション協議会「オープンイノベーション白書」2016.7
⑸ Marco Iansiti and Roy Levien "Strategy as Ecology" Harvard Business Review, 2004.3 Marco Iansiti and Roy Levien "The Keystone Advantage" Harvard Business School Press2004、杉本幸太郎訳「キーストーン戦略」翔泳社、2007
⑸ Henry W. Chesbrough, Melissa M. Appleyard "Open Innovation and Strategy" Portland State University PDXScholar Fall 2007
⑸ デロイトトーマツ「SDGs を使いこなす企業が、勝ち抜く」
⑸ Michael E. Porter, Mark R. Kramer "Creating Shared Value" Harvard Business Review2011.1,2
⑸ 日本経済団体連合会「企業行動憲章」2017.11.8
⑸ 経済産業省経済産業政策局産業資金課「SDGs経営／ESG投資研究会第1回」事務局説明資料2018.11 等
⑸ Japan Innovation Network、NTT データ「SDGs グローバルスタートアッププログラム事業で協業」2018.3.22
⑸ 金沢工業大学「金沢工業大学が日本初となる SDGs ベンチャーエコシステム「SDGs Leaders Kansai」の立ち上げを実施」2017.10.16
⑸ 横浜市温暖化対策統括本部「横浜市における "水素社会" に向けた取組」

第6章
スマホ、車、金融の
エコシステム

1. スマホのエコシステム

1 スマホエコシステムの背景

　スマホは、いまや IT の中核的存在となっています。

　ユーザーの多種多様なニーズに応えるアプリの開発と配信等によって、スマホはさまざまな用途に活用できるツールとなりました。

　しかし、そのスマホもユーザーの間に普及が進むと、当初の爆発的な売れ行きが鈍化し、それに対応するためにベンダーでは各種のデータ交換機能、カメラの高機能化、それらを制御する機能付加や改善に注力して、遂にスマホは電話機の域を大きく凌駕して、電話機能付きコンピューターというほど機能が充実してきています。しかし、こうした機能付加等によってもユーザーの需要喚起効果は限定的なものとなっています。

　そこで、現在のスマホに革新的な価値を付加するイノベーションが求められますが、そうした開発には多額のコストと大きなリスクが伴うことになります[1]。

　したがって、こうしたイノベーションによる機能付加を単独の企業で実現することは困難であり、エコシステムを構築して、外部のノウハウ、技術を活用することが必要となります[2]。

2 スマホエコシステムの構成

❶スマホエコシステムのメンバー

　スマホのエコシステムのメインプレイヤーは、通信キャリア、端末ベンダー、ユーザーです。

　すなわち、スマホ業界では、端末ベンダーと通信キャリアの間で技術開発や販

売面で緊密な関係を維持するエコシステムを構築しています。

　具体的には、通信キャリアはユーザーの間で評価が高いスマホを供給するベンダーと緊密な関係を持つことにより、通信サービスの契約獲得を指向しています。また、端末ベンダーは、通信キャリアに採用されることを目指してさまざまな手を打って販売促進を行っています。

❷ モバイル技術を支えるメンバー

　モバイル技術は、相互に関連するいくつかの層のハードウェアとしてのインフラとソフトウェアとしてのアプリから構成されています。

　したがって、スマホの製品化には、テクノロジープラットフォーム、オペレーティングシステム（OS）、ユーザーインターフェイス、アプリのデベロッパーだけではなく、ネットワークやサービスのプロバイダー、モバイルポータルのプロバイダーが関わることになります。

　そして、開発から販売までのプロセスでサプライヤー、ディストリビューター等、さまざまなプレイヤーが相互に連関して広範に亘るエコシステムを構築しています。また、プレイヤーが各々の分野において技術進歩を遂げていく過程でエコシステム自体も進化することになります。

　このようにモバイルエコシステムは、1つの組織体ではなくいくつかの組織の組み合わせであり、新鮮なアイディアを持ったプレイヤーがスマホのエコシステムに新規参入することが容易となります。

3　アップル、グーグルによるスマホエコシステム

　アップルとグーグルは、それぞれ iPhone OS と Android というオープンアーキテクチャー型のプラットフォームで、世界のアプリ開発者向けにマーケットプレイスを提供しています。

　エコシステムにおける主役とそのパートナーとの関わり合いについては、主役がどの程度パートナーを強くコントロールするかにより、さまざまなパターンが考えられます。iPhone と Android は、いずれもイノベーションエコシステムによる価値の創造のプロセスにおいて外部の企業等を重要なドライバーとして位置付けていますが、両者は特にアプリの扱いの面で主役とパートナーの関係の在り方が異なっています。

すなわち、アップルは、デベロッパーに対して高いレベルのコントロールを維持する一方、デベロッパーがユーザーに対するソフトウェアやサービスを提供するに際しては万全のサポートをしています。

これに対して、Android は、ハードウェアのメーカーやベンダー、ソフトウェアのデベロッパー、ユーザーに対してよりオープンな関係を維持しています。

以下では、スマホの2つのプラットフォームである iPhone と Android についてみましょう[3]。

❶ アップルのiPhone

2007年に発売開始の iPhone は、携帯電話事業者で現在は AT&T の子会社の AT&T モビリティー（旧名シンギュラー・ワイヤレス）とアップルとの合弁会社で開発が始められました。

アップルは iPhone のハード、ソフト双方とも大部分を自社内で開発して200を超える特許を取得しています。

もっとも、ハードのいくつかは、外部の先端技術を持っている中小企業を買収してその技術を取得する形で導入しています。その1例がフィンガーワーク社です。フィンガーワーク社は、マルチタッチ技術を開発したデラウェア大学のジョン・エリアス教授と博士課程の学生ウェイン・ウェスターマンにより1998年に設立された会社で、その後、2005年にアップルにより買収されました。

フィンガーワーク社が持つ技術は、2007年発売の iPhone のマルチタッチに使用されました。また、2010年に発売されたタブレットタイプの iPad にも iPhone と同じタッチベースの OS が使われています。

そして、iPhone のプラットフォームでは、アップルにより承認されたアプリだけが使うことができるように設計されています。

a. 直線的から循環的へ

アップルの経営戦略の大きな特徴は、従来の直線的（linear systems）な事業モデルから、オープンイノベーション2.0による循環的（circular systems）な事業モデルに変容していくという点です。

ここで直線的というのは、たとえば、1社が一方通行的に製品やサービスを展開していくような状況を指しています。アップルが、携帯型音楽プレイヤーやスマホ、パソコンを売っているだけの時代には、直線的な事業モデル

が採用されていました。

　ところが、iTunes という仕組みの登場で、iTunes のプラットフォームを通じて、アップル以外の企業や団体が、音楽などのソフトウェアを販売したり、さらにその先のサービスを提供するようになっています。携帯型音楽プレイヤーやスマホ、パソコンといった機器、さらに iTunes というプラットフォームも、これらのソフトウェアやサービスを提供したり活用したりするための媒体に過ぎません。

　これは、完全な循環型ではありませんが、直線的な枠組みから脱却した事業モデルとなっています。

b. 独占型からオープン型へ

　アップルの経営戦略である独占型（proprietary）からオープン型（open）へ、さらに、組織化（organization）からエコシステム化（ecosystem）への変化も、前述のような直線的から循環的への変化と重なる部分が大きな特徴です。

　組織化からエコシステム化というのは、企業同士の連係や連合のような、ある程度、固定された状況のなかで事業が完結するような事業モデルから、生態系のように広がりを持ち、幅広い企業やサービスによって1つの社会システムが成り立つような環境が事業モデルとなっていく状況を指します。

　これも、iTunes の象徴としてみることができます。

❷ グーグルのAndroid

　2007年、オープン・ハンドセット・アライアンス（Open Handset Alliance, OHA）が設立されました。OHA は、その名前が表すとおり、モバイルエコシステムをよりオープンなものとすることを目的とした携帯電話業界約50社から構成されるコンソーシアムです。そのメンバーは、グーグルを中心に、モバイルオペレーター（14社、日系では KDDI、NTT ドコモ、ソフトバンク）、携帯電話メーカー（23社、日系では富士通、京セラ、NEC、シャープ、ソニーエリクソン、東芝）、半導体（20社、日系では ARM）、ソフトウェア（17社、日系ではモトヤ、オムロンソフトウェア）、ベンダー（12社）です。

　OHA のコンセプトは、オープン性を高めることにより、ユーザーニーズに、より良く、より速く応えることにあります。そして、このアライアンスが最初に手掛けたプロジェクトが Android でした。

Android は、3つの側面でオープンであることを標榜しています。すなわち、a.携帯電話メーカー、オペレーター、ベンダーといった携帯電話業界に対してオープンであり、b.ユーザーに対してオープンであり、そして、c.アプリのサプライヤーとなるデベロッパーに対してオープンである、としています[4]。

a. 携帯電話業界

　携帯電話業界をサポートするために、Android のコードはすべてオープンライセンスのもとでリリースされ、Linux カーネルで運用されています。OHA のメンバーは、ハードとソフトの互換性を確保するために Android の技術の標準化に合意をしています。

　また、一般にルック・アンド・フィールは標準化されていますが、Android は、その互換性のなかでデベロッパーがルック・アンド・フィールについてカスタマイズして差別化を図ることも容易にしています。なお、ここでルック・アンド・フィールのルックは、画面上の書体、色、レイアウト等のデザインの要素を、また、フィールはメニュー、ボタン、レスポンス等の操作上の要素を意味します。

b. ユーザー

　ユーザーにとっての Android のオープン性は、ユーザーがインストールしたアプリでユーザーエキスペリエンスをコントロールする自由度を高めることにあります。すなわち、ユーザーのデータが新しいアプリに簡単にポートできるように大部分のプログラムは削除されるか置き換えることができるようにデザインされています。

c. デベロッパー

　アプリのデベロッパーにとっての Android のオープン性は、2点あります。

　第1は、デベロッパーはアプリをユーザーに配布するにあたって何らの許可を得る必要がないことです。Android には、アプリの証明書はなく、また、APIについても特権を与えるというような形での制限を設けていません。したがって、デベロッパーはアプリをマーケットに出すことについて Android との間で特別の了解を得る必要はなく、Android のプラットフォームをフルに活用することができます。

　第2は、Androidは、デベロッパーに対してアプリを製作するにあたって使うことができるツールを広範に亘って提供している点です。これにより、デベロッパーはアプリを容易に、かつスピーディに開発することが可能となります。

　すなわち、Androidは、デベロッパーにイノベーションを生かしてオープンにされたプラットフォームで、アプリの開発に必要SDK（Software Development Kit、ソフトウェア開発キット）をAndroid Studioの名称でセットで提供しています。

　このように、Androidは、モバイルデベロッパーがモバイル端末で使うアプリを自由に開発するオープン性を備えています。たとえば、デベロッパーがアプリを開発するにあたっては、電話、メール、カメラ等、モバイル端末の主要な機能を自由に使用することができ、ユーザーニーズをよりきめ細かく汲み取るアプリの開発が可能となっています。

　そして、Androidには、オープンソースで新たなテクノロジーが生まれるたびにそれを自由に組み込むことができます。したがって、Androidのプラットフォームは、デベロッパーが協働してイノベーティブなアプリを制作することにより、進化を続けることになります。

　また、Androidでは、コアアプリとサードパーティー製アプリとを区別せず、同等に扱っています。すなわち、サードパーティー製アプリの開発でも、ユーザーにさまざまなサービスを提供できるように、Androidの機能にアクセスできるようになっています。そして、Androidのプラットフォームで作られたアプリでユーザーは自分の好みにあった形にテーラーメイドすることができます。

　このように、Androidは、イノベーティブなアプリを制作する障害を完全に取り除いています。たとえば、デベロッパーはウエブ上のデータと個人の携帯電話のコンタクト先やカレンダー、地理的な場所を結びつけて、よりユーザーエキスペリエンス（UX）に関連したサービスを提供することができます。そして、Androidを使ってユーザーは、自分の友人達がどこにいるかを知ることができ、また、友人が近くにいるときにはアラートで知らせるといった機能を持つアプリを開発することもできます。

　Androidのデベロッパーは、約50万人に上り、20万ものアプリの大半の開発を手掛けています。

❸ App Store とGoogle Play

前述のとおり、アップルも Android も、デベロッパーがアプリを開発してそれをユーザーに提供するプラットフォームを構築しています。そのプラットフォームについて、アップルが App Store、Android が Android Market（その後 Google Play に改名）という名前を付けていますが、このストアとマーケットの名称は、アップルと Android の違いを端的に表しています[5]。

すなわち、アップルの iPhone は、外部のデベロッパーをイノベーションに参加させるにあたっては選別的であり、また、参加のステージもアプリの開発というバリューチェーンの後の方になります。

これに対して、Android は、デベロッパーはハードから OS、アプリ等とプラットフォーム全体に亘って参加することができます。

a. App Store

アップルは、2008年に App Store との名称でオンラインによるアプリの配信チャネルを設定しました。この App Store では、iPhone や iPod Touch のユーザーが、直接自分の端末に App Store が提供するアプリをダウンロードすることができます。なお、アップルは、2010年に iPhone と同様のタッチベースの OS を搭載したタブレット端末を iPad の名称で発売しています。

App Store では、キーストーンであるアップルがニッチプレーヤーである多くのアプリ事業者と共同してプラットフォームを通じてユーザーに対して各種サービスを提供することにより、アップルとアプリ事業者から構成されるエコシステムが協働して価値の共創を行うことになります。

ところで、App Store を百貨店にたとえれば、ブランド商品（アプリ）は百貨店（アップル）が指定した一定の売り場に配列されなければなりません[6]。デザイナーやサプライヤーは、どのような商品を開発するかは自由ですが、百貨店の経営者は店舗を通じて売りに出される商品が適切なものかどうかの見張りをする門番の役割を果たします。このことにより、品質や品揃えは妥当な水準に維持され、また、店のブランドは強固なものとなると共に、サプライヤーもブランド力を高めることができます。

このように、iPhone のアプリのデベロッパーは、顧客とコンタクトすることができる1つのチャネルを持ち、アップルにより自分が開発したソフトが標準的な水準を充たす品質であることのチェックを受け、それを e- コマ

ースに活用できるようになります。

しかし、アップルによるコントロールにより、デベロッパーの開発の自由度や柔軟性はそれほど高くなく、また、新たなアプリの承認に時間がかかるという恐れがあります。

b. Google Play

Android は、2008年に Android Market の名称でオンラインによるアプリの配信チャネルを設定しました。なお、Android Market は、その後、Google Play に改称されています。

Android の Market/Google Play は、マラケシュのスークやダッカのバザーのデジタル版というにふさわしい自由奔放なマーケットです[7]。すなわち、アップルの「Store、店」に比べると、Android の「Market、市場」では、階層構造の色彩は薄く、また誰が何を売るかについてのコントロールも強くはありません。このように、Google Play は、排他的なダウンロードのツールではなく、どのサプライヤーであっても他のチャネルを使ってエンドユーザーに対して活用できます。たとえば、2011年、アマゾンは amazon appstore を開設して Android の端末向けのアプリを発売しています。

このように、Google Play では各デベロッパーの自由度は大きい一方、ユーザーへのアクセス等について強力なシステムサポートを期待することはできません。すなわち、Android のアプリのデベロッパーは、SDK（Software Development Kit）やツール、フレームワーク、手法、ベストプラクティスの形でガイダンスを受けていますが、iPhone のデベロッパーとは異なり Android のデベロッパーは、製品のブランド力を高めることやユーザーへのアクセスについては自力で行う必要があります。

2. モビリティーエコシステム

 「車のモデルチェンジ」から「ビジネスモデルチェンジ」へ！：自動車業界のビジネスモデルの転換

自動車の普及により大気汚染や地球温暖化といった環境問題や交通事故、交通渋滞の増加といった社会問題が深刻化しています。こうした状況下、さまざまな

問題への有力なソリューションとして、急速な進化をみているITを活用して自動車産業が車を量産するメーカーからモビリティーを提供するサービス会社へと転換するパラダイムシフトを指向するケースが出現しています[8]。

　自動車メーカーが真のモビリティーサービスを提供する会社へと転換する場合には、量産と販売台数の多さを競争力の最大の源泉としてきた自動車の所有を前提とするこれまでのビジネスモデルを大きく転換する必要があります。たとえば、今後、カーシェアリングが普及すれば、自家用車の保有台数は減少していく可能性があります。

　問題は、経営トップがこれまでの量販型ビジネスモデルとは異質のコンセプトを受け入れてそれを経営方針とその実践に反映させることについて、踏ん切り、決断ができるかどうかであり、ここに経営トップの失敗を恐れず果敢に未知の領域に乗り出すチャレンジ精神による強力なリーダーシップが求められます。

　自動車メーカーは、これまでのように車は各人が所有するものだ、ということを前提として車の性能をいかに高めるかにリソースの多くをつぎ込み、その結果、新たなモビリティー世界を展望したビジネスモデルを切り拓くことに躊躇する、といったイノベーションのジレンマに陥ってはいけません。

　トヨタの豊田社長は、未知の世界での闘いに臨むあたっての社長の決意として、要旨、次のように述べています[9]。

　「トヨタは、100年に一度の大変革時代を100年に一度の大チャンスと捉えています。

　そして、従来の延長線上にある成り行きの未来と決別、自分たちの手で切り拓く未来を選択して、自動車をつくる会社からモビリティーカンパニーへと企業グループのモデルチェンジを目指します。

　失敗を恐れず、よいと思うことは何でも挑戦してまいります。うまくいかないこともあると思います。むしろ、うまくいかないことの方が多いかもしれません。

　しかし、この闘いは未来のモビリティー社会をつくるための闘いです。」

　後述のように、車の自動化、電動化等により自動者業界には業界の壁を超えたさまざまな企業が参入して、従来とは異なるバリューチェーンによるモビリティーエコシステムが形成されることになります[10]。

　こうしたなかで、自動車メーカーがモビリティーエコシステムの中軸に位置するためには、自前主義ではカバーできない分野で強みを持つスタートアップや大手IT企業、サプライヤー等を戦略的パートナーにして協働、価値を共創してい

くことが必須となります。そして、車を製造、販売するというビジネスとモビリティーサービスとを融合して、ユーザーエクスペリエンスをベースとするモビリティーエコシステムを構築する必要があります。

こうしたなかで、自動車メーカーとは業種が異なるグーグル等のIT企業が業界の垣根を超えてモビリティー事業への進出を図っていて、先行きITが自動車産業のパラダイムを変革する流れが強まっています。

これについてダイムラー社のツェッチェ社長は、次のように述べています[11]。

「われわれは、多くのIT企業が自動車産業に興味を示している事実を脅威とはみていない。このことは、自動車産業は先行き、有望な産業であることの証しなのだ。」

2 MaaS

❶MaaSとは?

MaaS（Mobility-as-a-Service）の概念は、一義的なものではなく、さまざまな意味を持っています。

すなわち、a.さまざまな種類の輸送手段を統合して最適な輸送サービスをシームレスに提供するマルチモーダル交通サービスを意味することや、b.たとえば自動車という単一の輸送手段を自動運転等による高度化でサービスの向上を図ること、さらには、c.輸送業者のサービスとさまざまな異業種のサービスを融合して、ユーザーの利便性を図ること、を意味することもあります[12]。

そして、こうしたMaaSの進展には、スマホ、IoT、AI等のICTの発達、普及が大きな要因となっています。たとえば、スマホを使って電車やバス、飛行機等、さまざまな交通手段や宿泊施設に一元的にアクセスして予約や決済が最適な条件で可能になるとか、IoTの活用によりユーザーの経路、改札通過等の移動履歴や宿泊、支払いのデータを収集、一元化して、AIの活用によりビッグデータを分析することにより、ユーザーにとってより良いサービスを提供することが可能となります。

また、輸送業者と異業種の融合では、MaaSのプラットフォームの構築が重要となります[13]。たとえば、後述「3 CASE　❷トヨタとソフトバンクの提携」のようにトヨタとソフトバンクとの共同出資会社であるモネ・テクノロジーは、プラットフォーマーとして機能することを指向しています。

❷ MaaSは社会問題の有力ソリューション

　地方では、都市への人口流出による輸送人員の減少からバスの減便や鉄道の廃線がみられており、高齢者の間には買い物や病院に行く交通手段の確保が大きな問題となっています。

　また、都市では人口集中による輸送人員の増加から交通渋滞や鉄道の混雑が続いています。

　こうした社会的な問題のソリューションに、MaaS が活躍することになります。

　すなわち、地方では、通常の路線バスで予約があった場合に限り運行するとか、需要に応じて運行ルートやスケジュールを柔軟に変更する、といったバスのディマンド運行サービスが考えられます。

　また、都市では、タクシーの配車アプリを活用して、同じ方向に移動するユーザーのマッチングを行う相乗りサービス（ライドシェア）が考えらます。

　さらに、各種交通機関や宿泊施設を一元的に検索、予約、決済ができるマルチモーダルサービスは、特に訪日外国人にとっては利便性が高いサービスになると考えられます。

　一方、物流においては、ヒトとモノの混載運送サービスやドローンのラストワンマイル配送（最終拠点からエンドユーザーまでの配送）への活用が、人手不足の深刻化や排ガス問題へのソリューションとして有効となります。

　こうした MaaS によりもたらされるメリットは、国連サミットで採択されたSDGs（持続可能な開発目標）にマッチするものである、ということができます。

コラム　マルチモーダル交通

　マルチモーダル交通は、最適なモビリティーの実現を指向して、鉄道、市電、バス、レンタカー、サイクルシェア等、複数の交通機関をシームレスにつないで、ユーザーがひとつのサービスとして効率的に利用できるようにする交通体系をいいます。なお、モーダルは様式を意味します。

　インターネットやスマホ等の IT の発展、普及によって、複数の交通モードをネットワーク化して人々が移動する場合の最適の経路や交通手段をリアルタイムで把握できるようになったことから、マルチモーダル交通は、交通の利便性向上と輸送分担効率化の双方を同時達成できるシステムとして注目されています。

　マルチモーダル交通の先進事例では、フィンランドのベンチャー企業が提供するWhim が有名です[14]。

　Whim は、複数の事業者が提供するモビリティーサービスを統合して、経路検索か

ら決済までを可能にしたマルチモーダル交通サービスを提供するアプリです。ユーザーがスマホで Whim を起動して目的地までの経路を検索すると、複数のルートが提示され、ユーザーが選択したルートの移動手段の予約から決済までを行うことができます。ユーザーが選択できる移動手段には、電車、地下鉄、バス、トラム等の公共交通機関と、レンタカー、タクシー、シェアサイクル、カーシェアリングがあります。

Whim は、自家用車の所有からの脱却を目的とした設計となっており、実際にも Whim ユーザーの公共交通やタクシーの利用が増加する一方、自家用車の利用は大幅に減少したとの調査結果になっています。

一方、国内では、2018年11月から5カ月に亘って西鉄とトヨタが福岡市でマルチモーダルモビリティーサービス、my route の実証実験を行いました[15]。

マルチモーダル交通アプリの my route は、ルート検索だけでなく、駐車場予約アプリ、サイクルシェアサービス、タクシー配車アプリ、ファミリー向けおでかけ情報サイト、レジャー・遊び・体験の予約サイト、福岡市公式シティガイド等が連携しています。

これにより my route は、店舗・イベント情報の提供から実際の移動手段の検索・予約・決済まで、移動に関する一連の機能をスマホのアプリで提供して、福岡市内の円滑な移動のサポートだけではなく、街の賑わいの創出を目指しています。

この実証実験では、トヨタはアプリと決済プラットフォームの開発・運営、トヨタのレンタカーの情報提供を担い、西鉄はバスの位置情報や、西鉄グループが持つ店舗・イベント情報の提供を行っています。なお、前述のマイカーへの対抗として生まれた Whim とは異なり、my route の移動手段のメニューにはマイカーが含まれています。

❸ MaaSとエコシステム

さまざまな交通機関は、自己の交通手段を使った顧客の移動、交通に関わる多種多様で膨大なデータを保有しています。

こうしたデータが、MaaS によって蓄積され、それがオープン化されることにより、各種の輸送業者の競争促進、効率性の向上に資するだけではなく、輸送業界以外の異業種との融合による価値の共創が期待されます。

すなわち、交通関係業者によって人流や物流から収集された交通データや決済データが、APIの活用によって買い物、住宅、ファイナンス、保険、決済等、交通に関係のない業界にも公開されることにより、交通関係業者と外部業者との間で連携、協働を図りながら新たなビジネスを展開することができるエコシステムの構築につなげることができます[16]。

【図表5-1】 新たなモビリティーサービスの具体例

サービスの分類		サービスの具体例
カーシェア	B2C	・借りた場所と異なる場所に返却することができるカーシェアサービス ・決められたエリア内であれば道路上や公共駐車場等に自由に乗り捨てられるカーシェアサービス
	C2C	自家用自動車をユーザー間で貸借できるカーシェアサービス
ディマンド交通	バス	・通常の路線バスをベースに予約があった場合に限り運行するサービス ・需要に応じて運行ルート等を柔軟に変更する運行サービス
	B2C	配車アプリ等で 、同方向に移動するユーザーのマッチングを行うタクシーの相乗りサービス
	C2C	一般ドライバーが自家用車で乗客運送するサービス
物流	旅客交通と 貨物交通の融合	旅客運送業者の貨物運送と、貨物運送業者の旅客運送の両方を含むヒトとモノの混載運送サービス
	ラストマイル配送	ドローンを含む無人配送ビークル活用の配送サービス
コネクテッドカーサービス		車両のコネクテッド化を通じたメンテナンス、オペレーショ等の高度化サービス

（出所）経済産業省「IoT や AI が可能とする新しいモビリティーサービスに関する研究会中間整理」2018.10.17
をもとに筆者作成

3 CASE

❶CASEとは?

　2016年にパリで開催されたモーターショウで、ダイムラー社のツェッチェ社長は、メルセデス・ベンツの未来は、CASE、すなわち、コネクティド（Connected）、自動運転（Autonomous）、カーシェアリング（Shared）、それに電気自動車（Electric）の4本の柱から構成されるとして、メルセデス・ベンツの社内に CASEチームを結成した、と言明しました。

　このように、自動車業界は、自動運転や電気自動車をはじめとする技術革新やカーシェアリングの台頭等のイノベーションが目白押しの状況です。

　こうしたなかで、自動車業界では、従来の系列にとらわれることなく、業界の領域を超えた多くの企業群が連携して、一体として成長するエコシステムのビジ

ネスモデルへの変革が急速に進捗しています。

　すなわち、自動車業界は、最終工程であるアッセンブル（組み立て）を主なビジネスとする親企業のもとに、部品を製造する系列企業、さらには素材メーカーというように垂直型の連携を基本的なビジネスモデルとしてきました。こうした系列関係は、あくまでも自動車産業という1つの産業内の企業間のつながりで、自己完結型モデルというべきものです。

　しかし、自動車産業では、ITの進展や環境への対応等を背景にして、産業界の壁を越えた企業等の結びつきを強化する水平型の連携モデルを軸とするエコシステムへと大きな舵切りをみせています。

　エコシステムの先陣を切ったのは、シリコンバレーをはじめとするIT産業ですが、エコシステムの進展により、自動車産業の周辺に位置するソフトウェア、エンターテインメント等の異業種がエコシステムの重要メンバーとして参画して、今後、自動車業界の地図が大きく変化する可能性がきわめて高いとみられます。

　このように、業界の枠を超えたさまざまな企業が相互に依存、融合しながら、イノベーションにより未来の自動車の姿を変革するエコシステムの構築に向けて走り出しているのです。

❷トヨタとソフトバンクの提携

　トヨタ自動車の豊田社長は、2018年3月期決算発表における記者会見で、要旨、次のように述べています[17]。

　「自動車産業は　いま、100年に一度と言われる大変革の時代に突入しています。自動車業界の新たなライバルとなるテクノロジーカンパニーは、われわれの数倍のスピードで、新技術への積極的な投資を続けております。

　われわれは、トヨタグループはもちろん、同業他社や他業界も含めたアラインスを強化してまいります。

　私は、トヨタを「自動車を作る会社」から「モビリティーカンパニー」にモデルチェンジすることを決断いたしました。モビリティーカンパニーとは、世界中の人々の移動に関わるあらゆるサービスを提供する会社です。

　トヨタはこの100年に一度の大変革時代を、100年に一度の大チャンスの到来と考えて、従来の延長線上ではなく、これまでにはない発想でチャレンジをしていきます。」

　このように、トヨタは、クルマをつくるメーカーからモビリティーに関わるあ

らゆるサービスを提供するサービス会社にモデルチェンジすることを高らかに宣言しました。

　そして、トヨタは、モビリティーカンパニー推進に向けて、a. グループ企業、b. 他自動車メーカー、それに、c. モビリティーサービスを提供する異業種に属する企業、といった3つの柱でアライアンスの強化に取り組んでいます[18]。

　トヨタは、このうちの第3の柱を進めていくため、2018年にソフトバンクとの戦略的提携を公表しました[19]。

　この提携は、日本で時価総額1位のトヨタ自動車と2位のソフトバンクという異業種に属する企業が共同出資で新会社「MONET Technologies（モネテクノロジーズ）」を設立して、情報革命を推進するソフトバンクとモビリティーサービスを推進するトヨタのビジョンを融合することにより、すべての人に安心、快適に移動できる Mobility Network を実現することを指向するものです。

　具体的には、トヨタが構築した情報基盤とソフトバンクの IoT プラットフォームを連携させて、車や人の移動に関するさまざまなデータから需要と供給を最適化して、地域連携型オンディマンド交通や企業向けシャトルサービス等、移動における社会課題の解決や新たな価値を共創する MaaS 事業を開始する、としています。

　また、先行き、たとえば、移動中に料理を作って宅配するサービスや、移動中に診察を行う病院送迎サービス、移動型オフィス等、移動、物流、物販など多目的に活用できるトヨタの電気自動車（EV）、e-Palette（イーパレット）によるモビリティーサービスを展開する見込みです。

　このように、トヨタとソフトバンクの提携は、MONET の需給最適化システムを活用して、移動、物流、医療等のサービス業者を参加者とする「モビリティーエコシステム」を構築することを目的としています。

　なお、モネテクノロジーズには、その後、ホンダも出資をしています。

　さらに、トヨタとデンソー、それにソフトバンク・ビジョン・ファンドは、2019年4月、自動運転ライドシェア車両の開発と実用化を加速するため、Uber の Advanced Technologies Group に合計10億ドルの出資を行うと発表しました[20]。

　これにより、トヨタは自動運転ライドシェア車両の開発を継続するとともに、次世代自動運転キットの設計と開発を共同で行い、本格的な自動運転ライドシェアサービス車両の量産化とサービス実用化を指向する、としています。

【図表5-2】トヨタとソフトバンクの提携により構築されるモビリティーエコシステム

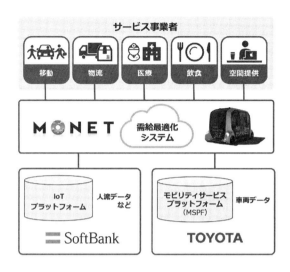

（出所）ソフトバンク株式会社、トヨタ自動車株式会社「ソフトバンクとトヨタ自動車、新しいモビリティーサービスの構築に向けて戦略的提携に合意し、共同出資会社を設立」プレスリリース 2018.10.4

　以下では、モビリティーエコシステムの展開を電気自動車、燃料電池自動車、自動運転、コネクティドカーのケースでみることにしましょう。

4　電気自動車（EV）

　電気自動車（Electric Vehicle,EV）は、排ガスの低減に資するだけではなく、自動車産業に大きな変革をもたらすポテンシャルを持っています。

❶自動車のコモディティ化

　ガソリン車では、エンジン、燃料噴射装置、ガソリンタンク、マフラー等が必要ですが、電気自動車ではそうした部品は不要となり、代わりにモーター、バッテリー、インバーター等が必要となります。

　このように、電気自動車では、ガソリン車に比べて機械系統を中心に部品数が大幅に減少するとともに、各部品のモジュール化（標準化）により車のコモディティ化が加速することになります。

　この結果、従来、自動車産業界で一般にみられてきた系列関係による「擦り合

わせ」という特質が「汎用品の組み立て」に置き換わることになります[(21)]。

❷ 電気自動車が作るエコシステム

　上述のとおり、電気自動車の主要部品は、モーター、バッテリー、インバーター等です。したがって、こうした関連業界のメーカーが新たに自動車業界に参入することになります。

a. 充電インフラとそのネットワーク化

　　電気自動車で最も重要な部品は、バッテリーとその充電インフラです。

　　このように、電気自動車が普及するためには、充電インフラの充実が欠かせません。そこで、多くのメーカーが充電器設備の開発や充電スタンドの設置に取り組んでいます。

ⅰ）電気自動車用バッテリーの開発、製造、調達

　　2019 年 1 月、トヨタとパナソニックは、2020 年末までに電気自動車用の電池の研究開発、製造等を行う合弁会社を設立することに合意しました[(22)]。

　　車の電動化において最も重要な要素である電池には、コスト・エネルギー密度・充電時間・安全性等の高い技術力に加えて、安定供給能力の確保やリサイクル等、多岐に亘る対応が求められ、電池メーカーや自動車メーカーが単独の努力だけでは解決できない事業環境にあります。

　　こうした認識の下に、両社では経営資源・リソースを結集して、両社の競争力のある電池の実現に向けた取り組みをさらに強化・加速させて、トヨタのみならず広く自動車メーカーによる電気自動車の普及に注力する、としています。

　　具体的には、トヨタの強みである電動車のノウハウと市場データ、全固体電池等の先行技術、およびトヨタ流のモノづくりと、パナソニックの電池メーカーとしての強みである高品質・高い安全性の高容量・高出力電池の技術、量産技術、国内外の顧客基盤を融合することにより、開発力、製造力の双方において、No.1を実現することを指向しています。

　　また、2019年6月、トヨタは、世界最大のバッテリーメーカーである中国の寧徳時代新能源科技（CATL）と提携することを明らかにしています[(23)]。そして、これによって電池供給の調達先を広げるほか、電池の品質向上や、

規格の共通化、再利用等、幅広い分野で協業の具体的な検討を行い、トヨタの世界販売台数の半分を電動車にする目標時期を2025年と従来から5年ほど前倒しする、としています。

ⅱ）充電器設備の販売

　　楽天株式会社は、ソーラーパネルの販売のほか、電気自動車用充放電設備を取り扱っています[24]。この充放電設備は、電気自動車と住宅との間を結び、相互の充放電を可能とするV2H（Vehicle to Home）システムを構築し、家庭の電源からEVへ充電するだけでなく、電気料金の安い深夜にEV内の大容量バッテリーに充電して昼の時間帯に家庭で利用することで、家庭の電気料金を節約することができます。

　また、電力消費のピーク抑制に貢献するため、ディマンドレスポンスの用途に活用することも可能である、としています。ここで、ディマンドレスポンスとは、電力需給の逼迫時に需要家サイドでの電力削減努力によりピーク電力を抑制する取り組みをいいます。

ⅲ）充電インフラのネットワーク化

　　日本ユニシスでは、充電スタンドをネットワークでつなぐプラットフォームを構築してAPIにより充電器メーカー等に無償公開しています。

　これにより、電気自動車やプラグインハイブリッド車のドライバーは設置場所を簡単に知ることができ、また、空き具合を確認して予約することも可能となります。また、充電スタンドの設置サイドは、無人で運営することもできます。こうしたネットワークでつながれた充電スタンドは、高速道路・道の駅やマンション、ショッピング施設、旅館・ホテルに設置されています。

　また、日本ユニシスは、このプラットフォームをカーシェアリング等にも活用しています。

b. 住宅メーカー

　　自家用車としての電気自動車で重要なインフラとなるのは、自宅で充電する場合のコンセントの設置です。

　これまでのマンションでは、充電コンセントを設置するためには、共用電

源からの配管・配線や専用の分電盤等の工事が必要となって、住民のコスト負担が大きくなり、また、設置までには長い時間がかかっていました。

　こうした問題に対応するため、三菱地所レジデンスでは、マンションの建設時に、駐車場に電気自動車充電コンセントを設置できるように配管・配線等の設備工事を行い、個々の住民の要望に応じて充電コンセントを設置するサービスを提供できるマンションを売り出しています[25]。

c. 太陽光発電会社

　自動車メーカーと太陽光発電設備の販売・据え付け会社との共同キャンペーンを行うケースもみられています。

　日産自動車と日本エコシステムは、日産自動車の電気自動車の日産リーフを購入した顧客が、日本エコシステムの電力小売りプランを契約した場合には、日本エコシステムが当該顧客の自宅（戸建て）に太陽光発電システムを無料で設置するキャンペーンを実施しました[26]。

　また、深夜電力を利用して電気自動車へ充電を行う顧客には、日中は太陽光発電システムから割安な電気を供給するプランも提供されました。

5 燃料電池自動車

❶ トヨタのMIRAIを巡るエコシステム

　大気汚染等の環境問題への対策として、二酸化炭素を排出しない水素を燃料とした燃料電池自動車（Fuel Cell Vehicle、FCV）が注目を集めています。

　トヨタは、長年に亘って膨大な研究開発投資を行って FCV を開発、2014年に FCV、MIRAI を発売しました。そして、開発のプロセスで取得した5,680件の燃料電池関連の特許実施権を無償で提供することとしています[27]。

　トヨタは、従来より、知的財産（特許）の取扱いについては、オープンポリシーを基本とし、第三者からの実施の申し込みに対しては、適切な実施料により特許実施権を提供してきました。

　しかし、トヨタでは FCV 導入初期段階においては、普及を優先して、開発・市場導入を進める自動車メーカーや水素ステーション整備を進めるエネルギー会社等と協調したエコシステムの取り組みが重要であるとの考えに基づいて、燃料電池関連の特許に関しては、従来の基本方針を一歩進めて無償で特許実施権を提

供することにしたものです。

　具体的には、FCV の開発・生産の根幹となる燃料電池システム関連の特許に関しては、これらの特許を実施して FCV の製造・販売を行う場合、市場導入初期（2020 年末までを想定）の特許実施権を無償とし、また水素供給・製造といった水素ステーション関連の特許に関しては、水素ステーションの早期普及に貢献するため、水素ステーションの設置・運営を行う場合の特許実施権を、期間を限定することなく無償とする、としています。

　FCV が普及するためは、さまざまな技術開発が必要となり、これをトヨタがすべて自前で行うより、多くの企業が参加して相互補完的にイノベーションを加速することが効率的です。こうしたトヨタの戦略は、FCV の普及により自動車業界に水素社会を実現させるためには、エコシステムを形成することで業界を越えた連携や取り組みを行うことが必要である、との考えに基づくものです。

　また、トヨタはハイブリッド車等に関連する技術特許を使用することができる権利を無償で提供することを発表しています[28]。

❷FCVエコシステムのメンバー

a. 富士通

　富士通では、2014年から FCV に水素を供給する水素ステーションの位置や稼働情報等をリアルタイムに把握することができる水素ステーション情報管理サービスを提供しています[29]。具体的には、固定式・移動式水素ステーションの位置や稼働状況等の情報が、クラウドサービスを基盤とした水素ステーション情報を統合的に管理するシステムによって、燃料電池自動車のユーザーのカーナビやスマホ等の端末で活用できる情報として提供されます。

　富士通では、このサービスにより FCV のドライバーが、いまどこで水素を充填できるかを確認することができるようになり、トヨタの MIRAI での利用を皮切りにして、自動車会社および水素供給事業者のニーズに応えたサービスを継続して開発していく、としています。

　これをトヨタでみると、トヨタのテレマティクスサービス T-Connect で、富士通の水素ステーション情報管理サービスから水素ステーション情報を取り込み、MIRAI 専用サービスを提供しています。これにより、FCV のドライバーは、MIRAI 専用車載機アプリや MIRAI 専用スマホアプリから情報を確認できます。

このうち車載アプリでは、ドライバーが運転しているMIRAIの位置から近い水素ステーション3カ所を自動抽出して画面にリスト表示する仕組みになっています。一方、スマホアプリでは、自車両の水素残量や走行可能範囲と併せて、全国の水素ステーションの店舗情報等をスマホから確認することができます。

また、水素ステーション情報管理サービスは、webブラウザの地図上で位置を指定すると、緯度経度を自動算出してクラウドに登録する機能を併せ持っています。この機能により、情報を提供する側の水素供給事業者は、新たにシステムを用意することなく手軽に最新の水素ステーション情報を登録できることとなります。

b. 日本水素ステーションネットワーク合同会社

日本水素ステーションネットワーク合同会社（Japan H$_2$ Mobility, LLC、JhyM）は、FCVの顧客に対する水素ステーションネットワークを構築することを目的に、2018年に設立されました[30]。JhyMは、水素ステーションの戦略的な整備やコストダウン、それに水素ステーションの効率的な運営へのサポートを指向しています。

同社には、トヨタ、日産、ホンダといった自動車メーカーのほかに、ガソリン、ガス等のエネルギー関係のインフラ事業者、それに日本政策投資銀行やリース会社、損保、投資ファンド等が出資しています。こうしたコンソーシアムは、自動車会社と水素ステーション事業者、機関投資家等が連携して、FCVや環境エネルギーの普及、水素ステーションに係るICTの活用、安全性の立証、技術のイノベーション、購買方法の多様性など、各社が持つ強みを融合させて堅固なエコシステムを構築する世界初の取り組みとされています。

コラム　JAXAとトヨタ、月面でのモビリティー実現に向けて協業

宇宙航空研究開発機構（JAXA）とトヨタは、2019年3月、国際宇宙探査ミッションでの協業の可能性を検討していくことで合意しました[31]。

その第一弾として、これまで共同で検討を進めてきたFCV技術を用いた月面での有人探査活動に必要なモビリティー「有人与圧ローバ」について、さらに検討を加速するとしています。なお、与圧とは、気圧の低い月面で乗り物の内部の気圧を外部よりも高くすることをいい、また、ローバ（rover）は、探査車を意味します。

有人与圧ローバは、マイクロバス約2台分の大きさで宇宙飛行士が2名滞在可能な

月面探査車で、厳しい条件下にある月面でも1万 km 以上を走破できる性能を目指しています。

　そして、この有人与圧ローバには、トヨタの FCV の技術が活用されます。トヨタでは、燃料電池は、クリーンな発電方式で水だけを排出し、エネルギー密度の高さから多くのエネルギーを搭載可能であるため、宇宙探査に最適であり、また、FCV は、吸い込んだ空気に含まれる PM などの有害物質を削減して排出する、いわばマイナスエミッションという特徴を持っていて、今後はこの性能をさらに向上させていきたい、としています。

6 自動運転

　自動運転車は、カメラ、レーダー等、すべてのセンサーからのデータを処理、解釈する車載スーパーコンピューターにより AI を活用して自動車の周囲 360 度の環境を把握、分析して、自動車の自己位置の特定やリスクを予測した機能を具備することにより、行き先を指示するだけで自律的に走行できる自動車です。

　こうした AI を使った自動運転技術の開発では、IT 企業を軸にして、グローバル規模でのエコシステムが構築されつつあります。

❶エヌビディア社のエコシステム

a. エヌビディア社とは？

　　米国の半導体大手のエヌビディア（NVIDIA）社は、画像処理用半導体（GPU）メーカーとして有名です。なお、エヌビディア社にはソフトバンクが40億ドルの出資をしています。同社が1999年に開発した GPU は、PC ゲーム機器に使用されゲーム市場の成長に拍車をかけましたが、エヌビディア社は AI を活用した GPU を軸に、内外のさまざまな業種に属する多数のメーカーと提携しています。実際のところ、2018年の国際会議で同社の創業者のジェン・スン・ファン社長は、エヌビディア社は半導体メーカーではなく、コンピューター・アーキテクチャーでありソフトウェア企業である、と述べています[32]。

　　エヌビディア社の画像処理用半導体は、医療画像、製品設計、石油・ガス田開発、輸送、IT セキュリティ、健康器具、電信電話、建設、金融、小売り等、多種多様の産業に亘って活用されており、提携企業もグーグル、アリババ、オラクル、マイクロソフト、テンセント、デル、HP、IBM をはじめ

多くの企業に亘っており、GPUエコシステムと呼ばれています。

b. エヌビディア社と自動車エコシステム

エヌビディア社のGPUをディープランニング（深層学習）に活用している代表的な業界が自動車産業です。エヌビディア社は、AIが進化したディープラーニングの処理に適したGPU技術を開発しています。

ディープラーニングは、自動車が路上で遭遇するさまざまなシナリオの認識に高いパフォーマンスを発揮するため、自動運転車の開発にあたっての重要なツールになっています。

同社の最先端のGPUは、周辺360度の状況認識を行って車両の位置を正確に判断し、安全で快適に走行できるルートを算出します。

エヌビディア社では、輸送の世界にイノベーションを巻き起こすためには数多くのプレイヤーから構成されるチームワークが必要であるとして、自動車メーカー、ティア1サプライヤー（直接メーカーと取引する一次サプライヤー）、開発者、研究者等をプレイヤーとする総勢370のエコシステムを構築して、車両の自動運転の実現を指向しています。

エヌビディア社が開発したNVIDIA DRIVE PXプラットフォームは、手のひらサイズで1秒間に30兆回ものディープラーニング演算を実現する性能を持っている、としています。この結果、DRIVE PXによって車両周囲の状況をリアルタイムで把握して高精細地図で車両の位置を正確に認識して安全な経路を計画することができます。

エヌビディア社は、2016年にDRIVE PX 2と名付けた自動運転プラットフォームを発表しました。

DRIVE PX 2は、電気自動車メーカーのテスラモーターズやボッシュ等に採用されています。

❷ エヌビディア社と自動車メーカーとの提携

エヌビディア社は、トヨタ、Mercedes-Benz、Audi、Volvo、Teslaなど、業界をリードする自動車メーカーと業務提携を行っています。また、BMWはエヌビディア社と提携して、全車種にエヌビディア社のカーナビを採用しています。

このように、自動運転技術は、グローバル規模のエコシステムを軸に進展しています。

　従来、トヨタは、AI技術の開発を系列企業のデンソーを主軸として東芝等の提携でエコシステムを構築することにより進めてきましたが、2017年、トヨタはエヌビディア社と自動運転車の開発で提携しました[33]。

　このコラボレーションを通じて、両社の開発チームは、車載センサーで生成される大量のデータを把握、分析して自動運転の幅広い状況への対処機能を強化することにより、安全で性能の高い自動運転システムの開発を加速することとなります。

　一方、パイオニアはエヌビディアの自動運転用ソフトウェア開発キットに対応する走行空間センサーを開発しています[34]。

　このセンサーは、遠方の物体までの高精度な距離の測定や物体の大きさを検出できるセンサーで、物体形状の把握もできるため、エヌビディア社の自動運転向け車載コンピューターに対応することにより、AIを活用して自律走行に伴う複雑なデータを処理することが可能となり、自動運転に不可欠なキーデバイスとされています。

❸ ホンダとGM

　ホンダは、燃料電池車や電気自動車の分野に亘って、米ゼネラル・モーターズ（GM）との間で提携、共同開発を行っています。

　2018年10月、ホンダは、自動運転技術分野でGMの子会社であるクルーズに出資して、ホンダ、クルーズ、GMの間で自動運転技術を活用したモビリティーの変革という共通のゴールに向けて、協業を行うことで合意しました[35]。

　具体的には、ホンダは、クルーズ、GMと、さまざまな使用形態に対応するクルーズ向けの無人ライドシェアサービス専用車の共同開発を3社合同で進めて、無人ライドシェアサービス事業のグローバル展開の可能性も視野に入れていく方針です。

　なお、クルーズには、ソフトバンクが出資しています。

❹ 地図情報会社と自動車メーカー

　自動運転には、デジタル地図が不可欠となります。こうしたことから、自動車関連メーカーと地図サービスを提供する企業との連携が進行しています。

　地図情報会社であるゼンリンは、ゼンリンのビッグデータと前述のエヌビディア社のAIテクノロジーを融合することにより、迅速にHDマップ（High Definition Map）を作成、継続して更新するテクノロジーを開発しています。

また、ダイナミックマップ基盤株式会社は、高精度3次元地図データの生成・維持・提供をビジネスとする企業で、トヨタ、日産、ホンダをはじめ国内の主要自動車メーカー等が出資をしています。同社が開発するデジタル地図のダイナミックマップは、自動走行・安全支援システムの実現に向けた中核を担う重要なエレメントです。また、ダイナミックマップ基盤では、2019年2月に、同社と同水準の高精度3次元道路地図を提供する米国Ushr, Inc.を買収しています[36]。同社では、これにより、日米において高精度3次元道路地図データの仕様と効率的なデータ更新手法を共通化し、更なるデータ整備エリアの拡大を進める、としています。

　一方、デンソーとオランダに本社を置くデジタル地図サービスの大手企業であるトムトムは、完全自動運転システムのための機能強化を目的に提携することを公表しています[37]。

　この提携は、自動運転車向けのソフトウェアプラットフォームを共同開発して、デンソーの車載センサーとトムトムの高精度地図とを連携させることにより、車両位置特定（ローカリゼーション）や道路・交通状況の認識、経路探索等、高速道路や都市部幹線道路での自動運転システムに向けた機能の強化を指向するものです。

　具体的には、デンソーは、センサーデータをトムトムの自動運転および高度運転支援システムマッピングシステムに提供することにより、走行中の車内でトムトムの高精度地図の即時更新をサポートします。一方、トムトムは、地図アップデート情報とセンサーデータを組み合せて、高精度地図を生成して、地図配信システムで車両へと提供します。

コラム　空飛ぶクルマ

　空飛ぶクルマは、電動・垂直離着陸型・無操縦者航空機を意味し、航空機とドローンの間に位置する、ということができます。

　自動車業界では、電気自動車や自動運転がモビリティー革命の大きな柱となっていますが、空飛ぶクルマは、こうした電動化、自動化の流れが、陸だけでなく空でも始まっていることを示しています。

　空飛ぶクルマが実用化されると、電動化により燃料系統がなくなることにより構造が簡素化して量産化により機体にかかるコストは高級自動車並みになることが期待され、また、電動化により燃料費・整備費が削減され、さらに自動化でパイロットレスとなることにより、将来的にはタクシーと同程度の運航コストになる可能性がある、とされています[38]。

　空飛ぶクルマは、交通渋滞の軽減、物資輸送の効率化、離島や山間部の移動手段、災害対応、救急等の目的に活用されることが期待されています。

　いまや内外で空飛ぶクルマのプロジェクトが立ち上がって、その実現化に向けて研究開発や実証実験が行われています。こうしたプロジェクトには、自動車や航空機の業界、運送会社、商社、e-コマース、ドローン等のスタートアップ、投資ファンド等、さまざまな業種に属する企業や大学、研究機関、官庁等が参加しており、まさしく業界の壁を超えたエコシステムを形成しています。

　また、経済産業省と国土交通省は「空の移動革命に向けた官民協議会」を設立して、日本における空飛ぶクルマの実現に向けて、官民が歩調を揃えて取り組むためのロードマップを作成しています[39]。このロードマップでは、事業者による利活用の目標として、2019年から試験飛行や実証実験等を行い、2020年代半ば、特に2023年を目標に事業をスタートさせ、2030年代から実用化をさらに拡大させていくこととしています。

　一方、海外では、たとえばウーバーが都市部の移動サービスの実用化を目指して2020年から米国と豪州で実証実験を行い、2023年に商用化することを目指しています。

7　モビリティーエコシステムが社会に及ぼす影響

　モビリティーエコシステムが進展した場合に社会にどのような影響を与えるかをみると、たとえば自動運転の進化により運転を職業としている人々の雇用機会が減少する、という負のインパクトが予想されます。

　また、現行の道路交通法では、運転の責任はドライバーにあると定められていますが、自動運転が進化した場合には運転操作はシステムが行うため、事故などの際、その責任の所在がいずれにあるかを明確化する必要があります。

　一方、モビリティーエコシステムは、次のように快適、安全で生産的なメリットを社会にもたらすことが期待できます。

❶安全性の向上

　2018年には、国内で約3,500人が交通事故で死亡しています。

　また、カーナビを見たり携帯やスマホを使っている間に事故を起こした件数は、2018年中、2,790件に上り、携帯やスマホを使用時の死亡事故率は不使用時に比べて実に2.1倍となっています[40]。

　さらに、75歳以上の高齢運転者による死亡事故件数は、2018年中、460件に上っています。

　先行き、自動運転が実用化されれば、こうしたヒューマンエラーによる交通事

故が減少することが期待できます。

❷環境問題の改善

　ガソリンを燃料とする車は、排出ガスによる環境負荷で、温暖化や大気汚染などの問題を引き起こしています。

　電気自動車や燃料電池自動車が普及すれば、こうした環境問題を軽減することが期待できます。

❸運転負荷の削減

　自動運転は、ドライバーの運転負荷を削減するというメリットがあります。

　また、運転免許や運転技術のない人々でも、自動車を移動に活用することが可能となります。

❹輸送の効率化と省力化

　自動運転が進展すれば、トラック隊列走行が可能となり、物流事業における長距離輸送の効率化とドライバーの省力化に資することが期待できます。ここで、トラック隊列走行とは、先頭車両にドライバーが乗車して有人で運転するものの、2台目以降の後続車両は電子的に連結させて無人で隊列を形成する走行です。トラック隊列走行実現のためには、センサーや AI の能力の一段向上が必要となります[41]。

　また、自動運転の進展により、ラストマイル自動走行が実現することも期待できます。ここで、ラストマイル自動走行は、最寄駅と自宅等の最終目的地を小型カートや小型バスの自動走行により移動するサービスです。

❺移動の効率化

　ICT を活用してバス、鉄道、タクシー等の移動手段をシームレスにつなぐマルチモーダル交通サービスが実用化されれば、人々の移動の効率化が期待できます。

❻交通弱者に対する利便性の向上

　高齢者や身体障害者等のいわゆる交通弱者にとって、いかにモビリティーを確保するかは社会生活を営むうえで重要な問題となります。この対応策の1つとして自動運転の実用化があります。

　トヨタの豊田社長は「モビリティーによって、すべての人に移動の自由と楽し

さを届けること、"Mobility for All" をめざすことこそが、自動車会社がやるべきことだ」と述べています[42]。

❼時間の有効活用

　自動運転は、ドライバーが運転行為から解放されて、運転に費やしていた時間を削減することにつながります。これにより車内での空白時間が生み出されて、たとえば車で移動中でもモバイル端末を使った会議や取引先との交渉等のビジネスや、ゲーム、買い物、飲食、読書ができるとか、休息を取ってリラックスすることができます。

コラム　コネクティッド・シティとスマートタウン

　パナソニックとトヨタは、2019 年5月、街づくり事業に関する合弁会社の設立に合意しました[43]。

　この合弁会社は、トヨタが進めるモビリティーサービスへの取り組みと、パナソニックが進めるくらしの向上への取り組みといった両社が持つ強みを融合させて、街全体の価値の共創を目指すものです。

　両社では、家電や住宅設備等の IoT 化や、CASE、MaaS 等により急速な変化が進む街づくり事業によって、人々のより良い暮らしの実現を進めていくとしています。

　具体的には、両社の住宅事業を核として、クルマやコネクティッド事業を持つトヨタと、家電や電池、IoT 事業を持つパナソニックとの協働により、人々の暮らしを支える物・サービスが情報でつながるコネクティッド・シティをコンセプトとするサスティナブル・スマートタウンの実現を目指すことを主な内容としています。

---

3. 金融エコシステム

　2008年のグローバル金融危機の翌2009年12月に行われた国際会議で、元連邦準備理事会（FRB）の議長であったポール・ボルカーは、金融界で行われてきたイノベーションについて、要旨、次のように述べています[44]。

　「金融市場では、いくつかの素晴らしいイノベーションが生まれていると言われているが、今次金融危機を招いた CDS（クレジット・デフォルト・スワップ）や CDO（債務担保証券）が一体全体、素晴らしいイノベーションといえるのか。

　金融界から近年生まれたイノベーションが経済成長に寄与したとでもいうのか。そうした証拠が少しでもあれば見せて頂きたいものだ。

過去20年間において金融界から生まれたイノベーションで重要と思われるのは ATM ぐらいのものだ。個人顧客にとって ATM のように有益なイノベーションは、金融界から滅多に生まれていない。それも、ATM は機器のイノベーションであり、金融のイノベーションといえるようなものではない。

このように、近年、金融市場が創ったイノベーションの大半が経済の生産性に目立った効果をあげているとみることはできないのだ。」

FRB 元議長のボルカーは、このように、金融界のイノベーションを手厳しく批判しています。

しかし、IT が金融分野に浸透して FinTech が日常用語化している現在、新たな技術が金融界と融合する金融エコシステムにより、金融のパラダイムシフトが加速度的に進展する様相を呈しています。

1 金融エコシステムとは？

金融エコシステムは、金融のイノベーションを代表するものであり、成長が停滞している金融界に新たな息吹をもたらすポテンシャルを持っています。しかし、金融エコシステムが外部の企業が保有しているテクノロジーを活用することになる以上、そこには乗り越えなければならないさまざま課題も存在しています。

以下では、こうした金融エコシステムのポテンシャルと課題を中心にみていくことにします。

かって、金融機関が提供するサービスは、預金を受け入れて貸出をする預貸業務が中心でした。しかし、いまや預貸業務のほかに、個人、法人の金融に関わるさまざまな分野まで手を伸ばして金融の総合サービスセンター的な色彩を強めています。そうしたサービスには、家計の収入・支出の管理、税金、生命・損害保険等があり、それを24時間、365日いつでもスマホ等を通じて提供する、という金融機関が出現しています。

それも画一的な商品・サービス以外に、個々の顧客のニーズをきめ細かく汲み取ったカスタマイズされた商品・サービスを提供する動きがみられています。

金融分野にみられるこのような新たな動きは、単に顧客に対して個々の金融商品・サービスを提供するというより、顧客と金融との関わりを統合的に把握して、そのうえでこれまで金融機関が十分顧客ニーズに応えられなかったニッチの分野を埋めていくという形をとって進展しています。

そして、こうした包括的な金融サービスの提供は、金融機関とそのパートナーとなった金融業種に属していない企業の協働のもとに行われていて、これを「金融エコシステム」と呼んでいます[45]。

2 FinTech と FinTech スタートアップ

❶FinTech発展の背景

FinTech（フィンテック）は、Finance と Technology を合わせた造語で、IT による金融分野の新しいソリューションや価値創造を意味します。

すなわち、FinTech は、インターネットやパソコン、スマホ等を使って、新たな金融サービスの創出や既存の金融サービスの拡充・コスト削減等を実現するソリューションです。

インターネットとスマホ等のモバイル端末の普及により、ユーザーは、IT を活用してさまざまな金融サービスを、いつでも、どこでも、受けることができるユビキタスの環境を求めるニーズを一段と強めています。

したがって、こうしたユーザーニーズに機動的、弾力的に応えるためには、システムの手直しが必要となりますが、金融機関が保有する既存のシステムは、安全性を維持、拡充するために多大のコストとエネルギー、時間を費やして堅牢な造りとなっています。金融機関の業務は、まずもって顧客の資産保護等のために安全性の確保という要素が大前提であり、業務の安定的な遂行のためにセキュリティの拡充を目的とした IT 投資によるシステム構築に多くのリソースが投入されることはごく当然の帰結です。

このような金融機関のレガシーテクノロジーを使ってダイナミックに変化するユーザーニーズに対応するためには、人的な負担、物的なコスト増、さらには多くの時間を要する、といった問題があります。

しかし、モバイル端末の浸透等によるユーザーニーズの高度化、多様化といった環境変化に対応するためには、守りの投資だけでは必ずしも十分とはいえません。

また、金融機関は、グローバル金融危機後、自己資本を拡充して体力を強化することが求められています。そのためには、コスト抑制による効率経営と同時に、ユーザーニーズを的確に汲み取った商品、サービスの提供により、確かな成長戦略を構築して、持続的、安定的な収益拡大を指向することが一段と重要となっています。

こうした背景から、デジタル革命をバックとした FinTech を積極的に取り込んで外部の力を活用する、という有力な選択肢が登場し、金融機関ではいまやこうした FinTech をドライバーとするアプローチが大きな流れとなっています。

　具体的には、多くの FinTech スタートアップが、ユーザーの潜在的なニーズがどこにあるかを鋭く把握して、それを IT の活用により迅速にビジネス化してイノベーティブな金融商品、サービスを低コストでスピーディに提供するビジネスモデルを展開しています。

　金融機関は、こうした FinTech スタートアップとの間で、出資、提携等の形で協働することにより、新たな金融商品・サービスの開発をはじめとするユーザーニーズの汲み取りを機動的に行うことができます。

　このように、金融機関と FinTech スタートアップとの間でネットワークが形成されて有機的にビジネスを展開するなかで、協働して価値を共創する金融エコシステムが構築されています。

❷ FinTechスタートアップ

　金融エコシステムにおいて、金融機関のパートナーとなる主体の多くは Fin-Tech スタートアップです。

　金融イノベーションは、数多くの FinTech スタートアップにより、伝統的な銀行業とは大きく異なる革新的な手法により推進されています。伝統的な金融機関は、すべてのユーザーのニーズにマッチするよう、さまざまなサービスを提供する百貨店型の経営が主流となっています。

　これに対して、FinTech スタートアップは、ある機能や業務に特化した商品・サービスの提供により、利益を生むビジネスモデルを構築することを特徴とします。すなわち、FinTech スタートアップは、あらゆる金融商品・サービスを提供する百貨店型ではなく、一定の業務分野に特化するブティック型のビジネスモデルを展開することを大きな強みとしています。こうした商品、サービスは、ビッグデータ等の活用によりユーザのニーズをきめ細かく汲み取り、設計されることになります。

　そして、これがビジネスとして成立する背景には、ユーザーニーズの多種多様化、複雑化、変化の速さと、それに低コストで迅速に対応できる IT の性能向上によるサービスの提供のマッチングがあります。

　FinTech スタートアップによるサービス提供の多くはこうした要素を売り物

とすることから、ユーザーは、従来に比べると低価格で各種の金融サービスを効率的に得ることができます。

　そして、このような需給両面に亘る要素が相乗的に働いて、ユーザーニーズの多様化、複雑化、変化の速さが、FinTech スタートアップによるさらなるイノベーティブな商品・サービスの開発、提供を誘発する、というように好循環が形成されています。

3　金融エコシステムを推進する要素

　以下では、このような金融エコシステムを推進させている背後にはどのような要因が働いているのか、をみることにします[(46)]。

❶金利環境

　長引く低金利の環境下での貸出競争の激化から、金融機関は利ザヤ収入に大きく依存できないとして、手数料収入の拡大に注力しています。そのためには、顧客が手数料を支払ってでも得たいとする付加価値のあるサービスを提供する必要があります。

　金融機関はそうしたサービスを自社開発して提供するよりも、ユーザーニーズをきめ細かく汲み取った商品・サービスを低コストで機動的に提供することに長けている FinTech スタートアップ等の外部企業との協働のもとで提供するほうが、より効率的な方法となります。

❷商品・サービスの販売チャネルの見直し

　金融機関の従来のマーケティング手法は、店頭での対面、ダイレクトメール等が中心でしたが、顧客の間にスマホ、タブレット端末等が浸透するにつれてモバイルデバイスを活用したマーケティングの方が低コストで有効な戦略となりました。

　そして、こうした販売チャネル自体、金融機関のパートナーである FinTech スタートアップが開発するとともに、金融機関がさまざまな企業と提携して各種商品・サービスを提供するといったエコシステムの形成を促進する展開となっています。

❸ユーザーニーズの変化

　現状、ユーザーニーズは伝統的な金融商品・サービスよりも一段と広範に亘り多種多様となっており、また自己のニーズにピッタリ合致するような商品・サービスを求め、さらにそれがめまぐるしく変化します。たとえば、モバイル決済によりユーザーはいつでもどこからでもアクセスして、決済ができるユビキタスの環境を金融サービスとして貪欲に求めています。

　こうしたユーザーニーズに対して、金融機関は、FinTech スタートアップ等、外部の企業と協働して、包括的な商品・サービスの提供に注力しています。

❹金融機関のITの進化

　ビジネスエコシステムの推進の起爆剤は、IT の飛躍的な進化です。とりわけコンピューターの情報処理能力の拡大には瞠目に値するものがあります。これにより、大量のデータをスピーディかつ正確に把握、分析して活用することが可能となり、また、そのコストは劇的に低下しています。

　金融機関自身、データの分析向上のためのソフトウェアの活用等、目覚ましい発展を遂げている IT を積極的に活用しています。

　そして、こうした金融機関の IT 活用により、FinTech スタートアップ等、外部の企業との協働をより効率的に行うことができるエコシステムの素地が形成されています。

　たとえば、API（Application Programming Interface）は、さまざまな業種に活用されていますが、そのなかで金融機関が提供するサービスに関わる API を銀行 API と呼んでいます。

　銀行がこれまで蓄積してきた膨大なデータを活用して革新的な金融商品やサービスをユーザーに対して提供することはきわめて重要な経営戦略となります。しかし、これをすべて自前で行うとなると、時間もコストもかかります。

　銀行がこうしたユーザーニーズにマッチしたサービスを適時適切に提供するにはどうすればよいか。そのソリューションを提供するのが、銀行 API です。銀行 API は、銀行が持つデータやテクノロジーの一部を FinTech スタートアップ等に提供する接続仕様です。これにより、ユーザーはパソコンやスマホ等から FinTech スタートアップ等が開発・提供するアプリを使って、口座情報やカード請求額等の各種照会や、口座振替や金融商品の購入指図等を実行することができます。

4 金融エコシステムの必要条件

金融エコシステムの内容に立ち入る前に、金融エコシステムを構築する必要条件は何か、を考えてみましょう。

❶ユーザーニーズの把握

まずもって、ユーザーニーズをしっかりと把握することが前提条件となります。ユーザーは、スマホやタブレット端末といったモバイルデバイスを使ってさまざまなアプリを活用することにより、いつでも、どこでも、リアルタイムで金融サービスを得るユビキタスのニーズを一段と強めています。

そして、こうした貪欲なユーザーニーズを満たすためには、金融エコシステムに参加するメンバーが一枚岩となって取り組むことが重要となります。

❷エコシステムリーダーによるエコシステムの構成

金融エコシステムによって目指すゴールを達成するためには、それにマッチしたエキスパータイズを持つメンバーによりエコシステムが構成される必要があります。

エコシステムリーダーは、金融エコシステムが最大の効果を発揮できるようなエキスパータイズを持つメンバーを揃えることが重要な任務となります。

❸エコシステムリーダーによる組織改革

金融エコシステムの構築にあたっては、必然的に FinTech スタートアップ等の外部企業がエコシステムリーダーが属する組織に深い関わりを持つことになります。

そうした企業間の協働が所期の目的どおり価値の共創に結びつくためには、外部のエキスパータイズを受け入れ、それを積極的に活用するよう組織の風土を醸成し、また、必要とあれば組織の再編成を行うことになります。

そして、こうした組織改革には、エコシステムリーダーが先頭に立って行う必要があります。

❹エコシステム展開のスピード感

金融機関が新たなビジネスに乗り出す場合、金融機関の特性としてさまざまなケースを想定して慎重に事を進めることになります。金融機関が担う社会的な責務からみてこの慎重さ自体、きわめて重要な要素です。

しかし、エコシステムにより汲み取ろうとするユーザーニーズは、その背後にある IT の進展と足並みを揃えて、転々とめまぐるしく変化します。また、他のエコシステムが同様のサービスを展開することを目指している可能性もあります。

　一般的にエコシステムの効果が実際に金融機関の収益に結びつくまでは時間を要しますが、エコシステムが完成するまでのプロセスは、エコシステムリーダーの指揮のもと、極力スピーディに行うことが重要となります。

5 金融エコシステムの2面性：共創と競争

　金融機関は、FinTech を単に技術の吸収を図るという側面のみで捉えることなく、ビジネスモデルの戦略的変革といった側面で機動的に活用することが重要となります。

　この点は、麻生副総理・財務大臣・金融担当大臣が、次のようにきわめて端的に述べています。

　「……背広、ネクタイの銀行のおじさんが、T シャツ、ジーパンのお兄さんと一緒に仕事ができる。その2つが組み合わさって新しいものができるのだと思います。

　……（FinTech は）きわめて異端なものにみられる可能性もありますが、その中から新しいものが生まれます。そういったものがどんどん出てくる場に日本は必ずなっていく。アイディアだけではなく、それを作れるものづくりの技術の両方があって（FinTech は）初めて普及していくものだと思っています。……」[(47)]。

　これまでみてきたように、ビジネスエコシステムの大きな特徴は異業種との融合ですが、金融エコシステムはその代表的なものです。

　金融エコシステムに参加する金融機関は、エコシステムのなかで、どのような立ち位置で既存のビジネスでは想定しなかったようなビジネスを既存の顧客層や新規の顧客層を対象に展開して、それを自己の持続的な成長、収益拡充に結びつけていくのか、をしっかり認識してビジネスモデルをレビューする必要があります。

　ここで、特に重要なことは、金融機関では、従来のコアビジネスの延長といった発想ではなく、金融エコシステムによりビジネスモデルを変革する、といった大胆で柔軟なパラダイムシフト的なアプローチが求められるという点です。

　金融エコシステムは、金融機関と FinTech ベンチャーをはじめとする外部の企業が協働して金融商品、サービスの開発、改善を指向する、という「共創」が

大きな特徴となりますが、しかし「競争」の要素も含んでいることに留意する必要があります。

金融エコシステムの発展はITの発展と表裏一体をなすものです。そして、新技術もそれが普及するにつれて標準化します。そうなると、同じようなサービスが複数の金融機関から提供されることになり、したがって、ユーザーはより速く、より低コストでサービスを提供する金融機関を選択することになります。つまり、金融機関と顧客とのつながりは従来のように強固な絆ではなくなり、顧客は現在取引している金融機関よりもユーザーフレンドリーな金融機関があれば簡単にそれに乗り換える傾向が強くなります。

このことは、金融エコシステムでは共創と同時に、金融機関を巡る競争環境が一段と厳しくなることを意味します。金融機関は金融エコシステムの一員になっても、絶えず自己の金融サービスの向上、差別化に注力しなければ、金融エコシステムからはじき出されることにもなりかねません。

6 金融エコシステムに対する３つのアプローチ

金融エコシステムの展開には、次のように３つのアプローチが考えられます[48]。

❶金融機関提供のサービスへの付加

従来から金融機関が提供している商品に多かれ少なかれ関連したサービスを提供する、というアプローチです。

たとえば、カーローンや自動車保険に車の購入を抱き合わせたサービスとか、住宅ローンに住宅物件の選定を抱き合わせたサービスがこれに該当します。

また、金融機関が保有しているデータを活用して個人に対してウエルスマネジメントのサービスを提供するとか、中小企業に対してファイナンスのサービスを提供するといったことも、このアプローチに属します。

❷総合金融サービス・プラットフォーム

金融機関が、顧客に対して包括的な金融サービスを提供するプラットフォームを提供するアプローチです。これは、プライベートバンキングに類似したアプローチですが、それを幅広い顧客に提供して、ワンストップ・ショップにする、というものです。

これにより、顧客は金融関連のさまざまな取引を一元的、効率的に行うことができるメリットがあり、また、金融機関は顧客の囲い込みによりさまざまな商品・サービスの提供からの手数料収入を期待することができます。

この総合金融サービス・プラットフォームのアプローチにおいては、もともと金融機関が持ち合わせていないようなソリューションの提供もメニューに取り揃える必要があります。そうした場合には、まさにエコシステムを活用して Fin-Tech スタートアップ等の外部企業との協働により顧客満足度（CS）の高いプラットフォームを構築することが可能となります。

たとえば、個人に対しては、家計の収支や資産負債状況から現在の信用格付けはどうなっているか、現状の保険の掛け方はその顧客の置かれた状況から過不足はないか、顧客の投資ポートフォリオはライフサイクルからみて最適なものか、等に対するソリューションを提供することが考えられます。

また、エコシステムにより、中小企業に対して財務管理や取引関連のさまざまな事務処理、リスク管理のソリューションを提供することが可能となります。

具体的には、次のようなケースが考えられます。

a. 金融関連の事務処理の効率化

コスト管理、余剰資金の管理、決済チャネルの最適化

b. ファイナンスへのアドバイス

キャッシュフロー、決済、資金の運用・調達

c. 外部企業へ委託

税務報告、人事管理、在庫管理

d. 金融機関のエキスパータイズの活用

企業支援のためのデータの分析、マーケティング

e. 融資

エコシステムを活用して得られるさまざまなデータから貸付先の信用リスクを判定して、貸付条件を決定

❸ ノンバンクサービス

金融機関が金融とは直接関係のない企業とパートナーシップを構築して、さまざまなサービスを提供するアプローチです。たとえば、金融機関と住宅マーケットの企業と提携することにより住宅関連のエコシステムを形成するというアプロ

ーチです。

　ここでは、金融機関ではなく住宅関連企業がエコシステムのメインプレイヤーとなります。

7 金融エコシステムの構築

　次に、金融エコシステムの構築を具体的にどのような形で展開すべきか、をみましょう。

　まず、金融エコシステムのメンバーとなり、金融機関と協働して価値を共創するFinTechベンチャーを選択することになります。その際、金融機関としてどのような形で金融エコシステムを活用して持続的な成長、収益基盤の拡充に結びつけるか、との目的意識を明確にしたうえで、その目的にマッチしたメンバーを選択することが重要となります。

　具体的には、

①金融エコシステムの活用により新商品、サービスの開発を促進する、

②商品、サービスのディストリビューション・ネットワークを拡充する等により顧客層を拡充する、

③規模の経済等を生かして運営コストの削減を図る、

等の目的が考えられます。

　金融エコシステムをFinTechスタートアップサイドからみた場合には、許認可や資本規制等の対象となる金融サービスについては、すでにそうした要件を具備している金融機関と業務提携等を行うことでカバーすることが期待できます。

　こうしたことから、金融機関と手を組みたいとするFinTechスタートアップは数多く存在します。そうした中から協働による価値の共創を目指すことができるFinTechスタートアップを選ぶことになりますが、大きな魅力を持つFinTechスタートアップとなると他の金融機関も同じように関係構築を狙っている可能性があります。これは、特にAI関連のFinTechスタートアップでみられるところです。したがって、選択は慎重のうちにも機動的に行うことが重要となります。

　次に、どのような形で協働するかですが、提携、出資、買収、共同出資による新会社設立、等が考えられます。この選択はまさにケースバイケースですが、その判断基準としては、協働によりどのような度合いで価値共創を狙うか、それによりFinTechスタートアップとどのくらいの強さで絆を築くか、にあります。

8 銀行 API とオープンバンキング

❶ 銀行APIの種類

前述のとおり、APIはビジネスエコシステムの重要なインフラとして活用されていますが、そのなかで金融機関が提供するサービスに関わる API を銀行 API と呼んでいます。すなわち、銀行 API は、銀行がデータやテクノロジーの一部を FinTech スタートアップ等に提供する接続仕様です。

銀行 API は、銀行が FinTech スタートアップ等に提供する業務の範囲により、参照・照会系 API と更新・実行系 API に分類されます。

a. 参照・照会系 API

金利・手数料照会、口座情報照会、入出金明細照会、カード請求額照会、株価・為替相場情報照会、店舗・ATM 所在地等

b. 更新・実行系 API

口座開設、資金移動、振込・振替指図、口座振替（引落）、投信・株式・保険商品購入指図、諸届（住所変更等）、ローンシミュレーション等

❷ 銀行APIとオープンバンキング

銀行 API の導入により、FinTech スタートアップに対して銀行のプラットフォームやデータを提供することになります。こうして銀行が FinTech スタートアップと同じ土俵に上がることとなり、銀行 API の導入がオープンバンキングへの途を拓いて、銀行にとって競争力の強化につながることが期待できます。ここで、「オープンバンキング」とは、銀行が FinTech スタートアップをはじめとするサードパーティー（外部企業）との連携を強めて、ビジネス機会を最大化する戦略をいいます。

そして、銀行 API の活用によるオープンバンキングにより、FinTech スタートアップ等との間の絆を強固なものとして、共存共栄の関係を構築する「FinTech エコシステム」を構築して、ユーザーに対して付加価値の高い商品やサービスを提供することができます。

このように、銀行は API の活用により FinTech スタートアップとの関係を深化させることができ、この結果、大規模なイノベーションを効率的、かつスピー

第6章 スマホ、車、金融のエコシステム

ディに、開発することができます。具体的には、銀行は、API により FinTech スタートアップに対して銀行が持つ一部の機能と情報を提供することにより、従来、銀行が保有していた IT システムでは不可能、または可能であるとしてもコストと時間を要するようなイノベーションをスピーディに、かつ低コストで実現することができます。

たとえば、銀行 API により、FinTech スタートアップが開発したアプリを通して顧客に高度のサービスを提供することが可能となり、このことがより多くの顧客を吸引するドライバーになることが期待できます。

銀行 API により開発されたアプリにより、顧客がいる場所に、顧客が望む時間に、顧客が必要とする金融サービスを提供することができます。特に、インターネットとスマホやタブレット端末が普及し、また IoT が各分野に浸透するにつれて、こうした金融サービスのユビキタスが一段と促進されることになります。

❸銀行API導入にあたっての留意点

銀行 API の導入にあたっては、セキュリティと個人情報の管理の厳格化が前提となります。

特に、銀行 API により、銀行が顧客情報の漏洩等、セキュリティの脅威にさらされることはないか、FinTech スタートアップのセキュリティ対策は十分か、セキュリティ面での銀行と FinTech スタートアップとの間の責任分担は明確化しているか、等の点に留意する必要があります。

9　チャレンジャーバンクの台頭

❶チャレンジャーバンクとは?

「チャレンジャーバンク」は、スタートアップが当局から銀行免許を取得したうえで、スマホ等によるデジタルチャネルを通じて顧客に金融サービスを提供し、また顧客から収集したデータを活用するビジネスモデルを展開する新しいタイプの銀行をいいます。チャレンジャーバンクの名前は、既存の金融機関にチャレンジする新しいタイプの銀行である、という意味合いが込められて付けられたものです。

チャレンジャーバンクと同様、新しいタイプの銀行ということでいえば、「ネオバンク」があります。しかし、ネオバンクは、チャレンジャーバンクと異なり、

銀行免許を取得せずに、既存の金融機関との提携によって、顧客向けフロントサービスを提供する銀行の代理店的なサービスを提供するビジネスモデルを展開する銀行です。

　ネオバンクは、提携金融機関のプラットフォームを使って、スマホ等のモバイル端末により、決済やキャッシュフローの管理機能を提供します。こうしたネオバンクの代表例には、米国で設立されてその後スペインの大手銀行 BBVA に買収された Simple があります。

　チャレンジャーバンクは、特に英国において、政府による金融機関の規制改革によるオープンバンキング推進から、当局により数多くのチャレンジャーバンクが認可を受けてビジネスを展開しています。

　チャレンジャーバンクのユーザーは、モバイル端末により、各種金融サービスを受けることができます。

コラム　ネオバンク・プラットフォーム

　2019 年 5 月、新生銀行グループは、2019 年度中に金融・決済事業への参入を検討している企業に対して、ネオバンク・プラットフォームの提供を開始することを公表しました[49]。

　従来、非金融企業が新たに金融・決済機能を提供するためには、資金移動業の登録や膨大なシステム投資が必要となり、サービスの立ち上げまでに多額のコストと長期間を必要としました。しかし、このネオバンク・プラットフォームの利用によって、顧客や企業のニーズに応じてカスタマイズされた形の金融・決済サービスが低コスト、短期間で提供することが可能となります。

　たとえば、小売業者は顧客向けのアプリにネオバンク・プラットフォームが提供する金融・決済機能を付け加えることによって、後払い・借入れ等のサービスを通じて顧客の商品購入資金をサポートします 。

　また、多くの顧客を擁する企業では、顧客間の送金や資金決済だけではなく、プラットフォームを通じたコミュニティーの形成や、従業員の経費精算等にも利用することができます。

　こうしたネオバンク・プラットフォームによるサービスにより、企業は送金・決済コストの削減、与信・マーケティングによる販売促進、さらには顧客の金融・決済利用実績等のビッグデータの蓄積も可能になります。

　新生銀行グループでは、このプラットフォームを活用することで、企業が形成するエコシステムの参加者である顧客や従業員に対して、低コストで利便性の高いサービスを提供することを通じて、営業基盤や経営基盤の強化を指向することができる、としています。

❷チャレンジャーバンクとBaaS

チャレンジャーバンクには、銀行免許を取得して金融ビジネスを展開するタイプと、銀行免許を取得するものの自身は金融ビジネスを行わずに、FinTech スタートアップ等に対して金融ビジネスを実施するのに必要となるインフラを提供するタイプがあります[50]。

実際のケースをみると、多くのチャレンジャーバンクは、銀行免許を取得して金融ビジネスを展開するタイプに属し、その代表例としては英国のモンゾ銀行（Monzo bank）があります。

モンゾ銀行は、デジタル世代を主要な顧客とするスマホ専門銀行です。口座開設がスマホ上で簡単にできるほかに、家計簿サービス等を提供、また、顧客はショッピング等の決済をデビットカードで決済することができます。なお、顧客がカードをなくしたとか自分のアカウントの不正使用を見つけた時にはスマホを使って即時にカードの利用停止やカードの再発行の手続きを行うことができます。こうした銀行には、ほかに英国のスターリング銀行等があります。

一方、金融機関が、FinTech スタートアップ等の企業に対して、金融機関の基本的な業務に必要となるインフラをAPIにより提供するという BaaS（Banking as a Service）を展開するケースもみられています。

BaaS は、SaaS（Software as a Service）を金融業務に応用したものです。SaaS は、ソフトウェアを提供するサービスの総称です。ユーザーは、SaaS の活用によってプロバイダーが提供するソフトウェアの機能を利用することから、SaaS は、クラウドコンピューティング（クラウド）の1つの形態であるということができます。

BaaS は、金融業務に新規参入する異業種の企業にとって、勘定系等のトランザクション処理に関わるシステムを構築する必要がなく、金融機関のシステムを活用することにより、さまざまなアプリを開発して独自の金融サービスを展開することが可能になる、というメリットがあります。

これにより、FinTech スタートアップ等はユーザーニーズにマッチした金融サービスの開発、提供に特化する一方、金融機関は、堅牢なシステムによる基幹業務を処理するシステムを提供するという形で、金融サービスのアンバンドリングが進展することになります。

こうしたケースには、2015年にドイツ・ベルリンに設立されたソラリス銀行があります。

10 キャッシュレスとエコシステム

❶ キャッシュレスのメリット

少子高齢化等による労働人口の減少が、日本の深刻な問題となっていますが、こうした状況下にあって、他国に比べて見劣りのするキャッシュレスを推進することは、生産性の向上の有力な手段である、ということができます[51]。

また、キャッシュレスは、現金決済をデジタルデータ化することから、キャッシュレスによりデータ量が飛躍的に増大することとなり、キャッシュレス決済で得られるビッグデータをビジネスに活用してエコシステムを構築することも行われています。

実際のところ、テンセントや、Google、Amazon、Facebook 等のデジタルプラットフォーマーは、キャッシュレス支払データ等を利活用した新たなビジネスを展開しています。

❷ キャッシュレスの種類

キャッシュレスの手段は、従来はクレジットカードが主体でしたが、IT の進展、普及により、電子マネー、スマホ決済、クラウド決済等、さまざまな種類に多様化をみせています。

a. 電子マネー

電子マネーは、現預金と交換に発行される金銭価値を持つ電子的リテール決済手段です。具体的には、ユーザーが現預金と交換に電子マネーの発行者からデータを取得して、そのデータを電子的方法により相手方に移転することにより決済できる支払い手段です。

このように、電子マネーは基本的にプリペイド（前払い）方式であり、クレジット機能（与信機能）を利用するポストペイ（後払い）方式は電子マネーのカテゴリーに属しません。また、現在発行されているプリペイドサービスには、紙自体や磁気に金銭価値が記録される QUO カード、全国百貨店共通商品券、ビール券、図書券等がありますが、こうした紙・磁気型のプリペイドサービスは、電子マネーのカテゴリーには属さないとされています。

電子マネーは、IC 型電子マネーとサーバー型電子マネーの2種類があります。

ⅰ）IC 型電子マネー

情報の記録、演算をする集積回路を組み込んだ IC カードを発行して、利用者に交付する方式です。磁気カードと異なり、IC カードには、内部のデータの不正読み出しを困難にするセキュリティが組み込まれています。

IC 型電子マネーには、接触型と非接触型、さらにその双方を組み合せたハイブリッドカードがあります。このうち接触型は、主として堅牢なセキュリティが要求される決済や認証の分野で活用される一方、非接触型は利便性が求められる交通機関のカードや、入退室管理のカードに使われています。また、双方の特徴を持つハイブリッドカードは、クレジットカード機能やキャッシュカード機能を持つ交通機関のカード等で活用されています。

ⅱ）サーバー型電子マネー

IC 型電子マネーは、カードの IC チップに価値（残高）が記録されるのに対して、サーバー型電子マネーは、運営会社のセンターサーバー上に金銭価値（残高）を記録する方式で「ネットマネー」とも呼ばれています。

サーバー型電子マネーには、インターネット上で使用されるインターネット決済型と、実店舗で使用されるレジ決済型があります。このうちインターネット決済型は金銭価値をデジタルデータに変換して、インターネット上でのやりとりにより決済を行う仕組みで、オンラインゲーム、音楽・映像のコンテンツや電子書籍の購入での活用が中心となっています。

一方、レジ決済型は、ユーザーが店舗でプリペイドカードを購入して、店舗で商品を購入するごとにプリペイドカードにより決済する方式で、スターバックスカード等があります。

b. スマホ決済

スマホを利用した決済手段は、モバイルペイメントとも呼ばれています。スマホ決済で、最近、関心を集めている決済手段としてコード決済があります。コード決済には、バーコード決済と QR コードがあります。

ⅰ）バーコード決済

バーコード決済は、ユーザーがアプリにバーコードを表示して、決済時に POS 端末等の専用機で読み取る方式です。

バーコードは0から9までの数字が左から順に国番号、事業者コード、商品番号等の順に並んでいて、その数字に対応する太さの異なるバーを専用機で読み取って決済されます。バーコードの情報は20文字未満と少ないため、商品名、金額、数量といった必要最小限の情報を処理することになります。

ii）QRコード決済

QRコード決済は、ユーザーがスマホで専用アプリをダウンロードして、クレジットカード、銀行口座等の情報を登録して紐付けしておきます。

そして、決済時点では、ユーザーのスマホで店舗が提示するQRコードを読み取る（ユーザースキャン方式、読み取り支払い方式）と、スマホに表示したQRコードを店舗が読み取る（ストアスキャン方式、コード支払い方式）といった2つの方式があります。

このいずれかの方式でQRコードが読み取られると、スマホがネットにつながって支払額とカードや銀行口座の情報の確認が行われ、決済方式完了通知がユーザーと店舗に通知されます。このように、QRコード決済は、スマホのアプリを使用する決済であることから、アプリ決済とも呼ばれます。

このうち、銀行口座と紐付けされている場合には前払い（即時払い）となり、クレジットカードと紐付けされている場合には後払いとなります。

コラム　QRコードは日本企業の特許技術

QRコードは、デンソーの子会社デンソーウェーブの特許技術です。

QRはQuick Responseの略で、スマホでQRコードを読み込めば特定のwebサイトへスピーディにアクセスできる、との意味が込められています。バーコードは横だけですが、QRコードは小さな白黒のセルを配列したマトリックス式の2次元コードです。QRコードは、バーコードのように横に長いスペースを取る必要がなく、スペースが限定される印刷物等に適しています。QRコードは、バーコードに比べて格納できる情報量が格段に多いことに加えて、数字やアルファベット以外に漢字や記号までも表すことができます。

また、QRコードは、バーコードのように読み取り機器に合わせて縦にしたり横にしたりしなくても、どの角度からでも読み取ることができます。

QRコードには、このようにいくつかの特徴があり、コード決済としてはQRコードを使うQRコード決済が一般的となっています。

QRコード決済は、LINE ペイや楽天ペイ、オリガミペイ、d 払い（NTTドコモ）、ペイペイ（ヤフー・ソフトバンク）、au ペイ（KDDI）等がサービスの提供をしています。また、コード決済が普及している中国では、テンセントの WeChat Pay（微信支付）やアリババの Alipay（支付宝）が有名で、2020 年に開催予定の東京オリンピックで中国からの観光客によるインバウンド需要に対応する決済手段として、日本で QR コード決済の普及が進む契機となることが期待されています。

QR コード決済を活用することにより、店舗では、専用の端末を用意する必要がないことから初期投資の負担がなくシステムの導入ができる点が大きなメリットとなります。そのため、決済のための専用端末（読み取り器）等が必要なクレジットカード決済や電子マネー決済を導入するケースに比べると、導入が格段に容易となります。

一方、ユーザーもスマホの機種による利用制約はなく、どの種類の QR コード決済でも利用することができます。

また、QR コード決済を行うと、通常のポイントに付加されてポイントが還元されるケースや、使った店舗で割引を受けられるケースもみられます。

日本電子決済推進機構は、2019年秋にスマホ決済サービス「Bank Pay」（バンクペイ）の提供を開始するとしています[52]。

Bank Pay は、ユーザーが小売店店頭でスマホをかざすだけで、メガバンク・地方銀行等の銀行口座から直接支払いができます。日本電子決済推進機構は、Bank Pay に対応する金融機関は 1,000 以上になると予定しています。

なお、銀行業界では、横浜銀行（はま Pay）や福岡銀行（YOKA!Pay）、ゆうちょ銀行（ゆうちょ Pay）等が銀行 Pay による銀行口座直結のスマホ決済サービスを展開していますが、同機構では、銀行業界として一丸となってキャッシュレス化を進めるために、ネットワークの共用等、加盟店の相互開放に向けた検討を行う、としています。

また、みずほ銀行は、2019 年 3 月から約 60 の金融機関と協働して、QR コードを活用したスマホ決済サービスである J-Coin Pay（ジェイ コイン ペイ）を提供しています[53]。

銀行系デジタル通貨のプラットフォームとして構築された J-Coin Pay により、顧客は、スマホで QR コードを読み取り、店舗での支払・決済、個人間送金での資金移動、金融機関の預金口座の入出金が可能となります。このサービスは、みずほ銀行だけではなく、参画金融機関の他行口座間でも資金移動が可能であり、

約 40 の金融機関が参画しています。また、みずほでは、J-Coin Pay を Union-Pay（銀聯）や Alipay といった海外 QR 事業者と連携するほか、アジアを中心にグローバルにネットワークを拡大して、訪日外国人向け決済サービスを強化する方針です。

コラム　キャッシュレスと金融機関

　QR コード決済をはじめとするキャッシュレス決済のサービスを提供するビジネスには、伝統的な決済サービスの提供者である金融機関以外の FinTech 企業が多数参入しています。日銀の決済システムレポートでは、金融機関と FinTech 企業の関係は、協調と競合の両側面を持ち、より多様化、複雑化している、として次のように整理しています[54]。

①垂直関係

ユーザーが金融機関の預金口座を使用することで FinTech 企業が決済サービスを提供することができることから、決済サービスの上流に金融機関、下流に FinTech 企業が位置する垂直関係にある。

②補完関係

ユーザーからみて、キャッシュレス決済サービスを提供する FinTech 企業と連携している金融機関は、そうでない金融機関より魅力的であり、その意味で、FinTech 企業は金融機関のユーザー満足度を補完している。

③代替・競合関係

たとえば、全銀モアタイムシステムは、銀行間送金の 24 時間 365 日即時着金が可能であるが、これは、FinTech 企業の提供する個人間送金と競合する面がある。

　また、同レポートでは、FinTech 企業が効率的で便利な決済サービスを安定的に提供し続けることができるかどうかは、プラットフォームの参加者をどの程度増やし、e-コマース、保険、証券等の決済以外の事業でどれだけ収益を生み出し得るかに依存する一方、金融機関の預金口座は、小口決済サービスの基盤となる重要な社会インフラであり、口座維持手数料等のインフラの利用料を、多くの利用者の間で今後どう負担していくかが、小口決済サービスの安定的供給を維持するうえで重要な問題となる、としています。

【図表5-3】QRコード決済の具体例

スマホ決済名 〈運営会社〉	決済の方法	QRコードのスキャン （読み取り）主体
PayPay 〈PayPay㈱（ソフトバンクとヤフーが共同出資）〉	銀行口座、PayPay残高、Yahoo! マネー残高、クレジットカードから支払い	ユーザースキャン、ストアスキャンの双方可能
LINE Pay 〈LINE㈱〉	LINE Pay残高から支払い	ストアスキャン
楽天ペイ 〈楽天㈱〉	クレジットカードと紐付け	ユーザースキャン、ストアスキャンの双方可能
Origami Pay 〈㈱Origami〉	銀行口座やクレジットカードと紐付け	ユーザースキャン
d払い 〈NTT DOCOMO〉	携帯料金と合算払いかクレジットカード	ストアスキャン
Amazon Pay 〈アマゾンジャパン〉	Amazon.co.jpのアカウントから支払い	ストアスキャン
Bank Pay 〈日本電子決済推進機構〉	金融機関口座から支払い	ユーザースキャン、ストアスキャンの双方可能
J-Coin Pay 〈みずほ銀行〉	金融機関口座から支払い	ユーザースキャン
ゆうちょPay	ゆうちょ口座から支払い	ユーザースキャン、ストアスキャンの双方可能

（出所）筆者作成

コラム　統一QRコード・統一バーコードの仕様の策定

　キャッシュレス推進協議会は、2019年3月、統一QRコード・統一バーコードの仕様を定め、そのガイドラインを公表しました[55]。

　従来、コード決済で用いられるQRコード・バーコードの仕様は、各コード決済事業者によって異なり、その結果、店舗側では各仕様に対応した開発が必要となったり、複数のQRコードを店頭に設置しなければならず、また、ユーザーは店頭でどのQRコードを読み取ればよいかが分かりにくいという問題がありました。

　そこで、産官学連携で立ち上げたキャッシュレス推進協議会において、統一QRコード・バーコードの仕様を定め、そのガイドラインを公表しました。

　このガイドラインは、コード決済の技術仕様を定め、店舗におけるコード決済サービ

スの自動識別や一つの QR コードによる複数決済サービスの対応の実現を図るものです。そしてこれにより、店舗とユーザーにおける混乱を防止し、コード決済の迅速かつ円滑な普及を促すとともに、コード決済の社会コストの低減に寄与することを目的としています。

c. クラウド決済

クラウド決済は、店舗に設置した端末ではクレジットカード、電子マネー等の入出力、読み取りだけを行って、それ以外の決済処理を、すべてクラウドを通じて決済代行会社にアウトソースする方式です。

具体的には、店舗に設置した端末から決済情報が、インターネットを通じて決済代行会社のサーバーに送信され、決済代行会社で決済処理が行われます。そして、決済代行会社のサーバーからクレジットカード会社や電子マネー会社等へ決済情報が送信されます。したがって、店舗の端末にクレジットカードの情報等が保有されず、顧客情報は決済代行会社の集中管理のもとでセキュア（安全）な環境に置かれることになります。

また、従来の方式では、店舗でクレジットカード、デビットカード、電子マネー等の各種決済手段を扱う場合には、その決済手段を提供する会社と各々契約をし、また、各々システム接続をするといった手間がかかる難点があります。しかし、クラウド決済では、企業は決済代行会社1社と契約を交わすだけで、顧客に対して幅広い決済手段を提供することができます。

さらに、従来の方式では、店舗の決済情報はアナログ、ISDN 回線等で送信されていますが、クラウド型決済では、インターネットのブロードバンド回線を利用することから、決済スピードの短縮化を図ることができます。

❸ エコシステムの構築

キャッシュレスをはじめとする決済サービス改革においては、決済ビジネスの効率化、多様化だけではなく、e- コマース（電子商取引）の運営業者を中心に、金融業務への展開を目指すケースが増加しています。

たとえば、e- コマースの拡大に伴い、e- コマース運営業者によるネット決済サービスや、販売、決済情報を活用した融資サービスが提供されています。

Amazon ジャパンは2014年より、Amazon レンディングの名称で Amazon ジャパンの仮想モールの出店者向け融資制度を開始しました。具体的には、3〜

6ヵ月の短期運転資金の融資で、融資額は10万～5千万円、金利は8.9%～13.9%（年率）に設定されています。

また、楽天は出店者向けに楽天スーパービジネスローンを提供、Yahoo Japanも出店者向けの融資を取り扱っています。

11　金融エコシステムの具体例

❶FRBの決済システムのエコシステム

米連邦準備制度（FRB）は、イノベーションと技術進歩により、エンドユーザーの内外取引の決済に対するニーズが、スピード、安全、効率性、国際決済、協働の5つの側面で大きく変化していることに対応して、2012年後半から「決済システムのエコシステム」の名のもとに決済システムの改善に向けて検討を開始、2015年に具体的な戦略を打ち出し、2017年にはその成果をまとめた報告書を発表しています[56]。

決済プロセスには、実に多くの当事者が関与します。そしてこうした当事者は、各々独自に決済システムのスピード、安全、効率性等の向上を目指してさまざまな対策をとっています。そこで、エンドユーザーから金融機関を通じて最終決済の任にあたっているFRBが中心になって、多くの当事者で決済システムのエコシステムを構成して、決済プロセスの改善に乗り出しました。

この決済エコシステムには、さまざまな業種に属する320にのぼる企業等がタスクフォースに参加しています。そうした参加メンバーには、銀行、信用金庫、ソフトウェア業者、決済会社、それに商社、決済サービス業者、決済ネットワーク、政府機関、業者団体、消費者団体等があります。

こうしたメンバーで構成されるタスクフォースは、FRBがリーダーシップを取って、安全な決済システム、いつでもどこからでも可能なユビキタスの決済システム、そして高スピードの決済システムの構築に向けて検討のうえ、実行に移しています。

具体的には、ACH（自動清算会社）による同日の受払処理、詐欺リスクを抑制した安全な決済システムの構築、国内送金や国際送金の効率化、FRBによる決済やリスク管理の向上等があります。

❷ LINE Bank

2018年11月、LINE とみずほフィナンシャルグループは、共同出資により LINE Bank の設立に向けて合意した旨を発表しました[57]。

LINE Bank は、銀行とアプリ運営会社という異業種が協働するケースです。

無料コミュニケーションアプリの運営会社である LINE では、CLOSING THE DISTANCE を標榜してアプリ LINE を通じて、投資サービス、保険サービスを展開、また、その他証券、ローン等の金融サービスの準備を進めて、ユーザーと金融サービスの距離を縮めることをミッションの1つに位置付けています。そして、こうした戦略を一段と進めるために銀行業への参入を決定した、としています。

一方、みずほは、幅広い顧客に対して、オープンプラットフォームの提供を軸にした金融サービスの提供を推進しています。そして、これまで培った金融ノウハウを活かして、スマホ等を駆使するデジタルネイティブ世代を中心とする顧客のニーズにより適した金融サービスを提供するため、LINE と共同で新銀行の設立を目指すことを決定した、としています。

このように、LINE とみずほでは、LINE の月間利用者数7,800万人を超えるユーザーベース、ユーザビリティの高い UI/UX と、みずほ銀行が培ってきた銀行業におけるノウハウがシナジー効果を発揮して、銀行をより身近な存在へと変化させる新銀行の設立を目指しています。

両社が共同出資した LINE Bank 設立準備会社は、関係当局の許認可等を前提に、新銀行の設立に向け、今後、鋭意、準備・検討を進めていく、としています。

12 イノベーションと金融の未来： イノベーションが金融システムに与えるインパクト

Fintech に象徴されるように、現在、急速に進展している金融イノベーションは、グローバルな規模で金融システムを大きくパラダイムシフトしようとしています。

❶ 金融包摂と金融イノベーション

金融イノベーションは、さまざまな社会的問題の解決に資することが期待されます。その1つが金融包摂です。

金融包摂（financial inclusion）は、低所得層や貧困層、身体障害者、高齢者等

の社会的弱者や中小零細企業等に対して、各種金融サービスにアクセスすることができ、それを利用できる機会を提供する取り組みを意味します。

　金融包摂の対象となる金融サービスは、支払、送金、預金、融資、保険等があり、Fintech はこれらすべてのサービスについて革新的な商品サービスを開発しています。また、これまで支払決済手段がなかったために伸び悩んでいた産業が金融包摂によって発展のダイナミズムを得る可能性があります。

　実際のところ、途上国や新興国では、さまざまな金融サービスへの需要拡大を背景に Fintech により金融包摂が進展しています。すなわち、これまで金融機関の店舗や ATM 等の金融インフラが発達していなかった途上国や新興国においても、携帯やスマホ、インターネットの普及により低コストで幅広く人々に金融サービスを提供できる状況が展開しています[(58)]。

　金融包摂は、G20 サミットの場等においてグローバルな政策課題としてその重要性が強調されており、FinTech の活用による金融包摂推進に向けての取り組みが各国政府や国際機関により進められています。

　世界銀行が 3 年毎に発表している金融包摂に関する報告書によると、金融包摂は、携帯電話とインターネットの普及によって世界的に進んでいるものの、国によりその進展にはばらつきがみられるとしています[(59)]。

　この報告書は、世界全体で銀行口座を保有しない成人の数は 17 億人に上るものの、その 3 分の 2 は、金融サービスへのアクセスに使える携帯電話を所有しており、デジタル技術を活用すれば、こうした人々を金融システムに組み込める可能性があると指摘しています。

　また、金融包摂は途上国や新興国のみならず、先進国においても重要な政策課題に取り上げられています。2014 年の G20 サミットでは金融包摂のための行動計画が採択され、中小企業金融の促進、利用者保護と金融リテラシーの向上等について各国政府が取り組むこととなりました。

　たとえば、金融弱者とされる人々も、AI やビッグデータ分析を活用した信用リスクの評価や低コストでの送金サービスの提供等によって、貸出や送金等の金融サービスを利用やすくなることが考えられます。また、本人確認や不正取引検知の精度向上に顔、指紋や虹彩、静脈等のバイオメトリック認証（生体認証）や AI を活用することにより、高齢者の金融取引の安全確保や詐欺被害の防止に寄与することも期待できます。

❷金融イノベーションと通貨・支払決済

金融イノベーションは、ビットコイン等の仮想通貨を生み出し、また中央銀行によるデジタル通貨発行に関わる論議も引き起こしています。

i）仮想通貨と金融イノベーション

仮想通貨は、電子的データの形で発行され決済に使われる媒体で、デジタル通貨とも呼ばれ、特定の主体の債務という形態ではなく、また、特定の第三者機関の介在なしに、移転、支払決済を行うものをいいます。銀行券や硬貨ではない決済手段には、電子マネーがありますが、電子マネーとの対比でみた仮想通貨の特徴は、次の3点をあげることができます[60]。

a. 本源的価値を持たない資産

仮想通貨は、貴金属等のコモディティと同様、需給により価値が決まる資産です。しかし、コモディティはそれ自体価値を持っていますが、仮想通貨に本源的価値はなく、また、電子マネーのように特定の個人や組織の負債ではなく、法定通貨として発行されるわけでもありません。

仮想通貨の価値は、仮想通貨が他の財、サービス、ソブリン通貨に交換できるという信頼のみに由来しています。

b. 分散型元帳による価値の移転

仮想通貨は、分散型元帳を経由して移転されます。そして、このことが仮想通貨が持つ革新的な要素であるということができます。

電子マネーの移転、決済は、銀行等の仲介機関を通して行われます。しかし、仮想通貨では、仲介機関を要さず、分散型元帳を利用してP2P（peer-to-peer）により価値移転をすることが可能です。ここで、P2Pとは、当事者間を意味し、具体的にはPC等のデジタル端末間のやりとりとなります。

こうした仮想通貨の持つ特徴により、低コストでスピーディな送金、決済手段となり、また、資産の記録、登記等、幅広い分野への活用を期待することができます。

c. 仮想通貨を運営するサービスプロバイダーは存在しない

伝統的な電子マネーのスキームでは、電子マネーのイシュアー（発行者）、

ネットワークのオペレーター、ハード・ソフトのベンダー、電子マネーのアクワイアラー（加盟店管理業者）、電子マネーの決済会社、というようにいくつかの種類のビジネスを行うサービスプロバイダーが存在します。そして、電子マネーのイシュアーのバランスシートでは、電子マネーの発行が負債として計上されることとなります。

しかし、仮想通貨では、電子マネーにみられるようなサービスプロバイダーは存在しません。仮想通貨では、ユーザーが価値を移転するウオレットサービスとか、仮想通貨を法定通貨等に交換するインフラを提供する取引所等が存在します。

一方、仮想通貨には次のようなリスクがあります。

a. ネット空間上の仮想通貨であるため、ハッキング等の盗難リスクが存在します。
b. 匿名性から、マネーロンダリング（マネロン）、薬物等、違法取引の決済手段に使われる恐れがあります。
c. 仮想通貨は、前述のとおり需給により価値が決まる資産であり、投機資金の流入等による相場の大幅変動のリスクがあります。このことから、仮想通貨が支払決済手段として使われているウエイトはわずかにとどまっていて、ほとんどが投機の対象であるとみられます。

ii）中央銀行のデジタル通貨と金融イノベーション

紙の銀行券をやりとりして支払決済することにかかるコストや銀行券の保管コストを考えると、中央銀行においても、紙の紙幣だけではなく、情報技術を活用してユビキタスの環境で使用することが可能なデジタル通貨を発行することは考えられないか、といった中央銀行デジタル通貨発行を巡る議論があります。

また、先行き仮想通貨による支払決済が増加していった場合には、中央銀行の金融政策の有効性が低下する恐れがあり、これを回避するためにも中央銀行がデジタル通貨を自ら発行することを検討すべき、といった意見もあります。

実際のところ、このところ現金需要が急速に減少しているスウェーデンで

は、中央銀行であるリクスバンクが中央銀行デジタル通貨 e クローナの発行の是非について検討を行っているといった状況です[61]。

　現状、マネーの供給は、中央銀行が銀行券と中央銀行預金から構成されるベースマネーを供給し、民間銀行は信用創造を通じて、預金通貨を供給しています。

　中央銀行デジタル通貨の議論では、そのメリットとして、取引や支払決済の効率化等があげられています。

　しかし、中央銀行によるデジタル通貨の発行が、金融政策の有効性向上や金融安定に本当に寄与するかについては、検討すべき点が数多く残されています[62]。

　まず、中央銀行デジタル通貨が、現金だけでなく預金まで代替した場合には、民間銀行預金から中央銀行発行デジタル通貨への資金シフトが起きて、民間金融機関の信用仲介を縮小させ、経済への資金供給にも影響を及ぼす恐れがあります。

　また、中央銀行デジタル通貨が発行されている状況下で金融システムにストレスが生じた場合には、人々はモバイル端末等を使って民間の金融機関に預け入れている預金から中央銀行デジタル通貨へ資金シフト（取り付け）する動きがデジタル化された形で加速して、この結果、民間銀行の流動性不足がより起こりやすくなることも考えられます。

　さらに、仮想通貨は前述のとおり、本源的価値を持たない資産である等の性格を持つことから、信認のある中央銀行通貨を凌駕するまでに拡大していくとはみられません。

　こうしたことから、中央銀行としては、デジタル通貨を自ら発行するというより、デジタル通貨の技術基盤となっているブロックチェーンを現在の中央銀行の各種インフラに活用する途を模索することが実効的である、と考えられます。

❸金融イノベーションと金融サービス

ⅰ）金融サービスのカスタマイズ化

　これまでは、銀行が店舗や ATM を通じて支払決済や信用仲介のサービスを提供してきましたが、スマホやタブレット端末等を活用して金融サービスを提供する動きが活発化しています[63]。

　そして、こうしたスマホ等は一人一台のツールであることから、各ユーザーのニーズに合わせたテイラーメイドの金融サービスを提供する金融サービスのパーソナル化が加速することが考えられます。

　たとえば、各ユーザーがさまざまなサービスを利用することに伴い収集・分析されるデータをもとにビッグデータとクラウド技術を利用して、常に変化するユーザーの多様な需要と信用状況を把握して、それを活用して、各ユーザーにマッチした金融商品の提供や与信リスク管理に活用することができます。

　その一方で、こうした金融サービスのパーソナル化に伴い、個人情報の保護の重要性が高まっています。

　すなわち、ICTの急速な進展に伴って金融サービスに関わるデータは飛躍的に増加しており、ハッキングやサイバー攻撃のターゲットとなるリスクがあり、情報セキュリティの確保やサイバー攻撃への対応が一段と重要となっています。

ii）KDDI のスマホによる金融サービス

　2019年2月、KDDI は、決済・金融事業の強化を目的に、au フィナンシャルホールディングス㈱を設立して、スマートマネー構想を始動することを発表しました[64]。

　具体的には、KDDI の子会社で決済・金融事業を行うじぶん銀行や KDDI フィナンシャルサービス等5社を新設の au フィナンシャルホールディングスの傘下に移管するとともに、2019年度中にこの5社と au 損保およびカブドットコム証券の社名を au ブランドを冠した名称に統一して、KDDI グループの決済・金融事業の一体化を強化することを指向します。

　そして、KDDI（au）では、au WALLET アプリを金融事業の中核にして、スマホを預金、決済、投資、ローン、保険等のサービスの入り口とし、スマホセントリック（スマホを生活の中心に据える）の決済、金融のユーザーエキスペリエンスを総合的に提供することによって、日本の現金文化からキャッシュレス社会への変革を推進するスマートマネー構想を推進する、としています。

　その一環として、2019年4月、KDDI グループは、スマホ決済サービスの au PAY、ポイントを使って資産運用の疑似体験ができる au WALLET ポイント運用、そしてスマホで1万円から借入れができる au WALLET スマー

トローンの3つのサービスを発表しました[65]。

a. スマホ決済 au PAY

　au PAY は、スマホのユーザーが au WALLET アプリをダウンロードして、スマホに表示されるバーコードや QR コードを POS レジや端末で読み取ることで、コンビニやドラッグストア、家電量販店、飲食店等で利用できるサービスです。

　支払いは au WALLET 残高を利用します。au WALLET 残高へのチャージは、au WALLET ポイントや au かんたん決済、クレジットカード等を選ぶことができます。そして、au PAY の利用金額に応じて au WAL-LET ポイントが還元されます。

　また、KDDI は、主に中小規模の加盟店が簡単に au PAY を導入できるよう、無料で店舗用アプリ、au PAY for BIZ を提供しています。

b. 資産運用の疑似体験、au WALLET ポイント運用

　KDDI は、au WALLET ポイントを使って資産運用の疑似体験ができるサービス、au WALLET ポイント運用を提供しています。au WAL-LET ポイントは、ユーザーが KDDI の各種サービスを利用することで獲得するポイントです。

　ユーザーは貯まった au WALLET ポイントから運用ポイント数を指定することにより、100ポイントから KDDI アセットマネジメント設定の投資信託に運用することができます（口座開設等の手続きや各種手数料は不要）。

　運用ポイントは、投資信託の基準価額に連動して増減するため、リアルな資産運用の疑似体験をすることが可能であり、運用中のポイントの状況は au WALLET アプリからいつでも確認できます。また、運用中のポイントは、1ポイントから au WALLET ポイントに引き出して、通常の au WALLET ポイントと同じように、au WALLET 残高へのチャージや買い物等に利用することができます。

　KDDI は、au WALLET ポイント運用により、投資に興味はあるけれど一歩踏み出せない投資初心者でも、手軽に資産運用を疑似体験することができる、としています。

　さらに、KDDI では投資初心者が運用すべきタイミングが分からない場

合に、au WALLET ポイント運用を利用している他のユーザーで、運用ポイントを追加しているユーザーが多いのか、引き出しているユーザーが多いのかを一目で確認できる「みんなの運用状況」も提供しています。

c. スマホで借入れ、au WALLET スマートローン

KDDI フィナンシャルサービスは、スマホで1万円から借入れが可能な au WALLET スマートローンを提供しています。

借入れの申込みにはすでにユーザーがau ID に登録している顧客情報が自動で反映されることから、簡単に手続きができるよう設計されています。

借入れた金額は au WALLET 残高にチャージされて、ユーザーは au PAY や au WALLET プリペイドカードにより、キャッシュレスで買い物や支払いができるほか、セブン銀行 ATM で引き出しや他金融機関口座への振込みも可能です。

このように、カードを介することなくスマホ・セントリックなローンサービスであることから、カードの紛失や不正利用等のリスクが軽減されるメリットがあります。また、利用金額に応じて au WALLET ポイントが貯まる仕組みになっています。

au WALLET スマートローンを利用できるユーザーは、満20歳以上70歳以下で毎月安定した収入があることが必要で、利用限度額は50万円、適用金利は審査に応じてユーザー毎に8.0%〜18.0%の間で決定されます。

第6章脚注

(1) 村木章弘、大西健史、鈴木和己、小川政彦「スマートフォンのコモディティ化がもたらすエコシステムの変化」Mizuho Industry FocusVol. 142 2013 .12 .13

(2) オープンイノベーション・ベンチャー創造協議会「オープンイノベーション白書第二版」2018.6

(3)〜(7) Björn Remneland-Wikhamm et al. "Apple versus Android:Innovation in smartphone ecosystems" source:Alex Brem & Joe Tidd "Perspectives on Supplier Innovation." Imperial College Press. 2012

(8) みずほ情報総研「モビリティへとシフトする自動車産業の挑戦と新たな機会」みずほ産業調査 2016.3.1

(9) トヨタ自動車株式会社「2018年3月期決算発表豊田社長挨拶」2018.5.9

(10) アクセンチュア「モビリティ・アズ・ア・サービス」2019

(11) Dieter Zetsche "We've achieved a great deal – but we're aiming for more" Annual Shareholders' Meeting of Daimler AG2015.4.1

(12) 経済産業省「IoT や AI が可能とするサービスに関する研究会　中間整理」2018.10.17、露木伸宏「MaaS（モビリティ・アズ・ア・サービス について）国土交通政策研究所報第69号 2018年夏季」等

⑬ 日本政策投資銀行「MaaS（Mobility as a Service）の現状と展望」今月のトピックス No.291-12018.11.15

⑭ 同上

⑮ 西鉄日本鉄道、トヨタ自動車「西鉄とトヨタ、福岡市でマルチモーダルモビリティサービス『my route』の実証実験を開始」2018.10.31

⑯ 前出（13）

⑰ トヨタ自動車「2018 年 3月期決算発表豊田社長挨拶」2018.5.9

⑱ トヨタ自動車「トヨタソフトバンク共同記者会見豊田社長スピーチ」2018.10.4

⑲ ソフトバンク株式会社、トヨタ自動車株式会社「ソフトバンクとトヨタ自動車、新しいモビリティサービスの構築に向けて戦略的提携に合意し、共同出資会社を設立」プレスリリース 2018.10.4

⑳ Uber Technologies Inc. ソフトバンク・ビジョン・ファンド、デンソー、トヨタ「トヨタ、デンソー、ソフトバンク・ビジョン・ファンド、Uber Advanced Technologies Group に10億ドルを出資」2019.4.19

㉑ シリコンバレー D-Lab 一同「シリコンバレー D-Lab プロジェクトレポート」2017.3.29

㉒ トヨタ自動車、パナソニック「トヨタとパナソニック、車載用角形電池事業に関する 合弁会社の設立に合意」2019.1.22

㉓ 日本経済新聞「トヨタ、中国電池最大手と提携」2019 年 6月7日朝刊14版

㉔ 楽天株式会社「楽天ソーラー、『EV 用充放電設備』の取り扱いを開始」2013.7.23

㉕ 三菱地所レジデンス資料

㉖ 日産自動車、日本エコシステム「新型『日産リーフ』購入者に太陽光パネルを無料設置する共同キャンペーンを開始」プレスリリース 2017.12.19

㉗ トヨタ自動車「トヨタ自動車、燃料電池関連の特許実施権を無償で提供」2015.1.6

㉘ 日本経済新聞「トヨタ、HV システム外販」2019.4.22

㉙ 富士通「燃料電池自動車の普及を支援する水素ステーション情報管理サービスの運用を開始」プレスリリース 2014.12.15

㉚ 日本水素ステーションネットワーク合同会社「燃料電池自動車普及に向けた水素ステーション整備の加速」プレスリリース 2018.3.5

㉛ 宇宙航空研究開発機構、トヨタ自動車株式会社「JAXAとトヨタ、国際宇宙探査ミッションへの挑戦に合意」2019.3.12

㉜ The GPU Technology Conference (GTC), March 26-29 in San Jose, CA　2018

㉝ NVIDIA "NVIDIA and Toyota Collaborate to Accelerate Market Introduction of Autonomous Cars" 2017.5.10

㉞ パイオニア「パイオニアの走行空間センサー 3D-LiDAR が、エヌビディアの自動運転車開発プラットフォーム NVIDIA DRIVE PX に対応」プレスリリース 2017.12.14

㉟ ホンダ、クルーズ、GM「Honda がクルーズ・GM と無人ライドシェアサービス用車両の開発で協業」2018.10.3

㊱ ダイナミックマップ基盤株式会社「米国 Ushr, Inc. の買収について」2019.2.13

㊲ TomTom "TomTom Collaborates with DENSO to Develop End-To-End Autonomous Driving System" 2019.1.4

㊳ 経済産業省製造産業局「製造業を巡る現状と政策課題～ Connected Industries の深化～」2018.3.19

㊴ 経済産業省、国土交通省「空の移動革命に向けた官民協議会」2018.8.24、2018.12.20

㊵ 警察庁交通局「平成 30年における交通死亡事故の特徴等について」2019.2.14

㊶ 須田義大「モビリティ革命は社会をどう変えるのか？ 自動運転の現状と普及シナリオ」杉原由花 GEM-BA2019.01.29

㊷ 豊田章男「社長メッセージ」TOYOTA Annual Report 2018.10

㊸ パナソニック、トヨタ自動車「パナソニック株式会社とトヨタ自動車株式会社、街づくり事業に関する合弁会社の設立に合意」2019.5.9

㊹ NEW YORK POST "The only thing useful banks have invented in 20 years is the ATM" 2009.12.13

㊺ Miklos Dietz, Somesh Khanna, Marie-Claude Nadeau, Daniel Stephens, and Eleonora Sharef "Financial Ecosystems: The Next Horizon for U.S. Banks" McKinsey & Company Financial Services Practice2017.6

㊻ Ibid.

㊼ 日本経済新聞「異端から革新生まれる」金融庁、日本経済新聞共催コンファレンスにおける麻生大臣挨拶

から 2016.9.21

⑷ Ibid.at (31)

⑷ 新生銀行、アプラスフィナンシャル「ネオバンク・プラットフォームの提供を開始」NEWS RELEASE2019.5.31

⑸ 山上聰「台頭するオープンバンキング」NTT データ経営研究所 Voyager vol.1 2018.6

⑸ 経済産業省「キャッシュレス・ビジョン」2018.4

⑸ 日本電子決済推進機構「オールバンクのスマホ決済サービス「Bank Pay」今秋よりサービス提供開始」
2019.4.22

⑸ みずほフィナンシャルグループ、みずほ銀行「QR コードを活用したスマホ決済サービス『J-Coin Pay』の提
供開始について」2019.2.20

⑸ 日本銀行「決済システムレポート」2019.3

⑸ キャッシュレス推進協議会「コード決済（QR コード決済）に用いられる統一 QR コード・統一バーコードの仕
様を策定しました」経済産業省 2019.3.29

⑸ Federal Reserve System "Strategies for Improving the U.S. Payment System" 2015.1.26, "Federal
Reserve Next Steps in the Payments Improvement Journey" 2017.9.6

⑸ LINE、みずほフィナンシャルグループ「新銀行の設立検討開始に向け、LINE Financial、みずほ銀行を通
じた共同出資による準備会社設立について合意」プレスリリース 2018.11.27

⑸ 黒田東彦「イノベーションが拡げる金融の未来」日本銀行 2017.12.4

⑸ The World Bank Group, "The Global Findex Database2017" 2018.4.19

⑹ Committee on Payments and Market Infrastructures "Digital currencies" Bank for International
Settlements2015.11、決済・市場インフラ委員会報告書「デジタル通貨」国際決済銀行　日本銀行抄訳
2015.11

⑹ Ingves, Stefan "Do We Need an e-krona?" Swedish House of Finance 2017.12.8

⑹ 雨宮正佳「マネーの将来：日本金融学会 2018 年度秋季大会における特別講演」日本銀行 2018.10.20

⑹ 日本銀行決済機構局「決済システムレポート・フィンテック特集号」2018.2

⑹ KDDI「金融持株会社 au フィナンシャルホールディングスを設立」2019.2.12

⑹ KDDI「スマホ決済 au PAY、au WALLET ポイント運用、au WALLET スマートローンに関するプレスリリー
ス」2019.4.4

第7章
コーポレート
ベンチャーキャピタル（CVC）

　最終章では、企業が展開するオープンイノベーションやビジネスエコシステムを資金面から支える CVC についてみることにします。

　なお、本章では、オープンイノベーションとビジネスエコシステムの双方についてみますが、各論においては文章の簡素化のためにオープンイノベーションをビジネスエコシステムをも包含した広義の概念として述べることとします。

1. CVCとは?

　CVC（コーポレートベンチャーキャピタル）は、事業会社が自己資金を使って、ベンチャー企業等に対して経営支援のために投資を行うこと、またはその投資主体をいいます。

　これまでみてきたように、ICT の進展に伴いユーザーニーズがますます多様化、高度化しながら急速に変化するなかで、事業会社は、ユーザーニーズにマッチするような製品・サービスを自前で開発することが困難になっています。

　その一方で、これも ICT の進展に伴い、多種多様なユーザーニーズをきめ細かく汲み取りそれを迅速に事業化するアイディアとテクノロジーを持ったベンチャー企業が次々と生まれています。

　こうした状況下、事業会社では、オープンイノベーションやエコシステムを導入することにより、自前主義から脱却してベンチャー企業の持つアイディアやテクノロジーを積極的に活用する動きが進展していますが、そうしたオープンイノベーションやエコシステムを推進する有力な手法に、CVC があります。

　CVC は、大企業や中堅企業等の事業会社が自己資金でファンドの組成等を通じてベンチャー企業に対して、ベンチャー企業の株価上昇を狙っての投資というよりも、主としてベンチャー企業の技術支援とその活用を狙ったエコシステム絡みの戦略目的で投資（出資）を行う取り組み、またはそれを行う活動組織を意味します。

2. CVCの目的

1 ベンチャーキャピタル（VC）

　ベンチャー企業の伝統的な資金調達手段にベンチャーキャピタル（VC）があります。VCは、機関投資家や企業、個人等、複数の投資家から集めた資金をプールにして、それを使ってベンチャー企業に投資してもっぱら財務的リターンの獲得を狙うファンドです。

　VCの仕組みを概観すると、VCは自身をGP（General Partner、無限責任組合員）としてファンドを運営します。

　そして、機関投資家がLP（Limited Partner、有限責任組合員）となってファンドに投資をします。

　VCはファンドにプールされた資金を使い、選別したベンチャー企業に投資をします。

　VCはハンズオン等により投資先のベンチャー企業を育成して、それが順調に行けばIPOやM&Aによってexitしたことで得られたキャピタルゲインをLPに各々の持ち分に応じて配当します。

【図表7-1】通常のベンチャーキャピタルファンドとCVCファンドの違い

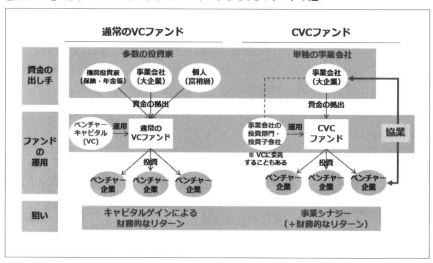

（出所）青木 義則「CVCファンドを活用した事業シナジー創出で押さえておくべき5つの視点」PwC Financial Advisory News 2017.6

268

2　CVC の目的

　VC は、投資先のベンチャー企業が IPO や M&A で他社に買収されたりすることによるキャピタルゲインないし財務的（金銭）リターン（financial returns）狙いの投資となりますが、CVC では、事業会社が主として戦略的なリターン（strategic returns）を目的として、ベンチャー企業に投資を行います。すなわち、CVC は、イノベーションを指向する事業会社が投資家の立場となってベンチャー企業に戦略的投資を行い、ベンチャー企業を自身の身代わりとしてイノベーションを実現するものです。

　したがって、事業会社は、CVC に短期的な成果を求めることなく、長期に亘って運用することにより、持続的な成長を期待することとなります。

　もっとも、CVC においても主として戦略的リターンを目的としながらも、財務的リターンを無視するわけではありません。実際のところ、日本の CVC の約半数が事業シナジーと財務的リターンの両方を求めている、との調査結果もあります[1]。

　なお、カリフォルニア大学バークレー校の准教授でオープンイノベーションの主唱者であるヘンリー・チェスブロウは、CVC を ⅰ スタートアップのアイディア、技術、人材等の活用を主な目的とする戦略的リターンを目的とするか、ベンチャー企業の IPO や M&A 等による財務的リターンを狙うかという目的と、ⅱ 事業会社との間のつながりの強弱という2つの基準に照らして4つのタイプに分類しています（図表7-2）。

① Driving Investment
　　事業会社の既存の技術、製品等の延長線でその強化を指向する投資

② Enabling Investment
　　事業会社の既存の技術、製品等の結びつきが緩やかな戦略投資

③ Emergent Investment
　　財務リターンを主として、戦略的リターンを従とする投資

④ Passive Investment
　　もっぱら財務的リターンを狙う投資

【図表7-2】 CVCの4分類

企業の投資目的

	戦略的リターン	財務的リターン
緊密	Driving Investment －既存ビジネスの強化	Emergent Investment －新規ビジネスの開拓
緩い	Enabling Investment －既存ビジネスの補完	Passive Investment －財務リターン狙い

事業会社との間の結びつき（緊密／緩い）

（出所）Henry Chesbrough "Making Sense of Corporate Venture Capital" Harvard Business Review. 2002.3をもとに筆者作成

　このように、CVCを運営するにあたっての基本方針は、戦略的リターンを主な狙いとするものの、財務的リターンをまったく無視した投資はあり得ず、戦略的リターンを主、財務的リターンを従というように、CVCの投資目的を明確化して、その間のバランスを取った運営を実行していくことが重要となります。

3. CVCのメリット

　VCの投資と同様、CVCの投資先であるベンチャー企業が、すべて事業化のステージまで辿り着くことができるわけではありません。しかし、以下でみるように、CVCは、事業会社とベンチャー企業が双方の強みを融合させることによって、低コスト、低リスクで、機動的にイノベーションを生み出してそれを商品化につなげるというように、双方にとってwin-winの関係を構築することができる有力な手段である、ということができます。

1 事業会社サイド

❶機動的、効率的な研究開発の推進

　CVCは、事業会社がオープンイノベーションの推進を目的に戦略的に設立す

るケースが一般的です。すなわち、事業会社は、CVCを通して、ベンチャー企業から事業会社の社内で得ることのできないような新たなアイディアや最先端の技術を獲得したり、最新の市場動向に関わる情報を収集することができます。

CVCでは、イノベーションを生むために研究開発等を行う主体は投資主の事業会社ではなく、投資先のベンチャー企業となります。したがって、事業会社が自己の研究開発部門でイノベーションにつながるアイディアや技術を生み出すよりも、革新的なアイディアや技術を持ち、その商品化を目指しているベンチャー企業の力を活用することにより、新しいアイディアや技術の獲得や製品開発のスピードアップが可能であり、機動的、かつ効率的に研究開発能力を高めることができます。

そして、事業会社が投資対象としたベンチャー企業が成長することにより、事業会社の製品やサービスへの需要が増加する、というように事業会社とベンチャー企業との間にwin-winの関係が生まれることが期待できます。

また、事業会社がベンチャー企業のアイディアや技術を活用するための手段にはM&Aがありますが、M&Aと比較するとCVCの方が投資効率に優れているということができます。すなわち、CVCの投資対象となるベンチャー企業に対しては、独立系VCと共同で投資を行うことが一般的であるために、CVCはマイノリティ投資で足りることとなり、単独でベンチャー企業を買収するM&Aと比較すると少額の投資でオープンイノベーションの目的とする斬新なアイディアや技術を外部から取り込むことが期待できます。

❷リスクの分散投資

CVCの投資先であるベンチャー企業は、事業化に成功するケースがある一方、期待したようなパフォーマンスをあげるまでに至らないといったリスクが存在します。

しかし、CVC投資は、複数のベンチャー企業に対して投資を行うこと、また、ベンチャー企業に対しては事業会社が単独で行うのではなく、他のVCからの投資のほかに他の企業と共同投資の形を取るケースがあること等から、リスク分散を図ることができるメリットがあります。

したがって、先行き成否の不確実性があるベンチャー企業を、はじめからM&Aで自社内に取り込むよりも、CVCファンドによって複数のベンチャー企業に対してマイナー出資から始めて、その展開をモニタリングしながらどの投資

先を重点とするかを検討するというように、メリハリをつけた弾力的な投資をすることができます。

❸人材面のメリット

CVC は、人材面でも大きなメリットを持っています[2]。

すなわち、事業会社から CVC を通じてベンチャー企業に人材を派遣すれば、異なる分野のアイディアや技術を習得することができる等、人材開発に資するほか、企業が抱える有能な人材の流出をベンチャー企業への派遣でつなぎとめる効果があります。

また、逆にベンチャー企業から事業会社への人材派遣により事業会社の研究開発に良い刺激を与える効果を期待することができます。

さらに、CVC の活動を通じて、起業家、科学者、ベンチャーキャピタリスト、投資銀行、コンサルタント等の人脈を形成することも人材面のメリットの一つにあげられます。

2 ベンチャー企業サイド

CVC から出資を受けるベンチャー企業は、事業会社からファイナンスを受けるというメリットのほかに、事業会社からハンズオン的なさまざまな支援を受けることによって事業化に成功する可能性を高めることが期待できます。

具体的には、CVC から経営に関わるアドバイス等の提供を受けるほか、事業会社が持つ顧客やサプライヤー、販売チャネルといったリソースの活用、さらには事業会社の投資先ということからベンチャー企業の信用力が向上する、といったメリットがあります。

この点について、インテルキャピタルのアービン・ソダーニ社長は、要旨、次のように述べています[3]。

「我々のミッション自体は昔から大きく変わってはいない。投資先企業に対し、ユニークで差別化された価値を提供することだ。

我々もまた、膨大なリソースとエネルギーを割いて投資先企業を支援している。なかでも、インテルキャピタルが提供する最大の価値は、投資先企業に「顧客」を紹介することだ。

まだ規模の小さい投資先企業にとって一番骨が折れるのは、自分の会社が信頼

のおける取引先であることを顧客に説得することだ。こうした課題に対処するた
め、スタートアップは、インテルキャピタルの組織的なプログラムを通じて米フ
ォーブス誌の「グローバル2000」に選ばれるような顧客企業と関係を築くことが
できる。我々は過去7～8年にわたり、日本企業を含む多くの大手顧客を投資先
に紹介してきた」。

このように、ベンチャー企業にとって、事業会社が持つプロダクトマーケティ
ングや販売チャネルは、きわめて魅力的で要素となります。

また、CVCから出資を受けるベンチャー企業は、アライアンスが順調な成果を
遂げた場合には、事業会社が当該ベンチャー企業を買収するケースがあり、ベン
チャー企業からみれば、そうしたチャンスがあることが大きなメリットとなり、ま
た、インセンティブとなります。

4. CVCの投資形態

事業会社では、これまで事業拡大のために確保してきたM&Aや研究開発予算
の一部を使用するとか、潤沢な内部資金を活用する形で、オープンイノベーショ
ンの一手段としてCVC投資を展開する動きが増加しています。

CVCは、事業会社のビジネスとの間にシナジー効果が期待でき、また、事業
会社が求めているイノベーションを実現するポテンシャルを持つベンチャー企業
に重点的に投資をするケースが典型的ですが、まったく新たな分野へ進出するた
めの投資や、社内のリソース不足を補填しながらイノベーションを生み出すこと
を狙って投資をするケースもみられます。

事業会社の既存のビジネスに関わりを持つ事業への投資を事業会社本体として
行う場合には慎重になるようなケースであっても、CVCファンドによる投資であ
れば、既存のビジネスを変革するような大胆な投資判断をすることが期待できます。

したがって、たとえば成熟した事業会社にとっては、CVCファンドにより新
たな息吹を事業会社に吹きこむことにより、事業会社を再び成長路線に乗せるこ
とが期待できます。

CVCの投資パターンは、主として次のように分類することができます。

❶事業会社自体がベンチャー企業に直接に投資するケース

事業会社が自己の目利き力を持って、ベンチャー企業のテクノロジー、事業会

社とのシナジー効果等を評価したうえで投資することとなります。

また、このケースでは、次に述べる事業会社の子会社が投資をするケースに比べると、出資比率が高くなることが少なくありません。

Google Ventures が設立される前の2006年に、Google が16.5億ドルで YouTube を買収したのは、このケースに該当します。

❷ 事業会社が資金を拠出してCVCファンドを組成するとともに、事業会社の子会社として投資会社を設立、その投資会社がCVCファンドを運用してベンチャー企業に投資をするケース

このケースは多くの事業会社が採用している手法で、後述のインテル・キャピタルや GV がこのケースに該当します。

このケースでは、事業会社の子会社が GP（無限責任組合員）、事業会社本体が LP（有限責任組合員）となって CVC ファンドに出資する形を取ります。

したがって、子会社は、ファンドの運営に関わる業務をすべて行う必要があります。

このケースを採用した場合には、事業会社が手掛けたい投資分野や補完したい技術を CVC の投資方針に反映させやすいというメリットがある反面、事業会社のコアビジネスの延長線上で投資分野を考え、投資の幅が狭まってしまう恐れがあります。したがって、事業会社としては子会社を「コントロール」するというようなスタンスではなく、子会社が自由に意思決定をすることができるよう「支援」するというスタンスを明確にすることが重要となります。

❸ 外部のVC等に委託する形でベンチャー企業に投資をするケース

このケースは、外部の VC 等を GP として指名して、事業会社は LP として参画する形を取ります。

このケースでは、外部の VC 等に運営を委託することから、事業会社はファンドの運営に使うリソースを確保する必要がなくなります。また、外部の VC 等が事業会社と独立した形で意思決定を行うことから、事業会社にとって既存のビジネスと直接つながりの無いような分野に進出するきっかけができるとか、まったく新たな技術を取り込むことができる等のメリットがあります。

5. CVCが成功するポイント

1 事業会社とCVC

　事業会社は、CVCの持続的な運営を確実にするために、資金面や人材面でCVCをサポートする一方、CVCの投資の決定についての関与は必要な範囲に限定して過度の介入を控えることが重要となります。

　すなわち、事業会社は、CVCが投資を行うに際してスムーズな意思決定を行う環境を提供するなかで、事業会社とCVCとの間は、さまざまな側面で緊密な連携を維持することが必要となります。

　オープンイノベーションでは、外部からのノウハウや技術の取込み（インバウンド）と、外部へのノウハウや技術の押出し（アウトバウンド）があり、したがって、事業会社は、自社内で維持するもの、インバウンドするもの、アウトバウンドするものの区分けを明確にしたうえで、CVCに対して具体的にどのような活動を期待するのかを明確に示す必要があります。

　たとえば、CVCが投資先を選定するにあたって、投資先のベンチャー企業と事業会社の既存ビジネスとの間でシナジー効果を求めるとか、新規ビジネスに進出することを指向するケースにおいては、事業会社としてどのような形でのシナジーを期待するのか、シナジー効果の発揮にはどのくらいのタイムスパンを考えるのか、どのような領域の新規ビジネスを手掛けたいのか、等のポイントについて事業会社とCVCとの間で十分に意思疎通を図る必要があります。

　また、こうした狙いの内容如何により、ベンチャー企業のシード、アーリー、エキスパンション、レーターのどのステージを対象とするのか、財務リターンの方はどの程度を望むのか等、投資対象となるベンチャー企業の選択にさらに具体的なイメージを固めることになります[4]。

　一方、ICTをはじめとするテクノロジーのめざましい進展を映じて、ベンチャー業界を巡る環境も急速に変化することから、CVCがどのベンチャー企業にどれだけ投資するかの判断もスピーディに行うことが重要となります。したがって、事業会社としては、CVCの投資判断を尊重して、過度の介入をすることを控えなければなりません。

　特に、事業会社が既存事業の延長線上で投資戦略を考える思考方法から抜け出すことができないなかで、事業会社がCVCの新規ビジネスへの進出を指向した

投資の意思決定に深く関与することになれば、せっかくの投資チャンスを逸することになりかねません。

　また、CVC はベンチャー企業に投資したあとに、その成長を促進することを目的にさまざまなハンズオンでサポートすることになりますが、それには事業会社からの人的、物的に亘る協力、さらにはマーケティングの支援が必要となるケースがあります。

　こうした事業会社と CVC との連携を無用な摩擦なく行うためには、なんといっても事業会社の経営トップの強いリーダーシップが不可欠となります。すなわち、CVC 投資には、事業会社の資金はもとより、事業会社が持つさまざまなリソースを CVC につぎ込む必要があり、それには、経営トップが果敢な判断をして社内のコンセンサスを取り付ける必要があります。

2 CVC とベンチャー企業

　CVC は、まずもってどのようなベンチャー企業に投資するか、十分の目利き力を発揮する必要があります。すなわち、CVC は、事業会社が望むイノベーションを生み出すポテンシャルを持つ有力なベンチャー企業を、自身で機敏に見つけ出して獲得する労力を使う必要があります。したがって、CVC は、VC や起業家、研究開発機関、大学の産学連携部署、エンジェル投資家等のベンチャー・コミュニティーにおいて確固たる情報ネットワークを構築して、ベンチャー・コミュニティーから最新の動向を入手する必要があります。

　また、いったん投資先を決定したら、CVC は、投資先のベンチャー企業との間で強固な信頼関係を構築することがきわめて重要となります[5]。

　ベンチャー企業は、そのビジネスの特質として一般の事業会社に比べて機動的な意思決定のもとに行動します。したがって、CVC は、ベンチャー企業に対してそうした特質を殺ぐことのないように、日頃から意思疎通を緊密に行いながら、ベンチャー企業の機動力が十分に生かされるような形でサポートしていく必要があります。

　前述のとおり、事業会社が投資子会社を設立して、その子会社を通してベンチャー企業に投資するケースにおいては、当初、マイナー投資となることが一般的ですが、そうしたなかでベンチャー企業からシナジー効果等を期待するためには、投資会社がハンズオンにより、ベンチャー企業の成長を支援する必要があります。

ベンチャー企業は、いかに良いアイディアや技術を持っていても、事業のプロセスにおいて、各種の問題に直面します。投資会社は、そうしたベンチャー企業に対して、アドバイスや研究開発のための設備、オフィススペースの提供等、さまざまなサポートをして、投資による戦略的成果を生むよう注力する必要があります。

　また、ベンチャー企業が成功裡に事業化した場合には、exit を考えることになりますが、その際、子会社を通して投資をしていた事業会社が M&A で当該ベンチャー企業を買収することを企図するケースも少なくありません。

　このように成功したベンチャー企業に対しては、引く手あまたになることが十分予想され、そのなかでベンチャー企業が、当該事業会社を選択することになるためには、それまでの CVC とベンチャー企業との間の信頼関係がモノを言うことになります。

6. CVCの動向

1 グローバル動向

　CB INSIGHTS の調査によると、2017年の世界中の CVC による投資金額は前年比18% 増の312億ドル、件数は同19% 増の1,791件と、金額、件数とも増加して既往最高を記録しています（図表7-3）。また、国別では、米国が群を抜いていますが、中国がそれに続いています（金額ベースで中国は米国の3分の1）。

　こうした背景には、インターネットをはじめとする IT の開発・普及により IT 関連のベンチャー企業が数多く設立されて、CVC の投資対象の選択肢が格段に増加したことがあります。

　CVC による投資分野は、FinTech やデジタルヘルス、人工知能（AI）、ブロックチェーン（分散型台帳）、食品・飲料等、さまざまな分野を対象としています。そのなかでも AI と自動運転（オートテック）関連が際立った増加を示しています。

　すなわち AI は、金額で前年比81% 増の38億ドル、件数で同32% 増の198件で、特に AI 関連ベンチャー15社に投資をしたインテル・キャピタルが際立っています。

　また、CVC の AI ベンチャー企業への投資全体に占めるアジアの AI ベンチャー企業への投資のシェアが2016年の13% から2017年には27% へと倍増したことが目立っています。

　一方、自動運転関連は、金額で前年比350% 増の19億ドル、件数で同114% 増

【図表7-3】 世界の CVC の投資金額と件数（2013〜2017）　単位：10億、件

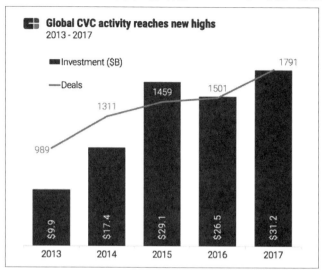

（出所）CB INSIGHTS "The 2017 Global CVC Report"

の21件で、そのなかでインテル・キャピタルとサムスン・ベンチャーズが各々5社の自動運転関連に投資しています（図表7-4）。

　また、自動運転の分野でも、アジアのベンチャー企業への投資のシェアが2016年の14%から2017年には31%へと著増しています。特に、GMベンチャーズが2013年から活発に自動運転の分野のベンチャー企業に対する投資活動を行っています。

【図表7-4】 CVC による主な投資分野（2017年）　　　　　　　単位：億ドル、件

	金額（億ドル）	前年比（%）	件数	前年比（%）
ヘルスケア	62	+27	218	+17
モバイル	56	+22	300	+26
インターネット	102	-9	767	+10
AI	38	+81	198	+32
自動運転	19	+350	45	+114

（出所）CB INSIGHTS "The 2017 Global CVC Report"

第7章 コーポレートベンチャーキャピタル（CVC）

CVC の国別投資額をみると、中国とインドへの投資が増加しており、特に中国への投資は、金額で94%増の60億ドル、件数で94%増の163件といずれも前年比2倍近くとなっています。

また、2017年に投資活動を実施したCVCは546社で、そのうち新たに投資活動を開始したCVCは186社と前年比66%の大幅増加となっています。

2017年で最も活発な投資活動を行ったCVCはGVで、1年間で70を超えるベンチャー企業に投資しています。そして、インテル・キャピタルがこれに続いています（図表7-5）。20位までを国別にみると、米国が13、中国、韓国、日本が各

【図表7-5】 2017年に投資活動が活発であったCVC（上位20位）

順位	本拠国	名称
1	米国	GV（旧グーグルベンチャーズ）
2	米国	インテル・キャピタル
3	米国	セールスフォース・ベンチャーズ
3	米国	クアルコム・ベンチャーズ
5	米国	GE ベンチャーズ
6	中国	君联资本（Legend Capital）
7	米国	マイクロソフト・ベンチャーズ
7	韓国	ケイキューブ・ベンチャーズ（K Cube Ventures）
7	中国	復星鋭正資本（Fosun RZ Capital）
10	韓国	サムスン・ベンチャーズ（Samsung Ventures）
11	米国	デル・テクノロジーズ・キャピタル
12	日本	SBI インベストメント
13	米国	コムキャスト・ベンチャーズ
14	日本	SMBC ベンチャーキャピタル
15	米国	ベルテルスマン・デジタル・メディア・インベストメンツ
16	米国	ジョンソン・エンド・ジョンソン・イノベーション
17	スイス	スイスコム・ベンチャーズ
18	米国	シスコ・インベストメンツ
19	米国	アレクサンドリア・ベンチャー・インベストメンツ
20	米国	スラック・ファンド

（出所）CB INSIGHTS "The 2017 Global CVC Report" をもとに筆者作成

2、スイスが1となっています。日本では、SBI インベストメントと SMBC ベンチャーキャピタルが20位までに入っています。

2 日本の CVC

　日本における CVC の設立動向をみると、2000年代初頭にベンチャーブームに乗って大手電機メーカーを中心に活発となりましたが、当時は、事業会社が求めるアイディアや技術、人材を備えたベンチャー企業が少なく、また、その後、2008年のリーマンショックに象徴される金融危機が発生して下火となっていました。

　しかし、2011年頃から事業会社が持つ豊富な内部留保を背景に、再び活発化しています。これには、2000年代初頭とは異なり、IT のめざましい発展からベンチャー企業が次から次へと誕生して、CVC の投資対象が増加したことが大きく寄与しています。

　CVC を設立した事業会社の顔ぶれをみると、2000年代初頭の際には、大手電機メーカーが中心でしたが、2011年頃からは、通信・IT、電気、運輸、商社、製薬、ヘルスケア、不動産、メディア、通販等の業界に属する数多くの事業会社が CVC を積極的に推進しています。このように、CVC 設立の事業会社は、多様性と厚みを増してきている、ということができます。

　また、投資対象となるベンチャー企業のステージは、シードステージやアーリーステージが多くなっています。

　M&A のサポートを行う㈱レコフによると、2018年前半の日本企業による CVC は、金額で前年同期比2.4倍の509億円、件数で同8割増の122件と、いずれも過去最高となりました[6]。

　また、日本ベンチャーキャピタル協会に加盟の CVC の会員は、61社となっています（2019.9未現在）。

7. CVCの事例

1 米国のケース

❶インテル・キャピタル

　米インテル社傘下のインテル・キャピタルは、1991年に設立された歴史の長い CVC です。また、インテル・キャピタルは、世界で最も活発に投資活動を行っている CVC の1社で、インテルのコアビジネスを支援する戦略的な役割を担う投資会社として位置付けられています。

　このように、インテル・キャピタルが創設以来、長年に亘って着実に成果を出している背景には、インテルの経営トップの揺るぎないコミットメントと自前主義からの脱却へのインテルの社内風土の醸成、それにインテル社のインテル・キャピタルに対する相応の運用権限の委譲があります。

　インテル・キャピタルは、設立当初は国内のベンチャー企業を投資対象としていましたが、いまや海外50カ国以上の投資実績があり、現在では国内と海外がほぼ50：50となっています。

　インテル・キャピタルは、インテルとの間の技術を融合し協働することにより、新たな商品・サービスを創り出すといった、イノベーションを生むポテンシャルを持つベンチャー企業に戦略投資を行います。このように、インテルではインテル・キャピタルを通じてベンチャー企業に投資を行うことにより、インテル自身が研究開発投資を行うと同じ効果を狙っています。

　前述のとおり、VC が財務的リターン狙いの投資を行う一方、CVC は主として戦略的リターンを狙う投資を行うことを特徴としますが、インテル・キャピタルは、ベンチャー企業との戦略的アライアンスを構築するとともに、投資による財務的リターンの確保を目的としています[7]。

　米国の多くの CVC がスタートアップからレイターまで、さまざまなステージのベンチャー企業に投資をしているのに対して、インテル・キャピタルは、1991年の設立以来、一貫した戦略でスタートアップを継続して支援しています。そして、投資先に対して、技術的支援、経営支援、および顧客紹介等のマーケティング支援を行います。

　インテル・キャピタルの投資対象は、以下の4つのカテゴリーに分類されますが、このうちテクノロジー・エコシステムの構築が最も重要なポイントとなります[8]。

a. エコシステム

インテルのプロダクトの販売促進に資するテクノロジーを持つベンチャー企業。すなわち、ベンチャー企業のプロダクトが開発・販売されることにより、それがインテルのプロダクトへの需要増加に波及して、エコシステムの形成に寄与するベンチャー企業。

b. 市場開拓

インテルの既存製品の新興市場における需要開拓を促進することに資するベンチャー企業。

c. ギャップを埋める新たなテクノロジー

インテルが市場開拓やプロダクトの制作に必要不可欠なテクノロジーを開発、提供するベンチャー企業。

d. 耳目を引くテクノロジー

インテルの現在のビジネスとは必ずしも関連しないものの、3〜5年後にはインテルにとり戦略的なリターンをもたらすこととなる可能性のある新たなテクノロジーを持つベンチャー企業。こうした投資は、小規模になることが一般的。

この4つのカテゴリーのいずれも、インテルの戦略に合致するような投資対象となっています。具体的には、IoT、AI、ロボティクス、クラウド、モバイル、5G、データセンターや、自動運転、コネクティドカー、ドローン、e-スポーツ等、ICT分野が中心となっています。また、たとえばウェアラブルやセキュリティー等、インテルにとって新たにビジネスになり得る分野を開拓することもインテル・キャピタルの役割となります。

そして、インテル・キャピタルが投資した企業の多くは、IPOか他企業によるM&Aの対象となっています。この点、インテルの副社長でM&A責任者の地位にある人物がインテル・キャピタルの役員となっていることが、インテルがCVCとM&Aとを結びつけて戦略を展開していることを如実に表しています。なお、インテル・キャピタルの投資先企業を、あとになってインテル自体が買収することもありますが、インテル・キャピタルの投資は、インテルによる買収自体が目

的になっているというわけではありません。実際のところ、これまでにインテルが自社でインテル・キャピタルの投資先企業を買収したケースはきわめて少数となっています[9]。

❷ GV（Google Venturesの後身）

次に、CB INSIGHTS の調査で2017年中活発に投資活動を行った CVC で第1位にあげられた GV をみることにします。

GV の前身は2009年に設立された Google Ventures です。Google Ventures は、Google の経営企画部門から独立した CVC で、それが2015年に改名されて GV となりました。

GV は、これまで300社を超える企業に投資をしています。GV の特徴は、Google 本体から独立して投資の意思決定がなされ、また、投資も純粋に投資リターンを目的としている点にあります。これは、一般の CVC が親元企業のビジネスとの間にシナジー効果が期待でき、親元企業の戦略にマッチしたベンチャー企業に投資することを経営の基本とすることと際立った違いをみせています。

GV の投資分野は、インターネット、ソフト・ハードウェアからライフサイエンス、ヘルスケア、バイオ、AI、ロボット工学、運輸、サイバーセキュリティ、農業等と広範囲に亘っています。このうち、特に自動車配車アプリのプラットフォーマーの Uber や決済サービスの Stripe に投資をする等、イノベーションを生むテクノロジーやサービス等に重点を置いた投資活動を展開しています。

GV を運営するチームは、エンジニア、デザイナー、物理学者、科学者、マーケッター等、優れた能力を持つ専門家から構成されていて、そのすべてが Google 出身者です。

こうしたスタッフが、Google のネットワークを駆使して、Google で培ったスキルで、スタートアップに対してテクノロジーや各種ノウハウを提供して、サポートしています。

そして、Google では GV の投資先のスタートアップを最終的に買収して、傘下に置くケースが少なくありません。

❸ ディズニー

総合エンターテイメント企業のウォルト・ディズニー・カンパニーは、2000年にスチームボート・ベンチャーズとの名称で CVC を設立しました。

スチームボート・ベンチャーズの投資対象は、デジタルビデオやデジタルゲーム、デジタル広告にフォーカスしたアーリーステージからミドルステージまでのベンチャー企業で、いずれもディズニーがデジタルメディアの分野で発展することに資することを目的としています。

また、スチームボート・ベンチャーズは、ディズニーにとって戦略的に重要なその他の分野も幅広く投資を行う方針です。

投資地域は、米国と中国にフォーカスしていて、投資金額は、1企業に対して2〜15百万ドルで最大でも20百万ドルを限度としています。

これまで、スチームボート・ベンチャーズが投資した企業をみると、コンテンツの配信ネットワーク会社や、エンコーディング・テクノロジープロバイダー、オンライン広告会社等があります。

2 日本のケース

❶トヨタ自動車

トヨタ自動車は、AI 技術をモビリティー分野に応用することを目的に、ディープラーニングのビジネスへの活用を指向する日本のベンチャー企業、PreferredNetworks と 2014年から共同研究を実施、また2015、2017年に同社に出資をしています。

また、トヨタ自動車の米国子会社 Toyota Research Institute は、2017年にベンチャーキャピタルファンド Toyota AI Ventures を設立して、AI、データ・クラウド、自動運転モビリティー、ロボティクスの分野における設立間もない有望なベンチャー企業への投資を行っています。

さらに、最近では、ロボティクスと AI の領域に取り組み、介護・ヘルスケア領域に革新をもたらすコンパニオンロボットの開発を手掛けるベンチャー企業への投資も実施しています。

また、Toyota AI Ventures は、2018年に Toyota Research Institute とともにベンチャー企業向けファンドプログラムである Call for Innovation を立ち上げて、特定した重要な技術課題についてベンチャー企業によるソリューションの募集を通じてイノベーションの一段の促進を目指しています[10]。そして、募集したなかから、有望なベンチャー企業に対して Toyota AI Ventures が投資をることにしています。

その第1弾は、Toyota Research Institute のロボティクスチームが参画して、家庭内や周辺で人々を助ける支援ロボットに使われるモバイルマニュピュレーション技術の向上を募集領域とし、また、先行き、認識技術、機械学習、シミュレーションなど、ロボティクスや自動運転における Toyota Research Institute の研究開発の他の領域を対象として、技術課題を選定することも検討しています。なお、モバイルマニュピュレーション技術は、ロボットが日常の多様な環境のなかで人と協調しながら複雑な操作（マニュピュレーション）を行うことを意味します。

❷ フジテレビ

フジテレビ等の持ち株会社であるフジ・メディア・ホールディングスは、2013年にフジテレビ等、傘下各社のメディア・コンテンツ事業の発展のため、成長分野への戦略投資とアライアンス展開の推進を目的としてスタートアップ企業への出資にフォーカスしたベンチャーキャピタル事業会社、フジ・スタートアップ・ベンチャーズを設立しています[11]。

フジ・スタートアップ・ベンチャーズは、ソーシャル系 web サービス運営やスマホ向けアプリ開発、新規メディア系技術・サービス開発に関連する国内外のスタートアップ企業に対する出資を通じて、こうした分野での事業をスピーディに推進、拡大することと、新規事業創出を目的としています。

具体的には、革新的なサービスやビジネスモデルを持つスタートアップ企業に対して、資金提供のみならず、フジ・メディア・ホールディングスのグループ各社とのビジネスアライアンスの機会を提供し、事業価値向上のための支援を行う、としています。

❸ 資生堂

資生堂は、グローバル競争での優位性を保ち、業界をリードする存在であり続けるため、自社以外のアイディアや技術を組み合わせることにより、美に関する革新的な商品・サービスを創造することを主眼に、オープンイノベーションを推進しています。

資生堂は、そうした目的を具現化するため、2016年、CVC の機能を持つ社内組織として、資生堂ベンチャーパートナーズを設置しています[12]。

資生堂ベンチャーパートナーズは、資生堂の内部からは生み出されないような経営感覚や独自のアイディアを持つベンチャー企業への投資を積極的に推進して、

投資先企業に対して財務面、事業面のサポートを行い、将来の事業提携等も視野に入れて共に成長を目指すとともに、独自のアイディアを事業化するプロセスやスピードを資生堂の社員にも体得させることにより人材の育成につなげたい、としています。

なお、資生堂ベンチャーパートナーズが投資する案件の第1号は、生体・身体データを解析し、必要な栄養素をオーダーメイドで提供するサプリメントサーバーの開発・製造を行うベンチャー企業となりました。

❹ JR西日本

JR西日本は、2016年、イノベーションによる地域の活性化への貢献を目的とするCVCであるJR西日本イノベーションズを設立しました[13]。

JR西日本イノベーションズは、技術やノウハウを持つベンチャー企業の調査、発掘を行って、JR西日本グループとの提携や出資、事業推進のコーディネートを行う役割を担っています。

JR西日本イノベーションズは、次のような領域で優れた技術・ノウハウを持つベンチャー企業のシードからレイターまでのすべてのステージを対象として投資をする方針です。

a. 新たな事業の創出

高齢化社会を見据えたヘルスケア分野、農業等一次産業を生かした分野、地域の活性化やそれに資するe-コマース等のITテクノロジー分野、地域に深く入り込んでいく地域ビジネス分野。

b.JR西日本グループとの事業シナジー

流通業、不動産業、ホテル、旅行、広告業等に資するITテクノロジー分野。

c. 鉄道事業の成長と効率化に貢献する技術やノウハウを持つ企業

鉄道サービスの向上に資するAI、IoT等のテクノロジー分野、運営の効率化・省力化に向けたAI、ロボット等のテクノロジー分野。

❺ 楽天

楽天グループは1997年の創業以来、e-コマース事業、金融事業、デジタルコ

ンテンツや広告事業等のビジネスを展開してきましたが、楽天グループの CVC として 2015 年に楽天キャピタルを設立しています。

楽天キャピタルは、米国、欧州および東南アジアに展開する楽天グループのグローバルなネットワークを活用して、テクノロジーを駆使した革新的なインターネットビジネスのベンチャー企業に対して重点的に投資をしており、楽天グループがこれまで培った知見・経験を活かして投資先のニーズに応じた支援を行っています。

具体的には、楽天キャピタルが持つ次のファンドによる投資となります。

a. 楽天ベンチャーズ

アーリーステージからグロースステージで競争の激しいデジタル時代をリードできるような IT スタートアップに対する投資。

b. 楽天フィンテックファンド

グローバルに革新的で成長可能性のあるフィンテック分野におけるスタートアップに対する投資。

c. 楽天グローバル EC ファンド

国内外の e- コマーススタートアップや e- コマース事業を展開しているベンチャー・中小企業を中心にした投資。

d. 楽天モビリティーインベストメント

グローバルでアーリーステージからレイターステージのライドシェアリングやその他モビリティー領域において魅力的な投資リターンの可能性のある革新的なスタートアップに対する投資。

❻ 伊藤忠

伊藤忠は、2000 年に伊藤忠テクノロジーベンチャーズを設立、ハンズオンで IT やハイテク分野のベンチャー企業に対する投資を通じて、伊藤忠グループのグローバル・ビジネスネットワークやビジネスノウハウ、事業経営・事業開発経験を活用して、営業支援、経営支援を行っています。

具体的には、IT 関連、および IT によって付加価値が期待できるグリーンテッ

クやライフサイエンス関連等の成長領域を投資対象分野としています。

　また、投資ステージは、アーリーステージを中心としてミッド、レイターを含めたバランス投資を指向しています。

　そして、投資対象地域は、日本を主として、シリコンバレーを中心とする米国のほか、一部イスラエルや中国等のアジア地域となっています。

　伊藤忠テクノロジーベンチャーズでは、投資先企業のイノベーション・エンジンを最適時に点火して最大効率運転を支援することにより、投資先企業の価値向上に努め、投資家へのリターン最大化を目差す、としています。すなわち、同社は、ベンチャー投資を通じた価値創造とイノベーションによる変革の推進の事業理念の下、21世紀を切り拓くイノベーティブなベンチャー企業を世界に送り出すことを指向しています。

第7章脚注

⑴　青木義則「CVC実態調査2017：CVCファンドを活用したベンチャー企業とのオープンイノベーション」PwC2017
⑵　古我知史、諏訪暁彦「The Next Move 1：CVCを新規事業創出の鍵とするには?」ナインシグマ・アジアパシフィック2018.4.27
⑶　田中深一郎「インテルの再成長を支えるエコシステムを作る。インテルキャピタルのアービン・ソダーニ社長が明かす投資戦略」日経ビジネスオンライン2014.1.23
⑷　青木義則「CVCファンドを活用したベンチャー企業とのオープンイノベーション」PwC 2017
⑸　同前
⑹　日本経済新聞電子版2018.8.5 原典㈱レコフ
⑺　Intel Capital "BACKGROUNDER", Charles R. Fellers "Inside Intel Capital" Venture Capital Journal, 2002.4
⑻　Ibid.
⑼　前出（3）
⑽　トヨタ自動車「Toyota AI Ventures、ベンチャー企業向けファンドプログラム「Call for Innovation」を立ち上げ」ニュースリリース2018.7.11等
⑾　フジテレビジョン「フジ・スタートアップ・ベンチャーズ社の設立について」2013.1.24
⑿　資生堂「ベンチャー投資を本格化、「資生堂ベンチャーパートナーズ」を設置」2016.12.9
⒀　西日本旅客鉄道「株式会社JR西日本イノベーションズ設立について」2016.12.1

参考文献

- 21世紀政策研究所「日本型オープンイノベーションの研究」2015. 6
- 同上「イノベーションエコシステムの研究」2017. 4
- 青木義則「CVC ファンドを活用したベンチャー企業とのオープンイノベーション」PwC 2017
- 伊丹敬之，宮永博史「技術を武器にする経営 日本企業に必要な MOT とは何か」日本経済新聞出版社 2014
- 小川進「新装版 イノベーションの発生論理」千倉書房 2007.9.14
- 同上「ユーザーイノベーション：消費者から始まるものづくりの未来」東洋経済新報社 2013.9.25
- オープンイノベーション・ベンチャー創造協議会（JOIC）、新エネルギー・産業技術総合開発機構（NEDO）「オープンイノベーション白書初版」経済産業調査会 2016.7
- 同上「オープンイノベーション白書第二版」経済産業調査会 2018.6
- 木嶋豊「カーブアウト経営革命─新事業切り出しによるイノベーション戦略」東洋経済新報社 2007.2
- 倉林陽「コーポレートベンチャーキャピタルにおける組織とパフォーマンス」
- 同志社政策科学研究 2016.3
- 経済産業省「第四次産業革命に向けた競争政策の在り方に関する研究会報告書」2017.7
- 同上「SDGs 経営／ ESG 投資研究会資料」
- 同上「Society5.0・第四次産業革命に向けたイノベーションエコシステムの在り方について（討議資料）」産業構造審議会新産業構造部会 2017.3.14
- 同上「日本の強みを活かした元気の出るイノベーションエコシステム構築に向けて報告書」イノベーションエコシステム研究会
- 笹谷秀光「ESG 時代における SDGs 活用の競争戦略」月刊資本市場 2018.4
- 首相官邸「知的財産推進計画2016」知的財産戦略本部決定 2016.5.9
- 砂田薫「イノベーションを促進させるプラットフォーム戦略」Feature 情報通信政策 intelplace #113 2009.3
- 関根雅則「オープン・イノベーションの背景」高崎経済大学論集第56巻第 1 号 1〜13頁 2013
- 総務省「情報通信白書平成29年版」2017.7
- 立本博文「プラットフォーム企業のグローバル戦略 オープン標準の戦略的活用とビジネスエコシステム」有斐閣 2017.3.30
- 特許庁発明協会アジア太平洋工業所有権センター「オープンイノベーションと知的財産」2010
- 内閣府「未来投資戦略2017─Society 5.0の実現に向けた改革─」2017.6.9
- 中村裕一郎「アライアンス・イノベーション」白桃書房 2013.9.16
- 中村洋介「大企業のコーポレート・ベンチャー・キャピタル（CVC）」ニッセイ基礎研究所 2018.7.5
- 根来龍之「プラットフォームの教科書」日経ＢＰ社 2017
- 日本経済団体連合会「新たな基幹産業の育成」に資するベンチャー企業の創出・育成に向けて」2015.12.15
- 野村敦子「いま必要とされる CVC への取り組み」日本総研 Research Focus2014. 10.8
- 野村総合研究所「大企業によるベンチャー企業とのオープンイノベーション」2013.11
- 同上「平成29年度産業技術調査事業（研究開発型ベンチャー企業と事業会社の連携加速に向けた調査）最終報告書」経済産業省 2018.2.28
- ハーバード・ビジネス・レビュー「ビジネスエコシステム」ダイヤモンド社 2017.6
- 同上「不確実性の経営戦略」ダイヤモンド社 2000

- 星岳雄、岡崎哲二「日本型イノベーション政策の検証」NIRA オピニオンペーパー no.19 2016.1
- 星野達也「オープン・イノベーションの教科書 - 社外の技術でビジネスをつくる実践ステップ」ダイヤモンド社
  元橋一之「イノベーションエコシステムの研究」2017. 4
- 文部科学省「大学の成長とイノベーション創出に資する大学の知的財産マネジメントの在り方について」オープン＆クローズ戦略時代の大学知財マネジメント検討会 2016.3.16
- 同上「平成 29 年版科学技術白書第 1 部オープンイノベーションの加速」2017.6

- Adner, Ron "Match Your Innovation Strategy to Your Innovation Ecosystem," Harvard Business Review, Vol. 84, No. 4, 2006
- Adner, Ron and Rahul Kapoor "Value Creation in Innovation Ecosystems" Strategic Management Journal, Vol. 31, 2010
- Alex Manson"Banking the ecosystem" Standard Chartered Bank2016
- Alex Moazed, Nicholas L. Johnson "Modern Monopolies: What It Takes to Dominate the 21st-Century Economy" St Martins Pr 2016.5.31（「プラットフォーム革命──経済を支配するビジネスモデルはどう機能し、どう作られるのか」藤原朝子訳英治出版 2018.2.7）
- Andrew Swart, Andrew Cheatle &Carl Weatherell" Business Ecosystems in Exploration" MONITOR DELOITTE ,PDAC ,CANADA MINING INNOVATION COUNCIL MINING EDITION 2016
- Annabelle Gawer ,Michael A. Cusumano "Platform Leadership: How Intel, Microsoft, and Cisco Drive Industry Innovation, Boston: Harvard Business School Press2002.4.29（「プラットフォーム・リーダーシップ」小林敏男監訳有斐閣 2005
- Art Markman "How to Create an Innovation Ecosystem"Harvard Business Review2012.12.4
- Clayton M. Christensen "The Innovator's Dilemma" Harvard Business Review Press ,Harper Business 1st 1997,Revised 2000（「イノベーションのジレンマ」伊豆原弓訳翔泳社 2001）
- Clayton M. Christensen "The Innovator's DNA"Harvard Business Review Press（「イノベーションの DNA」櫻井祐子訳翔泳社 2012）
- Clayton M. Christensen, Michael E. Raynor "The Innovator's Solution: Creating and Sustaining Successful Growth" Harvard Business Review Press2003（「イノベーションへの解 利益ある成長に向けて」玉田俊平太監修櫻井祐子訳翔泳社 2003）
- Clayton M. Christensen, Scott D. Anthony, Erik A. Roth "Seeing What's Next: Using the Theories of Innovation to Predict Industry Change" Harvard Business Review Press 2004.9（「明日は誰のものか──イノベーションの最終解」宮本喜一訳ランダムハウス講談社 2005.9）
- Corallo, A., Passiante, G. and Prencipe A "The Digital Business Ecosystem" Edward Elgar Publishing2007
- David S. Evans, Richard Schmalensee "Matchmakers: The New Economics of Multisided Platforms" Harvard Business Review Press 2016.5.24（「最新プラットフォーム戦略　マッチメイカー」平野敦士カール訳、朝日新聞出版）
- Eisenmann, T.R., Parker, G., and Van Alstyne, M.W. "Opening Platforms: How, When andWhy? " Harvard Business School working paper2008
- Eric von Hippel "Democratizing Innovation"The MIT Press2006.2.17
- Evans, David S., Andrei Hagiu, Richard Schmalensee "Invisible Engines: How Software Platforms Drive Innovation and Transform Industries" MIT Press2006
- Gawer, Annabelle and Michael A. Cusumano "How Companies Become Platform Leaders" MIT

Sloan Management Review. 2008WinterHenry W. Chesbrough "New Frontiers in Open Innovation."Oxford press2014

- Henry W. Chesbrough "Open Innovation The New Imperative for Creating and Profiting from Technology" Harvard Business School press2003（「オープン・イノベーション」大前恵一朗訳産業能率大学出版部 , 2004）

- Henry W. Chesbrough "The Era of Open Innovation" MITSloan Management Review SPRING VOL.44 NO.3 2003

- Henry W. Chesbrough, Melissa M. Appleyard "Open Innovation and Strategy" Portland State University PDXScholar Fall 2007

- James F.Moore "Predators and Prey: A New Ecology of Competition," Harvard Business Review1993

- James F.Moore "The Death of Competition: Leadership and Strategy in the Age of Business Ecosystems" John Wiley & Sons1996

- Jan-Peter Ferdinand, Uli Meyer "The social dynamics of heterogeneous innovation ecosystems" International Journal of Engineering Business ManagementVolume 9: 1–162 2017

- Jeremiah Owyang "Re-Think Innovation in 2018: The Technologies that Matter to Your Customers, Business, and Ecosystem" Harvard Magazine2018.1.18

- Julian Wakeham "Thriving in the new transaction banking ecosystem" PwC2010.10

- Langlois, Richard N. and Paul L. Robertson "Networks and innovation in a modular system" Research Policy 1992

- Letizia Mortara, Johann Jakob Napp, Imke Slacik and Tim Minshall "How to Implement Open Innovation: lessons from studying large multinational companies" University of Cambridge2009

- Marco Iansiti "Managing the Ecosystem Optimizemag" ABI/INFORM2005.2

- Marco Iansiti, Gregory L. Richards, "The Information Technology Ecosystem" The Antitrust Bulleting2006 Spring

- Marco Iansiti,Roy Levien "Creating Value in Your Business Ecosystem" Harvard Business Review2004.3

- Marco Iansiti, Roy Levien "The Keystone Advantage: What the New Dynamics of Business Ecosystems Mean for Strategy, Innovation and Sustainability" Harvard Business School Press2004.8.25（「キーストーン戦略」杉本幸太郎訳翔泳社 2007.9.20

- Martin Fransman "The New ICT Ecosystem" University of Edinburgh COMMUNICATIONS & STRATEGIES, no. 68, 4th quarter 2008

- Peter F. Drucker "Innovation And Entrepreneurship" Harper Wiley 2015（「イノベーションと企業家精神（エッセンシャル版）」上田 惇生訳 ダイヤモンド社 2015）

- Rochet, Jean-Charles, Jean Tirole "Platform Competition in Two-Sided Markets" Journal of the European Economic Association, MIT Press2001.11

- Scott Anthony, Mark Johnson, Joseph Sinfield, Elizabeth Altman "The Innovator's Guide to Growth: Putting Disruptive Innovation to Work" Harvard Business Review Press 2008.7（「イノベーションへの解──イノベーターの確たる成長に向けて 実践編」栗原潔訳翔泳社 2008.9）

著者紹介

可児 滋 （かに・しげる）

岐阜県出身

ＣＦＡ協会認定証券アナリスト
日本証券アナリスト協会認定アナリスト（ＣＭＡ）
国際公認投資アナリスト（ＣＩＩＡ）
ＣＦＰ®（CERTIFIED FINANCIAL PLANNER）
１級ファイナンシャル・プランニング技能士
日本金融学会会員
日本ファイナンス学会会員

〈著書〉
・金融技術100の疑問　2010/8/1　時事通信社
・環境と金融ビジネス　2011/1/1　銀行研修社
・イノベーション・スピリッツ2012/3金融財政事情研究会
・実践 オルタナティブ投資戦略 2016/8/12　日本評論社
・フィンテック大全2017/7/11　金融財政事情研究会
等、多数

可児 滋

究極のオープンイノベーション ビジネスエコシステム

二〇二〇年一月十四日　初版発行

発行所　日本橋出版
〒103-0027　東京都中央区日本橋二-二-三-四〇二
https://nihonbashi-pub.co.jp

発売元　星雲社（共同出版社・流通責任出版社）
〒102-0005　東京都文京区水道一-三-三〇
電話〇三-三八六八-三二七五

印刷・製本所　日本橋出版

※落丁・乱丁本はお取替えいたします。
※価格はカバーに表示してあります。

© Shigeru Kani　Printed in Japan
ISBN978-4-434-26586-0　C2033